와인의 맛과 멋

와인에 녹아든 문화
문화로 마시는 와인

와인의 맛과 멋
와인에 녹아든 문화
문화로 마시는 와인

초판 1쇄 발행 2021년 4월 30일

지은이 박경래
펴낸이 장길수
펴낸곳 지식과감성ⁿ
출판등록 제2012-000081호

교정 김혜련
디자인 최지희
편집 최지희
검수 정은지, 이현
마케팅 고은빛, 정연우

주소 서울시 금천구 벚꽃로298 대륭포스트타워6차 1212호
전화 070-4651-3730~4
팩스 070-4325-7006
이메일 ksbookup@naver.com
홈페이지 www.knsbookup.com

ISBN 979-11-6552-796-9(03590)
값 18,000원

- 이 책의 판권은 지은이와 지식과감성ⁿ에 있습니다.
- 이 책 내용의 전부 또는 일부를 재사용하려면 반드시 양측의 서면 동의를 받아야 합니다.
- 잘못된 책은 구입하신 곳에서 바꾸어 드립니다.

지식과감성ⁿ
홈페이지 바로가기

와인의 맛과 멋

와인에 녹아든 문화
문화로 마시는 와인

• 박경래 지음 •

Berry Size
Pruning
DOCG
QbA
MONTEPULCIANO VIDAL Santiago
IGP
Anaérobie Madeira Ikarios
Sniff Moet & Chandon
Judea Connaisseur
Carbernet Franc
Venencia Dégorgement Musar
Sangiovese
Foie Gras
Gamay LVMH
Viognier
Resveratrol
ROUSSANNE

지식과감정

머리말 ... 6

제1부 와인의 정체

- 제1장 • 와인을 만드는 포도 ... 11
- 제2장 • 포도의 생육과 당도 ... 17
- 제3장 • 포도주의 제조 ... 21
- 제4장 • 포도주의 역사 ... 29
- 제5장 • 유럽과 미국의 애증 1 ... 37
- 제6장 • 코르크와 코르크 마개 ... 41
- 제7장 • 오크통과 와인의 숙성 ... 47
- 제8장 • 와인병의 라벨 ... 51
- 제9장 • 와인의 등급표시 ... 61
- 제10장 • 유럽과 미국의 애증 2 ... 69
- 제11장 • 와인의 평가와 시음 ... 79
- 제12장 • 와인의 가격 ... 91

제2부 세계의 와인

- 제13장 • 프랑스의 와인 1 ... 99
- 제14장 • 프랑스의 와인 2 ... 109
- 제15장 • 독일의 와인 ... 123
- 제16장 • 이탈리아의 와인 ... 129
- 제17장 • 스페인의 와인 ... 139
- 제18장 • 포르투갈의 와인 ... 151
- 제19장 • 스위스의 와인 ... 161
- 제20장 • 오스트리아의 와인 ... 163
- 제21장 • 헝가리의 와인 ... 167
- 제22장 • 그리스의 와인 ... 173
- 제23장 • 조지아의 와인 ... 177
- 제24장 • 미국의 와인 ... 181
- 제25장 • 오스트레일리아의 와인 ... 197
- 제26장 • 뉴질랜드의 와인 ... 205
- 제27장 • 남아프리카공화국의 와인 ... 211
- 제28장 • 칠레의 와인 ... 215
- 제29장 • 아르헨티나의 와인 ... 223
- 제30장 • 동유럽과 중동지방의 와인 ... 229
- 제31장 • 조금 특별한 와인 ... 243
- 제32장 • 한국의 와인 ... 249

제3부 와인의 과학과 속설

- 제33장 • 와인의 주요성분 ... 259
- 제34장 • 프렌치 패러독스 ... 263

꼬리말 ... 266
참고자료 ... 268
찾아보기 ... 269

머리말

요즈음에는 24시 편의점에서도 와인을 찾을 수 있습니다. 그것도 소주 등급의 값싼 것뿐 아니라 제법 값나가는 프랑스산 와인도 종종 보입니다. 시장 상황뿐 아니라 대형마트의 와인코너에서 와인을 고르는 젊은 층의 어휘에서도 읽기 어려운 외국의 와인 이름이 자연스럽게 들리고 있습니다.

그러면 와인이 이렇게 보편화되어 가는 마당에 와인에 관해 무슨 넓고 깊은 지식을 작정하고 배워야 된다는 말인가 하고 반문할 수 있습니다. 그러나 쇼핑몰의 시음코너에서 제공되는 와인은 달고 싼 와인이며 일반인들의 질문에서 나타나는 와인 지식은 여전히 근거를 알 수 없는 단편적인 속설인 경우가 많습니다. 먹고살기 힘들던 시절의 한숨 섞인 속담이 하나 있습니다.

"고기도 먹어 본 사람(者)이 먹는 법을 안다!"

이 말은 굳이 해설할 필요도 없겠지만, 지금은 옛날엔 상상할 수도 없던 것들을 먹을 수 있는 것을 넘어서 각종 낯선 열대 과일과 세계의 생소한 주류들을 접하는 것이 일상이 되어가고 있습니다. 외국의 어떤 와인 잡지에 이런 광고문구도 있습니다.

"Learn More, Drink Better"

우리의 속설이나 와인 잡지의 광고문구가 말하는 것은 **지식(學)**과 **체험(習)**이 어떤 현상을 깊이 인지하고 그로부터 즐거움, 나아가서는 행복을 느끼기까지 아주 중요한 절차임을 말해 주고 있습니다. 편의점에까지 와인이 등장하는 것처럼 우리 주변에서 와인에 관한 담론은 많이 들리기는 해도 그 단편적 지식들이 와인 현상을 얼마큼 균형 있고 바르게 설명하는지는 미지수입니다.

이 책에는 와인에 연관된 많은 지식과 정보를 담고 있습니다. 그러나 **와인학(Enology)**이라는 학문이 존재하는 마당에 이 책 한 권으로 와인을 완전하게 섭렵할 수 있다고는 할 수 없습니다.

제1부 와인의 정체에서는 와인 전반에 대하여 다루고 있으며 와인 문화의 전반적 분위기를 알기 위해 순서대로 읽고 체험한다면 빠르게 전체적인 안목을 체득할 수 있습니다.

제2부 세계의 와인은 지역별 나라별로 고유한 와인의 특성과 문화적 관습을 설명하고 있고 해당 지역의 와인을 접할 수가 있으며 순서에 상관없이 읽어도 불편하지 않습니다.

제3부 와인의 과학과 속설은 포도와 와인에 존재하는 물질에 관한 화학적 지식을 간단히 소개하고 아울러 건강에 유익하다는 성분에 대한 믿음의 근거를 설명하고자 합니다.

중요한 사실은 글로 표현된 내용으로 후각과 미각의 섬세함을 전달하는 것이 한계가 있을 수밖에 없습니다. 하여 거의 모든 장에는 해당 주제를 가장 잘 대표하는 와인 2종을 **시음용 와인**으로 추천하여 그 맛과 멋을 비교할 수 있도록 하였습니다. 이 와인들은 대부분 한국의 시장에서 찾을 수 있는 것 중에서 비싸지 않은 것을 제시하였으나 똑같은 것이 아니라도 생산국가가 같고 라벨의 정보가 유사한 것으로 대체해도 무방합니다.

2020. 2. 29. 대전 학하리

제 1 부

와인의 정체

제1장
와인을 만드는 포도

포도주를 만들기 위한 과일은 물론 **포도(Grape)**입니다. 식물분류학적으로는 덩굴식물목, 즉 **포도목(Order: Vitales)** 하위분류인 **포도과(Family: Vitaceae)**, 그 아래 **포도속(Genus: Vitis)**, 또 그 아래 **포도종(Species)**으로 분류됩니다. 이 포도종 중에 포도주로 가장 중요한 *Vinifera*종을 만나게 되는데 현재 전 세계의 주요 포도주에 쓰이는 포도종은 거의 이 *Vitis vinifera*에 속하니 원래 중앙아시아에서 유래하는 포도종으로 전 세계적으로 약 2000여 종의 *Vinifera*가 재배되고 있다고 합니다.

여기 우리가 와인시장의 와인병에서 자주 확인할 수 있는 포도종 *Vitis vinifera* 몇 가지를 나열하고 그 특성을 간단히 소개해 보았습니다.

■ 적포도종 Red Grape

Cabernet Sauvignon, Merlot, Pinot Noir, Syrah/Shiraz, Grenache, Sangiovese, Zinfandel, Gamay, Carmenere, Malbec, Tempranillo 외

- **카버네소비뇽(Cabernet Sauvignon)**: 프랑스 보르도-메독 지방이 고향, 진한 흑색과 향, 높은 탄닌 함량, 두꺼운 껍질, 늦게 숙성 전 세계에 가장 널리 확산된 적포도주의 대표 포도종
- **메를로(Merlot)**: 프랑스 포메롤 지역, 칠레 등 신세계에도 확산, 묵직하고 부드러운 맛, 알이 굵고, 껍질은 얇음. 이른 숙성으로 탄닌은 적으나 풍부하고 고혹적인 맛을 가지고 있음
- **피노노아(Pinot Noir)**: 프랑스 부르고니에서 주로 재배. 껍질이 얇고 예민, 너무 빨리 숙성하여 풍부한 숙성이 어려움. 미국, 호주 등지에도 동원되며, 샴페인에 이용되기도 함
- **쉬라(Syrah/Shiraz)**: 남프랑스(Syrah)에서 널리 확산, 호주(Shiraz)에선 다른 이름으로 불리며 후추향, 초코향, 탄닌의 맛과 묵직한 감, 명확한 잔맛을 보임
- **템프라니요(Tempranillo)**: 스페인 리오하 지역의 포도종. 보르도의 포도와 블렌딩하기도 하며 포르투갈의 포트와인으로 활용하기도 함
- **말벡(Malbec)**: 프랑스의 혼합용. 아르헨티나, 남아공에서 많이 재배. 소박하고 단순한, 그러나 진하고 무거운 중가 정도 숙성용
- **산지오베제(Sangiovese)**: 이탈리아 토스카나 지역에서 재배. 토스카나 **키안티(Chianti)** 지역의 이름과 한 몸이 된 와인. 이탈리아에서 서민용에서 고급 와인까지 다양하게 응용
- **찐판델(Zinfandel)**: 원래 유럽(크로아티아) 포도, **프리미티보(Primitivo)**의 미국판. 미국 시장에서는 화이트 찐판델이란 이름으로 제조, 판매되고 있음

■ 백포도종 White Grape

Riesling, Gewürztraminer, Viognier, Sauvignon Blanc, Chardonnay, Pinot Gris, Semillon, Chenin Blanc, Muscat, Marsanne 외

- **리슬링(Riesling)**: 독일 라인강 유역에서 재배되는 백포도종. 상큼하고 인상적인 향, 호주 뉴질랜드 등지에서 활용
- **샤도네이(Chardonnay)**: 부르고니에의 백포도. 리슬링보다 무난한 향. 여러 방향으로 조제 가능
- **비오니에(Viognier)**: 북부 프랑스 론강 유역. 신맛이 강하여 다른 품종과 혼합하여 맛을 조절하기 좋다고 함
- **머스캣(Muscat)**: 남부 프랑스, 이탈리아 등지에서 단 와인으로 활용. Muscat Blanc, Muscat Bianco, Muscat of Alexandria 등의 이름으로 재배 유통되기도 함

그 외에 **포도주용 포도(Wine Grape)**와 **식용 포도(Table Grape)**를 구분하는 경우도 있습니다. 우리가 과일로 만나는 식용 포도로는 *Vinifera* 보다는 *Vitis labrusca*를 흔히 접하게 되는데 한국의 포도농사는 대부분 이 *Labrusca*종을 중심으로 재배됩니다. 포도주 전문가들 사이에는 *Vinifera* 이외의 포도들은 좋은 포도주를 만드는 데 사용되지 않는다고 합니다. 북아메리카에서 자생하던 이 *Labrusca*종을 일명 여우포도(Fox Grape)라고 하는데, 포도주로 발효하면 일정 시간이 지나며 좋은 방향으로 숙성되지 않고 여우의 노린내처럼 역한 향이 발현되는 데에서 유래합니다. 그래서 이 포도종은 주로 식용(Table Grape)으로 많이 공급되고 와인을 만들 때에는 파티용 또는 아주 단맛 위주로 만들고 오래 보관하여 숙성시키지는 않는다고 합니다. 이 포도 *Labrusca*는 병충해에 강한 장점도 가지고 있어서 재배하기가 쉽다고 합니다. 미국산 웰치 포도주스는 이 포도로 만들어지며 미국형 대형마트에 가면 볼 수 있습니다. 포도종 고유 이름은 Concord(red) 혹은 Niagara(white) Grape이며 이

포도로 만든 포도주도 한국시장에 많이 공급되고 있습니다. 이 포도주스(Welch Juice)와 포도주(Concord Wine)는 보통 이상의 단맛이 특징입니다.

또 다른 포도종을 언급하자면 *Vitis coignetiae*도 있는데 옛날 우리의 좋은 추억 속에 남아 있는 머루 또는 산머루도 형태상으로는 포도의 모양을 가지며 포도주로 담가도 좋을 것 같은데요. 국내의 포도주 장인들의 경험에 의하면 머루포도주는 나름 독특한 성질을 보이며 *Labrusca*와도 다른 방향으로 변화하는 특성을 보인다고 합니다.

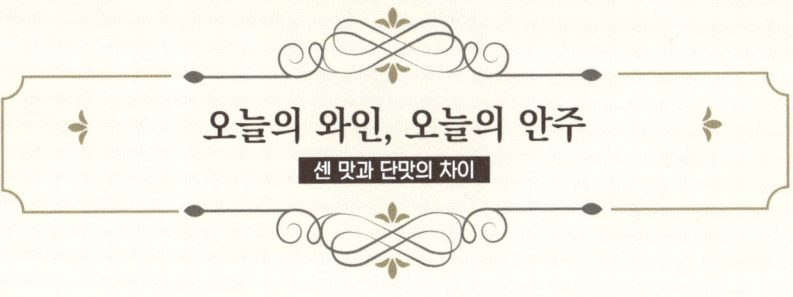

오늘의 와인, 오늘의 안주
센 맛과 단맛의 차이

- Chile Carmen Merlot 750ml 13.5%
- USA Carlo Rossi Concord 750ml 11.5%
- 안주제안: 슬라이스 치즈 혹은 부드러운 소시지

위의 적포도와 백포도의 목록을 기억한 후 백화점이나 쇼핑센터의 와인병을 하나씩 검토하며 포도종의 이름을 찾아 눈에 익히는 것도 좋습니다. 포도 종류에 따른 비교를 위하여 시중의 와인을 선택할 때에 제일 먼저 라벨 앞뒤를 살펴서 포도종 카버네소비뇽과 콩코드라는 이름을 확인하는 것이 중요합니다. 와인 상표와 제조사 등 다른 내용은 우선은 무시하고 다음에 순차적으로 살펴볼 것입니다. 가격은 1~2만 원 사이의 와인으로 선택해 봅니다. 안주는 가장 흔히 찾을 수 있는 슬라이스 치즈와 비엔나소시지 정도면 시음과 시식에 적절합니다.

제1장 - 와인을 만드는 포도

제2장
포도의 생육과 당도

　포도주도 농산물의 결실이므로 포도의 1년 생육주기를 따라 생산되게 됩니다. 다음 표에 **포도밭**에서 일어나는 일과 아울러 실제 포도주가 발효되고 처리되는 **숙성실**에서의 과정을 월별로 간략히 비교해 놓았습니다. 1년 주기의 시작은 3월경 포도밭의 정지작업이며 개화시기는 4월경에 시작됩니다. 열매순 솎아내기, 방제작업 등이 5~6월경에 이루어지며 열내 자리 집기를 지쳐서 일찍 숙성하는 포도종은 9월이면 수확을 시작합니다. 포도종에 따라 9~11월 사이에 수확이 완료되면 숙성실에서 곧바로 포도의 발효과정에 들어가며, 주된 발효는 대략 2주 정도면 완료됩니다. 포도주가 기초발효가 끝나도 숙성을 위한 준비 및 **후발효** 등의 절차는 속개되며 수확이 끝난 포도밭에서는 가지치기와 지지대 손질이 이어집니다. 이 1년 주기의 순서는 남반구와 북반구의 절기 차이에 따라 6개월의 차이가 나게 됩니다. 즉, 유럽과 북미주에서 11월에 발효가 이루어지지만, 오스트레일리아와 남미에서는 6개월 늦은, 혹은 빠른 시기에 와인이 생산되는 것입니다.

북반구/남반구	포도밭	숙성실
3월/9월	밭 갈기	일부 병입
4월/10월	곁눈 솎아내기	와인 옮기기-잔유물 제거
5월/11월	필요 시 냉해방지작업	주문 물품 출하 준비
6월/12월	열매순 자리 잡기	폭염 전 등급와인 출하
7월/1월	병충해 방제작업	일부 병입 출하
8월/2월	열매 손질	숙성용 와인 준비
9월/3월	수확 시작-수작업, 기계작업	담글 준비-효모 유황 준비
10월/4월	수확, 햇볕-다음 해 영양분 축적	포도 손질, 으깨기
11월/5월	포도나무의 단풍화 진행	1년 숙성 와인, 최종 손질, 침전제
12월/6월	가지치기 시작	시음과 맛 조정
1월/7월	포도나무 정리	후발효-malolactic fermentation
2월/8월	지지대 잔손질	액수면 채우기

    와인의 제조에 가장 중요한 것은 당연히 포도수확의 적절한 시기입니다. 왜냐하면 와인제조의 결정적인 요인은 포도의 당도이며, 당도가 높을수록 포도주 발효와 와인의 숙성의 변수를 조정할 수 있는 가능성이 훨씬 많아지기 때문입니다. 위의 도표에서 보면 빠르면 9월 늦으면 11월에 수확하게 되는데, 가능한 한 성숙도가 높은 늦은 시기에 포도를 수확하는 것이 좋습니다. 수확시기에 따른 포도의 당도를 연구한 캘리포니아 대학교 **와인학과**(Department of Enology) Kliewer의 논문자료는 포도의 조기수확과 만기수확 시의 당도의 차이를 확실히 보여줍니다. 다음 그림에는 몇 가지 잘 알려진 포도종의 **포도당**(Glucose)과 **과당**(Fructose) 함량을 수확시기에 따라 구별해 보았습니다. 보통 조기수확한 포도의 포도당(연두)과 과당(초록)은 평균 10g/100ml의 당도를 갖는데 만기수확한 포도는 포도당(노랑)과 과당(갈색)이 13g/100ml로 수확시기가 당도의 형성에 결정적임을 보여줍니다.

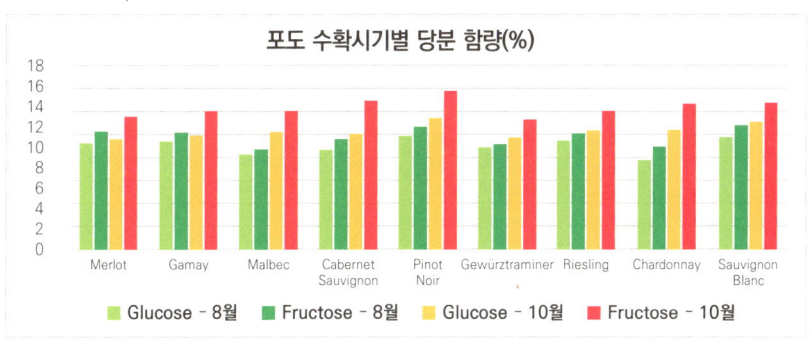

● 자료: Kliewer의 논문(W.M. Kliewer, Am. J. Enol. Vitic. 1967, Vol 18. 33-41.)에서 발췌한 주요 포도 데이터를 이용하여 재구성

　전반적으로 당 함량에 있어서 포도당보다 과당 함량이 조기수확과 만기수확 시 공통적으로 높으며, 만기수확 시에 총 당분의 합은 대략 24g/100ml로 일반적인 **24Brix**를 보여줍니다. 한 가지 특이한 점은 조기수확과 만기수확 시의 변화입니다. 즉, 한 달여간의 숙성과정에서 포도당의 증가량보다 과당의 증가량이 훨씬 높다는 것입니다. 알려진 사실은 과당의 당도가 포도당의 당도보다 약 2.5배 높다고 합니다. 즉, 과일이 숙성할 때에 과당함량을 높여서 같은 물질의 양으로 당도를 높여 동물들을 더 잘 유인하기 위한 것이 식물의 진화와 연관이 있다고 하면 논리상으로 말이 되지요?

　당도가 높아야 와인을 만들 때 여러 가지 변주를 적용하기가 쉽기 때문에 포도 생산자는 포도의 당도와 수확에 심혈을 기울입니다. 아주 특별한 노력을 들이는 경우도 있는데 당도를 높이기 위해 포도 수확시기를 늦추고 늦춰 포도나무에서 이슬을 맞게 하거나 아예 포도 알갱이를 얼리기도 하고 또는 포도를 수확한 후 인위적으로 말려서 수분을 없앰으로써 상대적으로 당도가 높아지도록 합니다. 이러한 특별한 방법을 써서 만든 와인을 아이스와인(Ice Wine)이라 하며 와인 자체의 당도를 같이 높여 특별한 와인으로 출시하기도 합니다. 물론 이런 방법으로 달아진 와인은 1장에서 소개한 Concord 포도로 만든 단맛과는 특성이 다름을, 시음을 통하여 찾아보는 것도 특별한 체험이겠지요.

오늘의 와인, 오늘의 안주
포도종에 따른 맛의 차이

- France Pinot Noir 12% 2019
- Italia Chianti 13% 2018
- 안주제안: **체다치즈**와 **고다치즈**

이번 강의에서는 유럽의 전형적인 적포도주를 경험해 봅니다. 그중에서 프랑스 남부지방의 Pinot Noir와 이탈리아 지역에서 가장 많이 경작되는 Sangiovese 포도로 만드는 Chianti 와인을 시음해 봅니다. Pinot Noir는 아주 섬세한 맛을 조율할 수 있는 포도종이며 Sangiovese는 주로 이탈리아 중부지방 토스카나 **키안티** 지역에서 아주 저렴한 와인에서부터 고급 와인까지 폭넓게 생산되는 포도주입니다. 시중에서 이 단어들을 품은 포도주로 가격대 1~3만 원대의 와인을 고른다면 아주 좋은 시음이 될 것입니다.

안주로는 지난번의 슬라이스 치즈와 네델란드 고다(Gouda) 지역에서 유래하는 자연치즈를 비교해 봅니다. 슬라이스치즈는 가공치즈의 일종으로 우유 단백질을 포함할 수 있지만 그 외에도 여러 가지 첨가제를 가하되 발효과정을 거치지 않은 치즈이며 자연치즈는 우유 단백질에 특정 효모를 접종시켜 일정 기간 발효시킨 치즈를 말합니다. 자연치즈도 브랜드마다 특성의 차이가 있을까요?

제3장
포도주의 제조

 이 장에서 말하는 포도주의 제조는 **미생물 효모**의 활동에 의한 **발효주**를 지칭합니다. 발효주와 구별되는 다른 술의 제조에 대해서는 다음 장에서 별도로 언급할 예정입니다.

 원료에 있어서 당연히 적포도주는 검은 포도로, 백포도주는 청포도를 발효하여 제조합니다. 일정 규모 이상의 포도원에서는 우선 충분히 원하는 당도에 도달한 포도를 수확하여 분쇄기에 넣고 파쇄하는 과정을 거칩니다. 이때에 포도나무에서 온 포도를 씻거나 포도 알갱이를 일일이 따내지 않고 직접 파쇄기에 넣습니다. 특별한 경우가 아니면 대형 포도원에서 그렇게 할 여가가 없겠지요.

 파쇄과정을 거친 후부터 적포도주와 백포도주를 위한 절차가 달라집니다. 즉, 적포도주는 으깬 상태의 포도를 껍질과 씨, 그리고 포도송이의 **과병(포도송이 줄기)**과 같이 **발효조**에 넣고 발효과정을 거치지만 백포도주는 일단 으깬 포도의 즙을 짜서 즙만을 발효조에 투입합니다. 다음 그림에서 이 절차를 구분하여 표현했습니다.

적포도주 만드는 과정
수확 · 파쇄 · 주발효 · 착즙 · 후발효 · 필터 · 숙성 · 병입

백포도주 만드는 과정
수확 · 파쇄 · 착즙 · 주발효 · 후발효 · 필터 · 숙성 · 병입

위의 절차를 보면 적포도주는 껍질과 씨와 즙을 같이 섞어서 발효시키며 백포도주는 포도즙만으로 발효시키는 것입니다. 그러므로 적포도주의 붉은색과 떫은맛은 주로 껍질과 씨의 표면에서 유래하고, 백포도주는 투명에 가까우며 떫고 진한 맛이 좀 적은 것이지요. 그뿐만 아니라 백포도주와 적포도주의 여러 가지 특성이 이 만드는 절차에서 기인하는 것이라 볼 수 있지요. 또한 적포도주, 특히 오래 숙성시킬 운명에 처한 적포도주는 발효 후 오크통으로 보내지는데 백포도주는 보통 오크통 숙성은 하지 않습니다.

여기서 '운명'이란 말을 쓴 이유는 모든 포도주가 발효 전부터 고급과 저급으로 분류되지는 않으며, 일단 발효 후 일정 시간이 지나야 좋은 것과 그렇지 못한 것으로 분류할 수가 있기 때문입니다. 따라서 '될성부른' 포도주는 특별히 고급 오크통 등으로 대접하여 고품격 와인으로 만드는 것입니다. 각 포도원에는 경험 많은 **포도주 장인**(Connaisseur)이 있어 발효가 진행되고 마무리되는 단계에서 시음을 통하여 포도주의 품질을 평가하고 분류하며 그해의 와인 농사를 평가하고 다음 해의 와인사업을 설계하게 되지요.

포도주는 발효주입니다. 우리가 마시게 되는 포도주는 순수 자연식품에 가장 가까운 생산품이라 할 수 있습니다. 그 말은 발효를 위한 **효모**와 보존제 이외에는 인위적으로 첨가하는 물질이 없다는 뜻입니다. 원래 추수한 포도를 자연상태로(씻지 않고) 항아리에 넣고 으깨 놓기만 하면 한 보름 후엔 포도주가 됩니다. 물 한 방울 넣지 않아도 포도주가 되는 것이지요. 이 마술 같은 일이 벌어진 것을 분석해 보면 이렇습니다. 포도 껍질의 하얀 물질은 효모가 침착된 것이며, 이 효모는 벌들이 꽃가루를 나르고 꿀을 따 가면서 옮겨다 놓은 것이라고 합니다. 이제 이 효모가 **포도즙의 당분(포도당과 과당)**을 먹고 분해해서 **알코올과 탄산가스**로 만들어 버립니다. 탄산가스는 기체 상태이고 포도즙에서 생성될 때 뽀글뽀글 위로 올라오며 기체로서는 비교적 무거워서 포도즙 액면을 덮어 공기와의 접촉을 차단합니다. 이 과정이 자연적인 **혐기성 발효**(anaerobic fermentation), 즉 공기와 접촉하지 않는 발효라고 하지요. 결과적으로 이렇게 저절로 만들어진 포도주는 포도와 껍질의 효모만으로 만들어진 그야말로 순수 자연물입니다.

실제 대형 포도원에서도 규모만 다를 뿐, 이 방법과 크게 다르지 않습니다. 다만 포도 껍질의 **자연산 효모**는 아황산으로 죽여서 처리하고 발효에 필요한 효모는 인공 배양된 **상품용 효모**를 씁니다. 그 이유는 자연산 효모는 그 효능이 충분하지 않고, 지역과 시기마다 그 종류와 역가가 달라서 일정한 와인의 품질을 보장할 수 없기 때문입니다. 그래서 그 성능

이 최적화되고 종류가 일정하여 제어하기가 쉬운 **배양효모**를 다시 발효조에 접종하여 발효를 시키는 것입니다. 이렇게 해야 적포도주의 평균 도수 13~14%를 맞추기가 수월해지는 반면, 원래 포도 껍질에 있던 자연산 효모로는 알코올 농도가 7%밖에 도달하지 못합니다. 여기 몇 가지 효모 종의 이름을 보여줍니다.

- **자연산 효모**: 알코올 허용도 4~6%
    - Hansenula, Kloekera, Tolulopsis, Pichia, etc
- **배양 효모**: 알코올 허용도 17~18%
    - Saccharomyces cerevisiae, Ellipsoideus, Bayanus
    - 상품명: Montrachet, Pasteur Champagne, Pasteur Red, Epernay2, California Champagne, Prise de Mousse

이런 절차로 포도에 효모를 접종하여 발효에 들어가면 대략 2주 정도면 주 발효과정은 완료되며 포도의 숙성상태와 와인제조자의 의도에 따라 몇 가지 와인을 가정해 볼 수 있습니다. 가장 많은 경우 만들어지는 포도주는 완숙한 포도를 사용해서 표준 효모를 접종하여 완전발효를 수행한 결과는 아래 표의 가운데 줄에 나와 있습니다. 당도 24Brix의 100g의 포도즙 원액 중의 당 함량 24g 중에는 51.12%와 48.88% 비율로 알코올과 탄산가스로 변할 물질이 포함되어 있습니다. 즉, 이 당분이 모두 발효된다면 12.27g의 알코올이 생성되고 11.73g의 탄산가스가 생성되어 액면 위로 날아갑니다. 그 결과, 원래 100g이었던 포도즙이 88.28g의 포도주가 되는 것이지요. 따라서 이 포도주의 알코올 도수는 부피기준으로 바꾸면 13.9%가 됩니다. 대부분의 상업용 적포도주는 이 원래 포도의 당도를 감안하면 11~14% 정도의 포도주가 되는 것입니다.

포도숙성과 제조방법	포도즙 (g)	당 함량 (g)	알코올 (g)	탄산가스 (g)	발효주 (g)	도수 (%)	잔여당분 (g)
미숙성	100	18.00	9.20	8.80	91.20	10.09	0.0
미숙성	100	20.00	10.22	9.78	90.22	11.33	0.0
미숙성	100	22.00	11.24	10.75	89.25	12.60	0.0
완숙 – 완전발효	**100**	**24.00**	**12.27**	**11.73**	**88.27**	**13.90**	**0.0**
완숙 – 발효중단	100	24.00	10.00	9.56	90.44	11.06	4.4
당강화 – 발효중단	100	30.00	13.00	12.43	87.57	14.85	4.6
당강화 – 완전발효	100	30.00	15.33	14.66	85.34	17.97	0.0
총 당성분 중			알코올성 성분: 51.12%, 탄산가스성 성분: 48.88%				

그런데 위 도표의 표준 포도주의 아래쪽이 흥미로운 사실을 말해 줍니다. 같은 포도를 출발로 하여 발효가 완결되기 전 어느 시점, 이를테면 알코올 농도가 11.06도에 도달한 시점에서 발효를 중단하면 어떻게 될까요. 발효가 완료되기 전이니 알코올 도수는 13.9도에 못 미치고 그 대신 미처 발효되지 못한 당분이 남아 있게 되며 달달한 와인이 되는 것입니다.

자, 완숙된 포도를 출발로 하고 성능 좋은 효모를 이용하여 완전발효하면 아주 드라이한 와인, 즉 **센 와인(Dry)**이 되고 중간 단계에서 발효를 중단하면 알코올 도수는 약해시고 단맛이 남아 있는 **단 와인(Sweet)**이 되는 것입니다. 즉, 같은 포도를 가지고 알코올 도수와 당도는 서로 배타적으로 증가한다는 것입니다. 우리가 시중 와인의 라벨을 유심히 들여다 보면 당도를 추정할 수가 있지요. 즉, **13도 이상의 센 와인은 달지 않으며, 10도 이하의 와인은 달달한 와인**이니 취향에 따라 선택하면 되겠지요.

단맛 이야기가 나온 김에 포도당과 과당에 관한 사실을 짚고 넘어갑니다. 이미 언급한 것처럼 설탕은 포도당보다 1.5배 달고 과당은 포도당에 비하여 2.5배 정도 달다고 하지요. 그래서 당도를 높일 필요가 있는 식품업계에서는 포도당보다 과당, 특히 **액상과당**의 이름으로 공급되는 **고과당옥수수시럽(HFCS; High Fructose Corn Syrup)**이 많이 사용됩니다. 주로 청량음료나 스낵류의 제품에 단맛을 내는 데에는 두 배 이상 당도가 높은 과당이 절대적으로 유리하겠지요. 그런데 포도당은 일정량 섭취하면 포만감을 유발하여 덜 먹게 되는데 이 과당은 그러한 억제 기능이 없답니다. 그래서 과다하게 섭취된 과당은 그대로 체내에 지방으로 변한 저장됩니다. 비만에 큰 기여를 하게 되는 것이지요.

바쁜 도시 생활에서 빨리 먹고 일 많이 해야 하는 저소득 직장인에게 달고 값싸고 배부른 인스턴트식품은 거의 마약과 같이 되어 버렸습니다. 부자나라의 가난한 사람 중에 비만의 비율이 높은 것이 이런 이유가 아닐까 싶습니다. 그러나 달달한 와인 한 병을 다 마신다 해도 4g, 그중 과당이 약 2g 정도이니, 포도주를 마셔서 뚱뚱해질 가능성은 별로 없어 보입니다. 결론은 **취향에 따라 최고의 기호품**을 골라 마시는 것이 **최상의 문화생활**이겠지요.

오늘의 와인, 오늘의 안주
알코올 도수와 당도

- German Guntrum Riesling **11% 2018**
- Chile Chardonnay **13% 2018**
- 안주제안: 오이피클과 스트링 치즈

Riesling으로 만든 포도주는 우리나라에서도 나름 역사가 있습니다. 구한말 서양의 가톨릭 선교사들이 한국에 와서 재배하기 시작한 것이 그 시초이며, 우리나라의 **마주앙(Majuang)**이란 포도주로 시판되기 시작하였습니다. 원래 가톨릭에서는 포도주가 **종교예식**의 일부분으로 쓰였기 때문에 유럽의 선교사들이 선교의 일환으로 한국에 포도를 직접 들여와 생산을 시작하였던 것입니다.

현재 대구 경산지역의 포도원이 한국 가톨릭계에 미사용 포도주를 공급하고 있습니다. 한국에서 포도주 생산은 경제성이 떨어지기 때문에 마주앙이라는 상표는, 그 주체가 바뀌기도 했고, OEM 방식으로 유럽과 미국의 포도원에서 생산한 포도주를 병입하여 사업을 유지하고 있습니다. 마주앙 리슬링도 이제 귀한 와인이 되어 찾기가 꽤 어려우며 여기서는 독일 라인헤센 지역의 군트럼 리슬링으로 맛의 다양성을 시험해 봅니다.

리슬링은 알코올 도수가 낮은 것부터 12도 이상의 상품까지 유럽과 미주, 남미와 호주, 뉴질랜드 등 전 세계에서 고루 재배 생산되고 있습니다. 샤도네이는 부르고뉴에의 원류 포도이지만 역시 세계 여러 곳에서 생산되고 있습니다.

제4장
포도주의 역사

　알코올이 함유된 모든 종류의 술 중에서 자연적으로 만들어질 수 있는 것은 포도주가 유일합니다. 자연발생이 가능한 것은 포도당과 과당의 주성분과 포도 표피에 침착된 효모의 덕분입니다. 그래서 술의 역사는 곧 포도주의 역사로 출발하며 **기원전 약 7~8000년 전**을 그 시발점으로 본답니다. 농경사회가 본격적으로 시작되기 훨씬 전이지요. 이러한 추정은 포도주를 보관하고 운반했을 것으로 판단되는 **암포라**(Amphora)라는 토기가 흑해의 동쪽 연안에 위치한 **조지아**(Georgia, Gruziya, Georgien)에서 출토된 것으로 미루어 짐작한 것이지요. 따라서 현재의 조지아가 와인의 발원지라고 믿게 된 것입니다. 사실은 암포라의 원형으로 추정되는 Qvevri라는 토기를 땅속에 묻어서 항아리 내부의 온도가 일정하게 유지되도록 했으리라는 것이지요. 요즈음에도 조지아에서는 전통방식대로 땅에 묻은 항아리에서 일정량의 와인을 만들어 냅니다. 하지만 이러한 방법으로는 경제적으로 의미 있는 생산량을 공급하기 어려울 수밖에 없으니 대량생산을 위해서는 다른 유럽의 현대적 방법을 따르지 않을 수 없겠지요.

● 자료: 픽사베이　　● 자료: 픽사베이　　● 자료: 위키미디어

조지아의 전통적인 Qvevri가 땅에 묻힌 모습과 와인저장소

여기서 한 가지 의문이 가는 것은 고대의 암포라나 Qvevri 항아리의 밑바닥이 뾰족한 것에 어떤 합리적인 이유가 있을까 하는 것입니다. 밑이 뾰족하면 그릇으로서 독립적으로 세워 놓을 수도 없는데 왜 이런 불편한 모양이 되었는지 추측해 볼 수 있을까요? 아마도 그릇 내에서 찌꺼기나 침전물이 생긴다면 한곳으로 모아서 제거하기 좋은 구조가 이런 방식일 것으로 생각됩니다. 현재의 와인병의 바닥 가운데가 안쪽으로 깊이 들어간 것과도 연관이 있겠지요.

조지아 근처의 중앙아시아에서 다듬어지기 시작한 와인기술은 다시 여러 지역으로 전파되는데 포도의 생육 특성상 남쪽으로 전달되겠지요. 그후 현재 와인의 주요 생산국인 유럽에 전달되는 경로를 다음의 그림에 표시하였습니다. 즉, 기원전 6~7000년경에는 **메소포타미아** 지역으로 전달되며 다시 기원전 3000년경 터키와 이집트 지역을 거쳐 **그리스** 지역까지 전파되기 시작합니다. 또 일부는 시나이반도를 거쳐 북아프리카를 경유, 모로코와 알제리를 경유했으리라 추정됩니다. 그 후 각각 이탈리아반도와 이베리아반도를 통과하여 유럽에 정착했을 것입니다.

① 기원전 6000년 메소포타미아 ② 기원전 3000년 이집트 지역 ③ 기원전 2000년 그리스 지역
④ 기원전 1000년 시칠리, 북아프리카 ⑤ 기원 전후 500여 년 전 유럽에 전파

술 취한 노아(L'ivresse de Noe, 1430-1516)

    신화와 역사적 기록을 찾다 보면 이집트의 벽화에 풍요의 여신 Isis와 그 남편 Osiris의 벽화에서 포도넝쿨의 그림으로 포도주 제조 기록을 확인할 수 있습니다. 로마의 신화에는 **박카스(Bacchus)** 신에 대한 조각상에 포도나무의 기록을 확인할 수 있으며, 구약성경 창세기에는 노아가 포

도농사를 시작했으며 포도주를 마시고 취해서 추태를 부릴 때 그의 아들들이 부끄러워했다는 기록이 있습니다.

실제로 포도농사가 유럽에 보급된 것은 로마군의 정벌에 의한 것일 수밖에 없음을 말해 줍니다. 또한 중세 13세기 말경 **로마교황청**의 프랑스 **아비뇽 유폐**의 역사에서도 포도주가 항상 술의 역사와 함께하고 있음이 현시대의 포도주의 상표와 이름에도 남아 있습니다(제14장 참조).

이후 와인이 **미주**와 **남미**, 그리고 **오스트레일리아**, **뉴질랜드**와 **남아프리카공화국**으로 대표되는 **신세계**로 전파된 것은 16세기 이후 근대에 일어난 일이라 볼 수 있습니다. 이후로 와인을 **대륙권(유럽)**과 **신세계와인**(미주, 남미, 오세아니아, 남아프리카)으로 구분하기도 하는데 포도의 품종 자체는 지역 간 차이를 찾기가 힘든데도 불구하고 나름 포도주의 품질, 특성, 그리고 유통과 경영상의 차이점을 구분하기도 합니다. 대부분의 잘 알려진 포도경작 지역이 다음 지도상에서 초록색으로 표시된 지역에 위치함을 알 수 있습니다.

전 세계에 포도경작과 와인 생산이 이루어지는 곳은 주로 우리나라와 유사한 **온대지방**이 과실 **포도**의 **생육**에 적절한 것 같으며, 해양 지역과 가까운 해안 지역에 분포하고 있습니다. 원래 유럽 지역은 해안과 그리 멀리 떨어져 있지 않으며, 북미 및 남미주 지역도 서부해안과 동부해안에 경작지가 밀집되어 있고, 오세아니아의 오스트레일리아에는 남동부 해안 변에 주요 경작지가 있고, 남아프리카공화국에도 남서부 해안의 경작지에서 소량 생산되고 있습니다. 위 지역도에서 보는 것처럼 한국도 포도경작에 적절한 자연조건을 제공하지만 주로 식용 포도의 생산에 주력하고 있습니다. 와인이 전 세계적으로 과잉 생산되고 있는 이 시대에 한국에서는 소규모의 농업으로 국제경쟁을 따라가기에는 너무도 역부족이어서 경쟁력 있는 와인이 제공되고 있지 않습니다.

지리적 여건에 대비하여 유럽권과 동양권의 포도경작 상황을 살펴보면 와인문화의 이면을 볼 수 있습니다. 다음 그림에는 2017년도에 생산된 포도의 용도의 차이가 분명히 보입니다. 즉, 유럽권과 신세계에서는 포도가 절대적으로 와인을 위하여 재배(Wine Grape)되고 활용되지만, 동양권에서는 주로 식용(Table Grape)으로 소비됨을 알 수 있습니다. 포도의 용도가 이렇게 **1차 생산물(식용)**과 **2차 생산품(와인)**으로 구분되는 것은 딱히 지리적 요인에 의한 것이라 보기 어려울 것이고 문화적 식습관의 차이라 하겠습니다.

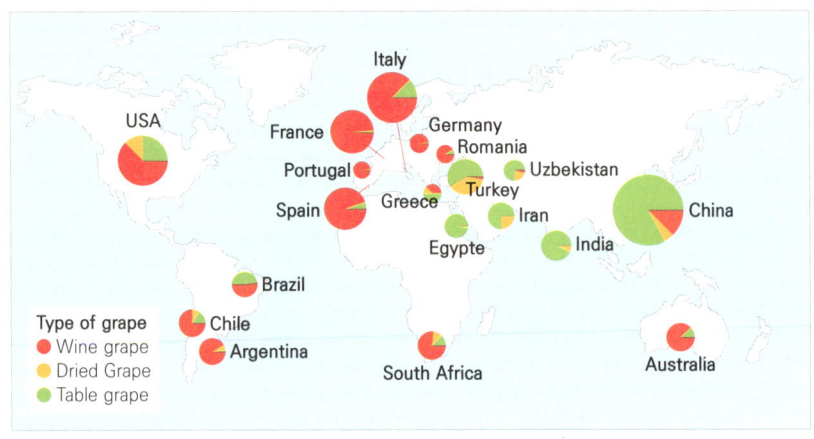

● 자료: 국제와인기구, OIV

　위 지도의 경작면적에서도 보이지만, 기원 전후 로마시대에서 유래한 것으로 가장 활발하게 경작되고 생산되는 지역은 역시 유럽입니다. 전 세계 생산량 중 약 50%가 유럽에서 이루어지며 나머지 반을 북미를 비롯한 신세계가 담당하고 있지요. 특이한 것은 동부 유럽의 원래 와인의 발상지인 흑해 인근에서는 주목할 만한 양의 와인이 공급되지 않고 있습니다. 그것은 워낙 인구와 경작지 규모가 작을 뿐 아니라 100년 가까이 사회주의적 경제조직에 물들어 있었던 까닭에 시장 경제적으로 자유로운 생산이 이루어지지 않음으로써 규모의 경제로 성장하기가 어려워 주로 내부의 소비용에 그쳤던 것으로 판단됩니다. 반면, 북미 지역과 남아메리카에서는 17세기 이후 급격한 성장세를 보이고 있습니다. 위의 지도상에서는 확인하기 어렵지만 중국의 기후조건과 노동단가로 추측하면 상당량의 와인생산이 예측되는데 실제로 미국과 한국의 시장에서는 중국의 와인이 쉽게 눈에 띄지는 않는답니다.

전 세계 주요 와인 생산지의 총생산량은 약 236억 리터 정도이며 그중 이탈리아 54.8억, 프랑스 49.1억, 스페인 44.4억 및 미국 23.9억 리터가 생산된다고 합니다. 와인의 국가별 소비량을 보면 미국 33억, 프랑스 27억, 이탈리아 22억 리터의 순이며, 2018년도 일인당 소비량은 포르투갈 62, 프랑스 50, 이탈리아 44 및 스위스 36리터 순입니다. 유럽인의 경우 평균 1주에 한 병꼴로 와인을 소비하는 셈이지요. 대한민국은 어느 경우에나 20위권에 들어가지 못한답니다.

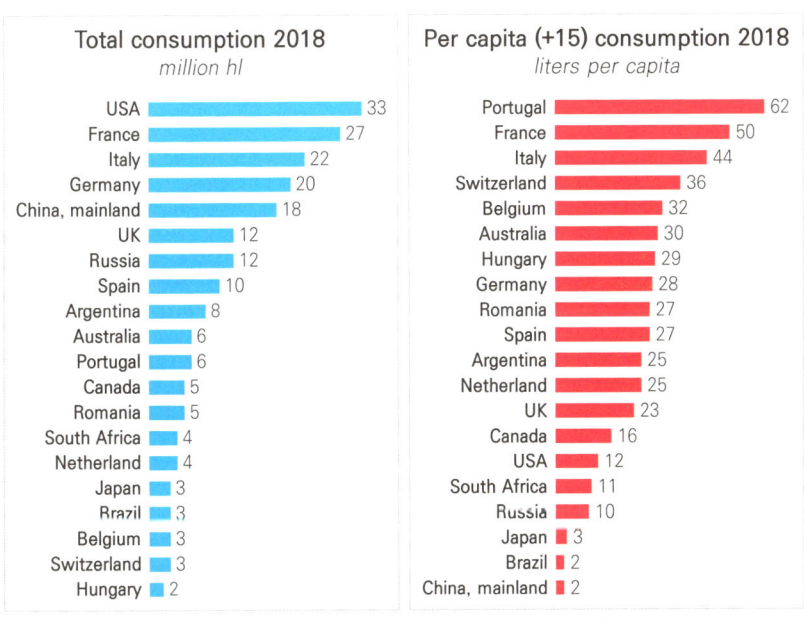

국가별 연간 총 와인소비량(억 리터)과 1인당 소비량(리터)

● 자료: 국제와인기구, OIV

오늘의 와인, 오늘의 안주
유럽과 신세계의 와인

- 프랑스 남동부 Rhone강 유역의 Merlot 와인
- 신세계 와인 Argentina Malbec 블렌드 와인
- 안주제안: 에멘탈러치즈와 임실의 스트링 치즈

이번엔 전통의 유럽과 신세계 와인을 비교해 보기로 합니다. 선별 기준은 우선 가격대로 결정합니다. 즉, '이번엔 2만 원대 와인을, 혹은 5만 원대 와인을 시음해 보겠다'라는 기준을 정해 놓습니다. 그리고 다른 내용은 일단 무시하고 남동부 론강 지역의 와인 한 병과 칠레, 아르헨티나, 또는 호주 와인도 좋습니다. 예를 들어 프랑스 대 아르헨티나 와인 중 2만 원 정도의 와인을 골라 봅니다. 물론 같은 포도종의 비슷한 알코올 도수(~13%)의 와인이어야 유사한 강도의 자극을 보이므로 프랑스와 남미의 특성이 정말로 큰 차이가 나는지를 알 수 있습니다. 이번의 시음을 위해서는 주변의 '○○이 좋더라'라고 하는 속설은 무시하고 자신만의 평가 기준을 찾겠노라고 작정해 보는 것이지요.

지난번의 안주로 에멘탈러 치즈를 선보였지요. 흔히 톰과 제리 같은 만화에 나오는 구멍 뚫린 치즈의 전형이 에멘탈러이지요. 고다와 체다처럼 에멘탈러도 지역 이름, 즉 스위스의 작은 마을에서 유래한 치즈입니다. 이 구멍은 발효 중 생성되는 **탄산가스**가 많이 모여서 커다란 기포를 만드는 효모균의 특성으로 생성되는 것입니다. 아울러 기름기가 적은 스트링 치즈가 레드와인에 잘 맞는지 시험 및 시음해 보세요.

제5장
유럽과 미국의 애증 1

포도주의 역사가 항상 순탄한 길을 갔던 것은 아니었습니다. 특히 유럽에서 신세계로 넘어가는 거대한 흐름에서 와인은 한차례의 우여곡절을 겪기도 합니다. 그것은 다름 아닌 북미주 지역에서 자생하던 포도나무 벌레가 그 원인이었던 것입니다. 그 이름은 **필록세라**(Phylloxera)라는 곤충인데 이놈은 유독 어린 포도나무의 뿌리에 기생하며 양분을 빨아먹고 사는 놈이시요. 유럽과 신대륙 간의 교류에 따라 유럽산 포도나무가 신대륙으로 건너간 것까지는 좋은데 역으로 이 벌레들이 유럽으로 건너가기도 한 것이지요. 그렇게 미국 출신 필록세라가 유럽의 포도나무—*Vitis vinifera*—를 만나면서 처음 맛본 맛있는 포도나무를 갉아 먹기 시작한 것이 1850년대쯤이라고 합니다. 유럽에서는 이 낯선 외래종 벌레에 속절없이 당하면서 그 후 30여 년간 유럽의 전 지역의 전통적인 와인 생산이 타격을 받았으며 1880년대에는 급격히 줄어들었다는 것입니다. 이 피해를 기존의 벌레 잡는 각종 농약으로도 구제하기 어려웠다 합니다.

그런데 북미지역의 자생종 포도나무, 즉 *Vitis labrusca*종은 이 벌레에 저항력이 강해서 별로 포도재배에 영향을 받지 않았다는 것입니다. 문제는 유럽의 포도나무의 피해를 어떻게 해결하는 것이냐인데 현대적인 육종학이 그 답을 제시했다고 합니다. 즉, 벌레에 저항성이 강한 미국산 *Vitis labrusca*의 **뿌리(Rootstock)**를 구해다가 유럽산 *Vitis vinifera*의 **순(Sprout)**을 접목시킴으로써 해결했다는 것입니다. 그리하여 현재에는 거의 모든 유럽의 포도나무들은 미국산 뿌리 기반의 포도나무가 된 것입니다. 간혹, 일부 유럽권의 포도원에서는 Phylloxera Free한, 말하자면 원조 포도나무에서 얻은 포도로 담근 특별한 포도주임을 강조하기도 하지만 실제로 이 접목으로 포도주의 맛과 품질은 영향을 받지 않았다고 합니다.

그러나 **칠레**와 **아르헨티나** 전 지역과, **오스트레일리아**의 서부지역에서는 아직 필록세라의 침공을 받지 않았다고 합니다. 요즈음 같은 국제화 시기에 좀 특이한 일이지요. 그 외에 다른 지역에서는 필록세라를 극복하지 못하여 미국산 뿌리 기반의 포도로 와인을 생산하고 있는 현실이랍니다.

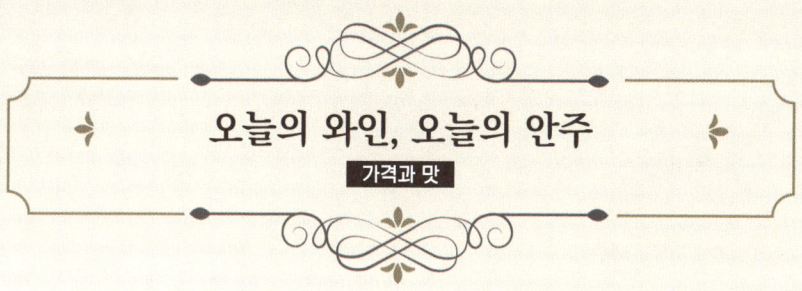

오늘의 와인, 오늘의 안주
가격과 맛

- 스페인 Red Destino
- 칠레 카버네소비뇽 Gato Negro
- 안주제안: 에담치즈, 그린올리브

이번 주에는 스페인 와인과 칠레 와인을 비교해 봅니다. 아래에 소개한 와인은 그다지 비싸지 않은 와인입니다. 아울러 다른 종류의 치즈, 그리고 통조림으로 유통되는 스페인산 초록 올리브를 등장시켜 보았습니다. 그동안 몇 가지 와인을 시음해 보셨다면, 그것도 의식적으로 '어떤 차이가 있을까?'라는 질문을 곁들여 비교해 봤다면, 이번에 어떤 차이를 말할 수 있을지도 모르지요. '이 경우에 딱 이런 차이가 있어야 한다!'라고 단언할 이유는 없습니다. 오히려 자신의 감각은 어떻게 느껴지는지를 훈련해 보자는 뜻입니다. 위에서 언급한 필록세라의 공격을 받지 않은 칠레의 와인과 *Vitis labrusca*의 뿌리에 접목시킨 스페인산 포도의 차이가 이 가격대의 두 와인에서 어떻게 다를까요?

제6장
코르크와 코르크 마개

　와인이 8000년의 역사를 가지고 있다고는 하지만 현재와 같은 형태로 유통되고 마시게 된 것은 그리 오래되지 않았습니다. 그 시기는 품질의 손실 없이 저장할 수 있는 **유리병**이 사용되기 시작한 **16세기 말경**부터인 것으로 추정됩니다. 그전에는 주로 토기로 제작된 그릇이나 가죽통 같은 그릇에 보관 유통되었을 것인데 기밀성이 떨어지는 특성 때문에 오랜 시간을 보관하기가 어려웠을 것입니다. 현재와 같은 모양의 유리병이 도입되기 시작한 것은 17세기 말경이었으며, 이 시점부터 보관의 문제가 일상이 되어 Reserve(**보존용**) 또는 Vintage(**족보와인**)라는 용어가 그 의미를 가지게 된 것이지요. 이것은 유리병 자체의 덕이라기보다는 유리병이어서 밀봉이 가능해졌기 때문이라 보는 것이 합당하겠지요.

　그 밀봉의 역할을 해 주는 것이 **코르크**(Cork)인데 물질의 특성상 압착하여 병 입구에 밀어 넣은 후에는 저절로 팽창하여 밀봉하게 되는 것입니다. 코르크참나무는 약 80%가 스페인과 포르투갈에서 생산되며 수령 25

년 후로부터 매 9년 간격으로 껍질을 벗겨 코르크를 성형한다고 합니다. 수령 40여 년 후의 나무에서 가장 질 좋은 코르크를 수확할 수 있다고 합니다. **밀봉**이라고는 하지만 엄밀하게는 아주 **소량의 산소**가 드나들 수 있는 것이 바로 오랜 시간 숙성되면 고급 와인으로 재탄생하는 근거가 되는 것입니다.

보통 병마개는 코르크 원료를 그대로 성형하여 쓰지만, 발포성 와인에는 조각난 코르크를 버섯 모양으로 압착 성형하여 사용합니다. 최근에는 합성수지를 이용한 마개도 사용되고 있으며 호주나 뉴질랜드에서는 스크류캡 마개를 많이 사용합니다. 사실 전통의 유럽권에서도 오래 보관할 Vintage급이 아닌 바로바로 소비되는 저가형 와인에는 굳이 코르크 마개를 쓰지 않고 스크류캡을 많이 씁니다. 그러나 오스트레일리아와 뉴질랜드의 와인은 고가형 와인에도 스크류캡을 쓰기 때문에 마개 종류와 상태로 가격과 품질을 판단할 수가 없습니다.

샴페인코르크　　일반코르크　　접합코르크　　인조코르크　　스크류캡

그런데 와인병의 코르크 마개는 어떤 때에는 우리를 곤혹스럽게 하기도 합니다. 맥주나 소주처럼 단숨에 열리는 것이 아니고 압력으로 밀봉한 상태이어서 오프너로 조심스레 달래 가며 열어야 5cm 남짓한 코르크를 온전히 꺼낼 수 있습니다. 한국의 와인 초창기, 제대로 된 오프너도 별로 없던 때엔 대충 젓가락으로 밀어 넣어 마시며 입 안의 코르크 부스러기가 껄끄럽던 기억이 있지만, 이제는 두세 가지 오프너를 이용하여 간단한 요령으로 쉽게 여는 방법을 소개하겠습니다.

요즘에는 와인병 오프너를 쉽게 구할 수 있습니다. 즉, 추석이나 구정 명절에 대형마트의 와인코너에 명절 행사용 와인팩을 살펴보면 와인 이외에 오프너와 다른 액세서리를 같이 구할 수 있습니다. 여기 사진에 보이는 것은 웨이터용 오프너(①)와 와인링, 그리고 용도를 짐작하기 쉽지 않은 고리(②)가 발견됩니다. 이 고리의 안쪽을 살펴보면 작은 칼날이 4개가 대칭형으로 고정되어 있음을 알 수 있습니다. 이 고리를 와인병 입구의 작은 계단(③)에 맞추어 잡고 몇 바퀴 돌리면 비로소 병 입구의 코르크(④)를 확인할 수 있습니다. 이 고리가 없다면 이 오프너 끝에 숨겨진 작은 칼로 한 바퀴 돌려 가며 제거할 수도 있겠지요(⑤). 그다음, 나선형 오프너의 뾰족한 끝을 코르크의 1/3 지점쯤(⑥)에 꽂고 나선의 축이 수직이 되도록 돌려서 넣습니다. 오프너의 나선이 코르크에 전부 들어가도록 (⑦) 돌린 후, 옆의 중간 지렛대를 병 입구에 걸고 반쯤 잡아 뺀 다음 마지막 지렛대로 완전히 잡아 뺍니다. 이때 마지막 단계에서 '뽕' 소리가 나도록 하면 극적 오프닝을 연출할 수가 있겠지요. 이 단계는 와인 서너 병쯤으로 연습이 필요하기도 합니다.

이 웨이터용 오프너는 세계 어디서 구입하나 똑같은 규격입니다. 앞부분에서 와인병 입구의 알루미늄 또는 주석포일을 제거하는 고리를 설명했는데 웨이터들은 보통 이 오프너 하나만을 가지고 다닙니다. 그 외에도 와인 액세서리점에 가면 여러 가지 형태의 오프너가 있습니다. 그림과 같은 **날개형** 오프너뿐 아니라 아래의 **가정형**도 사용상 가장 힘이 적게 들어 편리합니다. 흡사 토끼의 귀를 모방한 오프너도 있으나 이 **토끼형** 오프너는 장식용으로 멋은 있지만, 손목의 힘을 많이 필요로 해서 생각보다 그다지 편리하진 않습니다. 그 외에도 각종 전동식 오프너도 있지만 익숙해지면 웨이터용 오프너가 가장 간편해서 즐겨 쓰고 있습니다.

날개형　　　　　가정형　　　　　토끼형

흔히 격조 있는 식당에서 웨이터가 와인을 열어서 나오는 코르크를 주빈(돈 내는 사람)에게 건넵니다. 주빈은 코르크의 안쪽, 즉 와인이 묻어 있는 쪽을 코에 대고 검사를 하지요. 가끔은 잘못된 와인이 이 과정에서 발견되면 그 식당 주인은 바로 교환해 주기도 합니다. 잘못된 것이란 말은 저장과정에서 좋은 방향이 아닌 나쁜 방향, 이를테면 나쁜 균에 오염되어 유쾌하지 않은 냄새(Cork Taint)가 확인되는 경우를 말합니다. 무엇이 좋은 향이고 무엇이 그렇지 않은 것인지를 구분하는 것이 중요하겠지요? 모두 경험이 필요한 일이겠습니다.

코르크 마개를 유심히 보면 병 아래쪽 부분이 약간 크고 위쪽 부분이 약간 좁은 것을 알 수 있습니다(⑧). 이 코르크를 방향을 바꾸면 열린 와인병에 밀어 넣을 수 있습니다. 한번 열었던 와인도 대개 일주일 정도는 크게 산화되지 않고 즐길 수 있습니다. 혹시 약간 변했다 해도 대개는 약간 시어지는 정도이니 크게 유해한 물질이 아니어서 그냥 마시거나 요리에 활용할 수도 있겠지요.

오늘의 와인, 오늘의 안주
유럽과 신세계

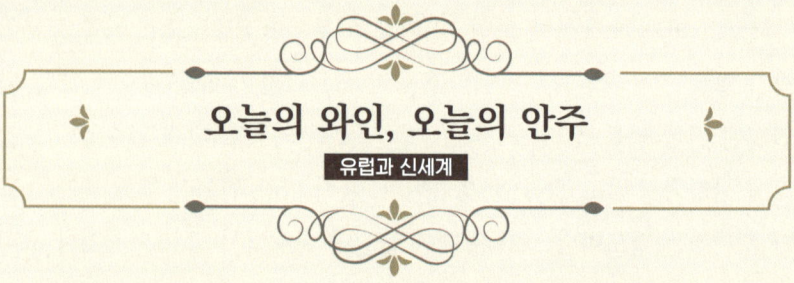

- ★ **프랑스 보르도** 12~13%
- ★ **칠레 카시예로 디아블로 메를로** 12~13%
- ★ **안주제안: 충남대학교 농장 고다치즈**와 **네델란드 고다치즈**

　와인의 생산량에 있어서 프랑스와 칠레는 각 대륙에서 1~2위를 차지하지요. 그만큼 품종과 생산등급을 비교하기 쉽습니다. 프랑스의 전형 보르도의 블렌드 와인과 칠레의 Concha Y Toro의 대표를 맞비교해 보기로 합니다. 프랑스 보르도 지역은 카버네소비뇽과 메를로 등을 섞어 맛을 조합하는 방법이 주로 쓰이고 있으니 라벨에 포도 이름을 잘 쓰지 않습니다. 칠레의 와인은 주로 단일 포도종으로 발효한 제품을 내놓습니다.

제7장
오크통과 와인의 숙성

　와인에는 맥주나 다른 음료수와 같이 어떤 형태의 첨가제든 사용되지 않습니다. 따라서 포도즙에서 발효가 완료된 포도주는 포도 자체에서 유래하는 향(Aroma; **자연향**)과 맛을 지니고 있습니다. 즉, 과실 자체가 가지고 있던 과일향이라 할 수 있습니다. 반면에 잘 숙성된 와인에 대해서는 과실에서 유래하지 않은 독특한 향(Bouquet; **발현향**)을 경험하게 됩니다. 이 향은 원재료(포도나 효모)가 가지고 있던 것이 아니라 와인의 숙성과정에서 새로이 발현된 향인 것이지요. 어느 향이든 간에 이러한 후각과 미각에 관한 표현은 어쩔 수 없이 우리가 자연의 물질에서 경험한 냄새나 맛에서 그 표현을 따온 것일 수밖에 없지요. 그래서 자연향은 직접 그 의미를 파악할 수 있습니다. **복숭아향**, **박하향**, **장미향** 등은 바로 무엇을 말하는지 그 출처와 연관 지어 이해하게 됩니다. 반면 발현향은 그 표현은 자연물질에서 따왔으되 그 자연물질이 포도주 안에 들어 있다고 보기에는 무리가 있겠지요. 이를테면 **버터향**, **치즈향**, **아몬드향**, **호두향**을 언급한다고 해서 버터와 호두가 그 안에 들어 있다는 말은 아니지요. 어떤 때에는 할아버지 냄새 또는 고양이 오줌냄새와 같은 지린내를 숙성된 와인에서 찾아내기도 하지요.

이렇게 원래 포도에서 유래하지 않는 발현향은 분명히 포도주의 숙성과정에서 새로이 창조되는 것이며 이것이 바로 와인 문화의 꽃이라 할 수 있는 것이지요. 이 창조 작업에 여러 가지 요인이 가담하지만 숙성과정에 동원되는 모든 수단, 그중에서도 오크통의 역할이 매우 중요하게 작용합니다.

오크통의 원료인 **오크나무(Oak; 참나무)**는 주로 프랑스 중부지방, 미국 미주리주, 또는 헝가리의 오크나무를 주로 사용한다고 합니다. 오크 하면 오크통을 말하지만 현대의 대형 포도원에서 **스테인레스통**에서 발효하고 숙성시킬 때에는 오크나무의 **훈연한 조각(Oak Chip)**을 사용하여 같은 효과를 얻기도 합니다. 중요한 것은 오크나무 **훈연(Toasting)**과정인데 오크통을 반쯤 제작한 후에 통의 안쪽 벽을 강한 불로 굽는 절차를 말합니다(다음 쪽 그림). 이 과정에서 굽는 온도에 따라 오크나무에 연기향과 아울러 여러 가지 향이 형성되는데 100~200℃에서는 **단 냄새**, 150~250℃에서는 **바닐라향**, 200~300℃에서는 토스트와 **아몬드향** 등이 오크나무 조직에 형성됩니다. 이렇게 만든 오크통에 발효가 완료된 와인을 장시간 숙성시키면 와인의 알코올 성분에 의하여 오크통 조직에 생성된 여러 가지 복합적 향이 와인에 확산되며 해당 와인의 고유한 특성을 만들게 됩니다. 이렇게 창조된 특성은 원료에 들어 있던 단순한 향이 아니라 여러 가지 다양한 향의 복합체, 또는 알코올과 유기산에 의하여 자연적 분위기에서 새로 합성된 복잡한 **향(Bouquet)**이 와인에 녹아들어 간다는 것입니다. 특히 강하고 날카로운 알코올 **촉감(Texture)**을 부드럽게 감싸 주며(Creamy Texture) 톡 쏘는 듯한 향에 보들보들한 질감을 만들어 줍니다(Milky Flavor).

오크통(Barrel)의 크기는 225리터(59갤런)인 것은 원래 보르도 지역의 고안이었으며 특별히 **바리크(Barrique)**라고 합니다. 부르고니에 지역의 오크통은 약간 커서 228리터(60갤런)를 포함하며 **피스(Piece)**라고 합니다. 약간 큰 통(300리터, 79갤런)을 **혹스헤드(Hogshead)**라 하며 코르크 마개와 같이 이 오크통도 아주 서서히 산소의 침투를 허용하여 숙성에 한 역할을 하는 것으로 알려져 있습니다. 오크통이 클수록 산소의 침투가 적으며 아주 큰 것은 1천~2만 리터의 오크통을 사용하기도 합니다. **미국산 오크**는 밀도가 낮아서 산소의 침투가 좀 더 용이하여 강하고 풍부한 질감의 와인(**카버네소비뇽, 쉬라**)에 적합하며 **프랑스산 오크**는 조밀한 조직으로 좀 더 섬세한 와인(**피노노아, 샤도네이**)에 적당하다고 합니다.

오크통 숙성은 주로 적포도주에 적용되며 백포도주에는 최대한 3개월 이내로 제한하여 떨떠름한 **탄닌**의 맛은 최소한으로 제한되어 청량감을 받쳐 주도록 연출해 줍니다. 오크통은 세척 후 재사용하기도 하며 영국의 위스키 생산자들은 포도주에서 사용한 오크통을 사들여 위스키의 숙성에 쓰며 위스키의 품격을 고급화하는 데에 활용한다고 합니다.

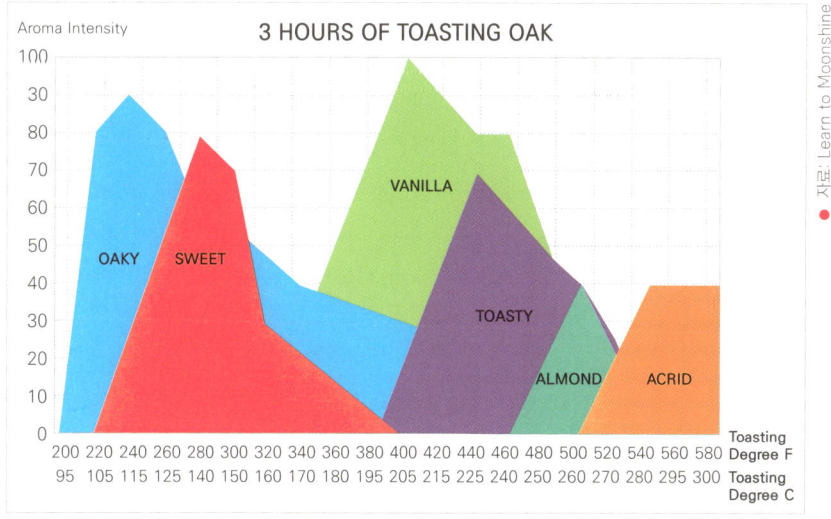

오늘의 와인, 오늘의 안주

같은 제조사 다른 포도종

- ★ **칠레 쉬라즈** 13~%
- ★ **칠레 카버네소비뇽** 13~%
- ★ 안주제안: 캘리포니아 호두와 까망베르 치즈

우리는 와인의 가장 중요한 정보가 포도종임을 언급했지만 그렇다면 그 포도종에 따라 확연한 감각적 맛의 차이를 감지할 수 있을까요? 바로 이러한 시음과 실습을 통하여 느끼는 감각적 또는 감성적 특성을 책에서 언급하였던 포도와 각 생산지의 성격의 차이와 연결 지으며, 어떤 방법과 언어로 기록했는지를 배우게 됩니다.

이번의 포도종에 대한 시음에서는 다른 요인들, 즉 제조사와 알코올 도수 등이 같은 제품으로 선정하였습니다. 물론 반드시 칠레산이어야 될 필요는 없으며 위의 조건이 맞는다면 어떤 상표라도 시음의 가치가 있겠습니다. 다만, 이 두 종은 좀 진하고 묵직하고 점도가 높은 것, 또한 탄닌의 떨떠름한 맛이 있을 것으로 예상되는 와인으로 골라 보았으며 안주도 이에 맞추어 기름지고 센 것으로 선정해 보았으니 이러한 특성이 있다고 생각되는 것을 취하면 될 것입니다.

제8장
와인병의 라벨

　대부분의 다른 술들은 그 술 이름과 상표에 그 제조국과 정체가 드러나 있습니다. 보드카, 백주, 스카치위스키, 사케, 테킬라 등등 수없이 많은 술들의 이름에 그것이 러시아, 중국, 영국, 일본 또는 멕시코 등에서 유래했으며 어떤 재료로 만들어졌는지가 암시되어 있습니다. 다만 와인의 경우는 좀 다릅니다. 일단 원료가 딱 한 가지로 출발하고 있고 알코올 도수도 13도 남짓의 백포도주 적포도주로 구분되어 있을 뿐, 와인은 이제 충분히 국제화되어서 우리가 무의식적으로 마시게 되는 와인이 어느 나라 제품인지 쉽게 인지하지 못합니다. 그러나 쉽게 알아차리지 못한다 뿐이지 와인병을 조금만 자세히 살펴보면 여러 가지 사항을 알아볼 수 있으며 바로 그것이 와인을 공부하면서 얻는 다양한 생활 문화적 소득이라 하겠습니다. 이 장에서는 **와인의 품질**과 **가격**을 가늠할 그 어떤 표시가 있는지를 알아보겠습니다. 간단한 결론을 말하자면 그런 것이 있긴 있지만 많은 시장의 경험이 있어야 쉽게 파악될 수 있다는 것입니다.

우선 전 세계 와인병에 공통적으로 표기된 정보를 알아봅니다. 최소한 **와인제조사 이름 또는 상표**는 꼭 표시되어 있습니다. 자기 상표의 얼굴이니 꼭 필요한 것이지요. 바로 제7장의 칠레산 시음와인 카시에로 델 디아블로 와인을 예로 들겠습니다. 이 와인은 2만 원대의 비교적 쉬운 와인에 속하며 라벨도 아주 간단히 표시되어 있습니다. 즉, 상표와 포도종 그리고 보통 이상의 등급으로 표시되어 있으며 포도 품종이 쉬라임을 표기하고 있지요, 그다음 중요한 정보는 제조연도 2018년, 용량 750ml, 그리고 알코올 농도 13.5% alc./vol.가 최소한으로 기록되어 있습니다. 여기서 농도 단위는 전체 부피 용량 중의 백분율로 표시되었으며 그 밑에 콘차이토로라는 **포도원 (winery)** 이름을 확인할 수 있습니다. 모든 와인병에는 최소한 이 다섯 가지 표기를 찾을 수 있어야 합니다. 간혹 포도 품종을 확인할 수 없는 경우도 있는데, 이를 업계에서는 '등급외와인'이라 부르고 있습니다.

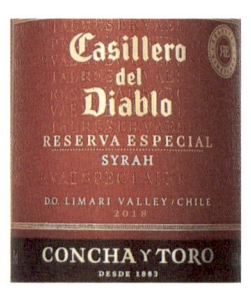

■ 칠레 와인의 라벨

어쨌든 최소한 위의 5가지 정보는 항상 찾을 수 있어야 나름 족보 있는, 즉 포도종 정도는 확인 가능한 와인이라 할 수 있지요. 그 외에도 뒷면에는 와인공급자, 수입업체 등 여러 가지 중요하지 않은 정보가 있으니 굳이 읽지 않아도 무방합니다. 다만, 중요할 수도 있는 정보가 하나 있긴 합니다. Contains Sulphites, 또는 Contains Sulfur Dioxide라는 말이 꼭 있는데 이는 와인 제조 시와 제조 후에 첨가하는 일종의 **산화방지제** 또는 **방부제** 같은 물질입니다만, 원칙적으로 인체에 무해하며, 혹시 유해함이 발현되기 전에 예민 반응으로 경고를 줄 수도 있는 것입니다.

그 외 중요하지 않은 표시도 설명하지요. 앞면의 동그란 금딱지 150년은 포도원 설립역사를 말하는 것이겠고 Premium이란 말은 고급이란 말인데, 딱 만 원 정도의 고급이란 뜻이겠지요.

이 정도의 정보는 모든 족보 있는 와인에서는 읽을 수 있어야 합니다. 전 세계 와인 중에서 신세계 와인들은 모두 최소한 이 다섯 가지 정보는 충실히 라벨에 기재하여 소비자로 하여금 선택하는 문제를 고민하지 않도록 합니다. 문제는 전통적인 유럽의 라벨들은 의외로 복잡하고 어렵다는 것입니다.

■ 프랑스 와인의 라벨

와인의 왕국 프랑스 와인부터 살펴볼까요? 우선 와인과 Château라는 단어가 아주 밀접하게 붙어 지냅니다. 그건 와인에서도 역사가 중요해지는 이유가 됩니다. 중세의 유럽 지역은 하나의 큰 왕국이 아니었지요. 대신 농업공동체 단위의 작은 지역을 봉건 영주가 다스리는 형태가 형성되어 있었지요. 이 농업공동체가 Château가 된 것이며 자연스럽게 포도원도 운영하게 된 것입니다. 일반직인 농업이야 차츰 대단위가 되어 가면서 작은 단위의 Château가 별 의미가 없어지지만 섬세하게 운영되어야 하는 포도농업과 포도주 제조과정은 무한히 대형화되기 어려우며 중세의 Château의 자리를 **포도원**과 포도주 양조시설이 차지하게 된 것이지요. 그러니까 현대에는 물리적인 성(Château, 城)의 실체와 뜻은 그대로 포도원으로 전환된 것입니다. 사실 Château의 형태를 가지고 내려온 전통에 포도주의 전통이 이어져 온 것입니다. 이러한 관습은 그대로 프랑스 대부분의 보르도 지역의, 또는 다른 지역의 와인 라벨에 남아 있으며 이를 다음 그림이 설명하고 있습니다.

다음의 전형적인 보르도와인을 볼까요. CHÂTEAU TALBOT가 눈에 띄지요. 즉 딸보 포도원이란 이름이며 상표이고 Saint-Julien에 위치한 포도원입니다. 다음으로 자주 보이는 단어는 CRU인데 이는 '포도원', 특히 '명성 있는 포도원'을 칭하는 단어이지만 단독으로 쓰이지 않고 Grand, Premier 등의 수식어가 붙어서 등급 높은 포도원을 차별하여 부르는 명칭입니다. 보다 구체적으로 이 라벨의 GRAND CRU CLASSE는 와인의 등급을 표현하며 딸보는 보르도 지역의 최상위 등급임을 말해 주고 있습니다.

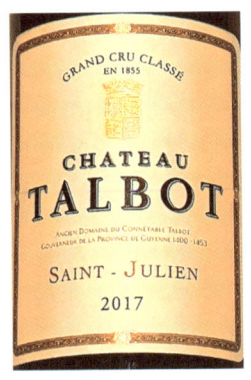

이 와인병의 뒷면에는 다음의 **AOC(Appellation d'origine Controlee)** 라벨로 품질보증을 공인하는데 이 AOC는 중세시대부터 그 지역의 영농조합에서 지역의 농산물을 보호하는 상표로서 품질을 보증한다는 의미로 현재에는 프랑스 농림부의 품질관리부서에서 인증하는 표시입니다. 가운데의 O는 **Origine(생산지역)**에서 따왔으되 이 지역 이름인 **SAINT-JULIEN**을 쓴 것이지요. 이 AOC로 보증된 와인은 포도원, 포도 이름, 생산연도, 지역 등이 명기 또는 최소한 역추적이 가능한 와인임을 보증한다는 것입니다. 그렇다고 해서 프랑스에 AOC급의 와인만 있는 것은 아닙니다. 다만, 전통적으로 와인을 자랑해 온 프랑스의 자존심을 지키기 위하여 등급을 세워 놓은 것이지요. 최근 프랑스의 신세대 **와인양조협회**에서는 이 프레임을 탈피하기 위해 무진 애를 쓰고 있습니다. 프랑스 남동부의 일부 지역에서는 저렴한 와인을 활용하여 포도종과 등급을 벗어나 자유로운 형태의 와인을 출시하는 경우도 많아지고 있으며, 이를 **등급외와인(Vin de Pays)**으로 구현하는 것을 라벨에서 알아볼 수 있습니다. 그다음에는 포도주의 품질평가의 중요한 요소인 **Vintage(발효연도)**

2017이 기록되어 있으며 전문가(Connaisseur)들은 이 vintage로서 의미 있는 정보를 찾아냅니다. 라벨의 한쪽에는 **MIS EN BOUTEILLE AU CHÂTEAU**라는 코멘트가 보이는데 이는 포도주 원액이 발효가 이루어진 포도원에서 **직접 병입**되었다는 것을 명시하고 있습니다. 병입한 장소가 왜 중요할까요? 전통적으로 이름 있는 포도원에서는 자신의 포도원에서 경작하고 발효한 원액의 포도주 제품을 세상에 내놓습니다. 반면 대형 공급업체에서는 발효원액을 다른 소규모 양조장으로부터 매입, 소분한 후 병입하여 자신의 상표를 부착하여 출시하기도 하는데 이때는 이 말을 쓰지 않겠지요.

그런데 이 프랑스 라벨에는 아무리 뒤져 봐도 포도종에 대한 정보는 잘 보이지 않습니다. 포도 이름이 없는 것은 일반적으로는 3000원 미만의 저가 와인의 경우에는 여러 가지 출처가 불분명한 발효원액을 불확실한 비율로 섞어 대중적 와인으로 출시하는데 이 경우에는 포도 이름을 쓸 수가 없겠지요. 또 다른 경우, 프랑스 등급 와인의 제조방식에는 여러 가지 포도종의 발효원액을 정해진 비율로 섞어서(Blending) 와인의 품질을 다듬는 경우, 포도 이름을 언급하지 않습니다. 그런데 보르도나 부르고니에 등 프랑스 와인에서 사용하는 포도종은 주로 Cabernet Sauvignon, Merlot, Pinot Noir 등임이 잘 알려져 있는 사실이며 해당 업계 사람들 사이에서나 와인 잡지에는 어느 포도원의 몇 년도 와인의 구성이 어떤지에 대한 정보를 확인할 수 있습니다.

또 한 가지 주목할 사실은 신세계 와인들이 포도종에 대한 정보를 라벨에 명시하는 분위기에서 프랑스 와인들도 한국에 공급되는 제품에 대하여 별도의 라벨을 뒷면에 표현하는 제조사도 있음을 확인할 수 있다는 것입니다. 이제 시장, 더욱이 와인같이 국제적 취향이 형성되어 가는 시장에서는 공통된 정보의 유통이 와인 소비에 중요한 역할을 할 것이므로 국제적으로는 서로 남의 눈치를 봐 가며 라벨도 인쇄하는 모양이지요.

■ 독일 와인의 라벨

사실 프랑스와 독일의 와인 역사는 유사한 면이 있습니다. 포도원에 Château라는 말은 안 붙어 있지만, 포도원들은 중세 영주의 영역에서 유래함을 알 수 있는 포도원 전경을 포함하고 있습니다. 라인강과 모젤강 유역은 Riesling 포도에 적합한 기후와 토양을 가지고 있습니다. 옆의 마주

앙은 전형적인 모젤와인의 상표가 붙어 있지만 사실은 한국상표이면서 독일 모젤와인의 표기법을 그대로 따르고 있으며 독일식의 등급 있는 (Prädikatswein) 와인임을 보여주고 있습니다. Kabinett이라 함은 Reserve의 독일어 표현쯤 되겠지요. 아울러 뒷면에는 포도원에서 **직접 병입** 했음을 Erzeugerabfüllung했다고 표현하며 산화방지제는 sulfit라고 표시되어 있습니다.

■ 이탈리아 와인의 라벨

이탈리아의 와인병에도 중세의 포도원의 분위기를 보여줍니다. 여기 Chianti Classico라는 상표는 포도종이 Sangiovese임을, 지역이 토스카나 지역의 포도원에서 왔음을 말해 줍니다. DOCG(제9장)와 Riserva가 와인의 등급과 품질을 설명해 주지만 사실 Chianti는 토스카나 지역의 작은 도시이며 Sangiovese라는 포도는 거의 이 지역에서만 재배되며

Chianti와 더불어 토스카나 지역의 대표 와인 이름이 되었고 대중적인 와인에서 고급 와인까지 폭넓게 제공되는 이탈리아 대표 와인입니다. 뒷면의 **IMBOTTIGLIATO**는 토스카나의 작은 도시 **MONTALCINO**에서 병입했다는 말이며 동그란 원 안의 수탉은 1716년부터 이어 온 **키안티클라시코의 상징**임을 표시합니다. 실제로 키안티는 그리 크지 않은 도시인데 주변의 여러 포도원들이 산지오베제 기반의 키안티 와인을 생산하지만 키안티 핵심지역의 중심 포도원들은 Chianti Classico라는 이름으로 자신들을 차별화하는 것입니다. 이를테면 '**원조 키안티**'쯤의 표현이 되겠지요.

■ 스페인 와인의 라벨

스페인의 리오하 지역 로그로뇨의 Bodegas Campo Viejo 포도원의 쏘노주입니다. 2016년도의 **템프라니요(Tempranillo)** 포도종이고 역시 생산자가 직접 병입(BOTTLED)했음을 기록하고 있습니다. 위 이탈리아의 DOCG나 Denominacion Origin Calificada는 모두 프랑스 와인의 AOC와 정확히 같은 뜻입니다.

그 외에도 Grand Vin, Reserva, Kabinett 등의 특별한 수식어를 동원하여 그 와인이 아주 고급이며 특별함을 강조하기도 합니다만, 고급이

란 말이 항상 진짜 고급임을 말하는지는 경우를 살펴 가며 판단할 일일 것입니다. 어떤 때는 불량식품에도 '고급'이란 말을 붙여 소비자를 현혹시키기도 하지요. 그래도 이런 단어 하나라도 표기된 것이 없는 것보단 좋다는 것은 분명합니다.

오늘의 와인, 오늘의 안주

프랑스와 칠레

- ✦ **프랑스 포약 퐁테카네 블렌드**: 3종 블렌드
  예: Cabernet Sauvignon, Merlot, Petit Verdot
- ✦ **칠레 에스쿠도 로호**: Cabernet Sauvignon
- ✦ **안주제안**: **훈연치즈**와 카망베르치즈

이번에 시음하는 와인은 전형적인 프랑스 보르도 와인과 칠레의 와인을 비교합니다. 이들은 대략 3~6만 원대의 중급 와인으로 일반 대형매장에서도 쉽게 찾아지는 제품이며 와인이 가질 법한 기본적 특성이 고루 갖추어진 와인이라 볼 수 있습니다. 우선 프랑스 와인에는 라벨 어디를 둘러봐도 포도종에 대한 정보는 없습니다. 꼭 알고 싶다면 좀 발품을 팔아야겠지요. 여러 와인 관련 웹사이트를 뒤져 알아낸 정보가 Cabernet Sauvignon을 주송으로 하고 Merlot 10% 정도, 그리고 Petit Verdot 아주 조금 포함되었다고 합니다. 반면, 칠레산은 Cabernet Sauvignon이 전면에 표시되어 있지요. 포도종의 구성으로 보아 두 와인 모두 **무게감(Body감)** 있는 와인으로 보입니다. 와인계에서 이 무게감이란 말이 어떤 감각적 특성을 말하는지 체험하기 좋은 와인입니다. 이 말에는 알코올 농도와 점도, 그리고 색감 등도 포함되어 있으며 혹시 **탄 내음(훈제향)**을 확인할 수 있을까요. 안주 중 호두의 껍데기에서 느껴질 법한 떨떠름함 또는 떫은맛이 과연 이 와인과 아니면 도대체 와인과 잘 어울릴까요?

제9장
와인의 등급표시

와인의 세계에서 **유럽과 신세계**는 여러 측면에서 대비되는 면이 있습니다. 유럽의 와인은 **등급**을 **라벨**에 표시하는데 신세계 와인에는 품질을 암시하는 등급을 명확히 표시하지 않습니다. 유럽의 와인을 접하여 라벨을 면밀히 검사하면 그 와인의 품질과 가격을 어느 정도 가늠할 수 있습니다만, 신세계 와인은 라벨만으로는 품질을 가늠하기가 쉽지 않습니다. 그러면 와인의 품질을 어떤 방법으로 추정할까요? **가장 단순한 방법은 표시된 가격을 보는 것입니다.** 그런데 이 가격 표시가 온 세상에 균일하게 규격화되어 있다면 그것도 좋은 방법이겠습니다만, 와인 가격이 사실은 동네마다, 가게마다 달라서 경험이 좀 필요하답니다.

■ **프랑스의 등급체계**

우선 프랑스산 와인의 등급표시를 살펴볼까요. 프랑스의 와인은 크게 두 종류로 나눠집니다. 즉, 제8장에서 간단히 언급한 **AOC 등급**과 Vin de pays 혹은 Vin de table 등급의 두 종류로 나닙니다.

❶ AOC(Appellation d'Origine Controlee)

이 등급은 프랑스의 농림부의 농산물 품질관리부서(INAO)에서 발급하는 인증서 형식의 봉인으로 대부분의 프랑스 **족보와인**(포도종, 생산연도, 포도원이 명기된 와인)이 이의 인증을 받아 출시되고 있습니다. 물론 위 성분조건 이외에도 가당(당 첨가)과 같은 별도의 첨가제가 들어 있지 않아야 하는 등의 조건을 만족해야 보증을 받겠지요. 유럽공동체(EU)가 발효된 이후에는 유럽 전체를 아우르는 AOP(Appellation d'Origine Protegee)로 표기되기도 하나 여전히 AOC가 선호되어 사용되므로 와인병의 AOP와 AOC는 같은 의미로 이해하면 됩니다.

❷ Médoc의 Grand Cru Classes from 1855

이 AOC 와인들 안에서도 별도의 분류체계로 세분되어 통용되기도 합니다. 그중 가장 오래되고 유명세를 주장하고 있는 것을 소개하자면 Grand Cru Classes en 1855를 언급해야겠습니다. 타이틀의 말뜻을 풀어보자면 '1855년 설정 최상의 품질의 88개 포도원'이라 할 수 있으며 이 중 61곳의 적포도주는 모두 보르도의 **메독 지역**, 27개의 백포도주는 **소테른과 바르삭** 지역의 포도원을 명시합니다. 이 포도원들은 그 안에서도 나름 품질등급의 순위가 매겨져 있으며 그 리스트를 다음 표에 인용하였습니다. 여기 모든 포도원에는 Château라는 단어를 앞에 붙여서 부르게 됩니다. 한 가지 놀라운 것은 이 분류가 1855년도에 결성되어 만들어진 것이며 그 이후 5개의 포도원만 순위의 수정이 있을 뿐 지난 165년간 새로이 들어오고 나간 변동이 전혀 없다는 것이지요. 그러면 정말로 지난 20세기 초의 두 차례 세계대전까지 겪었을 165년간, 포도원에 사회적 변화가 없었고 와인의 품질은 여전히 유지되었다는 뜻일까요?

Bordeaux Wine Official Classification of 1855	
The Red Wines of the Médoc	
First Growths (Premiers Crus)	Lafite Rothschild, Latour, Margaux, Haut-Brion (Graves), Mouton Rothschild (1973)
Second Growths (Deuxièmes Crus)	Rauzan-Ségla, Rauzan-Gassies, Léoville-Las Cases, Léoville-Poyferré, Léoville-Barton, Durfort-Vivens, Gruaud-Larose, Lascombes, Brane-Cantenac, Pichon Longueville Baron, Pichon Longueville Comtesse de Lalande, Ducru-Beaucaillou, Cos d'Estournel, Montrose
Third Growths (Troisièmes Crus)	Kirwan, d'Issan, Lagrange, Langoa-Barton, Giscours, Malescot St. Exupéry, Boyd-Cantenac, Cantenac-Brown, Palmer, La Lagune, Desmirail, Calon-Ségur, Ferrière, Marquis d'Alesme Becker
Fourth Growths (Quatrièmes Crus)	Saint-Pierre, Talbot, Branaire-Ducru, Duhart-Milon, Pouget, La Tour Carnet, Lafon-Rochet, Beychevelle, Prieuré-Lichine, Marquis de Terme
Fifth Growths (Cinquièmes Crus)	Pontet-Canet, Batailley, Haut-Batailley, Grand-Puy-Lacoste, Grand-Puy-Ducasse, Lynch-Bages, Lynch-Moussas, Dauzac, d'Armailhac, du Tertre, Haut-Bages-Libéral, Pédesclaux, Belgrave, de Camensac, Cos Labory, Clerc Milon, Croizet Bages, Cantemerle(1856)

● 자료: Wine Spectator

The White Wines of the Médoc	
Superior First Growth (Premier Cru Supérieur)	d'Yquem
First Growths (Premier Crus)	La Tour Blanche, Lafaurie-Peyraguey, Clos Haut-Peyraguey, Rayne-Vigneau, Suduiraut, Coutet, Climens, Guiraud, Rieussec, Rabaud-Promis, Sigalas-Rabaud
Second Growths (Deuxième Crus)	de Myrat, Doisy Daëne, Doisy-Dubroca, Doisy-Védrines, d'Arche, Filhot, Broustet, Nairac, Caillou, Suau, de Malle, Romer du Hayot, Romer, Lamothe, Lamothe-Guignard

수천 개가 되는 프랑스의 포도원에 그런 변화가 없었을 리가 없지만 어쨌든 이 족보는 아직도 유효하며 메독의 와인 조합은 이 등급표를 지금까지 유지하고 있습니다.

❸ 생테밀리옹(Saint-Émilion) 지역의 등급표시

메독 지방의 1855년 그랑크뤼 분류체계에 대응하여 생테밀리옹 지역은 1955년에 지역의 우수한 포도원을 선별하여 새로운 목록을 만들었으며 메독 지방의 분류와는 달리 대략 10년마다 새로운 포도원 리스트를 선정 공표하고 있습니다. 근래 2006년의 목록 선정에는 약간의 구설수가 있었다고 하여 2012년에 다시 구성한 목록은 현재 유효한 것으로 인정되고 있답니다. 프랑스 농림부 산하 생산자보증처(INAO)에서는 보르도와 생테밀리옹 생산자조합과는 무관한 부르고뉴에, 론, 샹파니에, 로아레 및 프로방스의 전문가들로 구성된 7인 위원회에서 심사한 결과를 바탕으로 만든 목록에 프레미에 그랑크뤼 18개 포도원과 그랑크뤼 64개 포도원, 총 82개의 포도원을 인정하고 있습니다.

The Classification of Wines of Saint-Émilion

Premier Grand Cru Classé 'A'
Angelus, Ausone, Cheval Blanc, Pavie

Premier Grand Cru Classé 'B'
Beausejour, Beau-Sejour Becot, Belair-Monange, Canon, Canon-la-Gaffeliere, Figeac, Clos Fourtet, La Gaffeliere, Larcis Ducasse, La Mondotte, Pavie-Macquin, Troplong Mondot, Trotte Vieille, Valandraud

Grand Cru Classé
l'Arrosee, Balestard la Tonnelle, Barde-Haut, Bellefont-Belcier, Bellevue, Berliquet, Cadet Bon, Cap de Mourlin, Chauvin, Clos de Sarpe, la Clotte, la Commanderie, Corbin, Cote de Baleau, la Couspaude, Dassault, Destieux, la Dominique, Faugeres, Faurie de Souchard, de Ferrand, Fleur-Cardinale, La Fleur Morange, Fombrauge, Fonplegade, Fonroque, Franc Mayne, Grand Corbin, Grand Corbin-Despagne, Grand Mayne, les Grandes Murailles, Grand Pontet, Guadet, Haut Sarpe, Clos des Jacobins, Couvent des Jacobins, Jean Faure, Laniote, Larmande, Laroque, aroze, la Madelaine, La Marzelle, Monbousquet, Moulin du Cadet, Clos de l'Oratoire, Pavie-Decesse, Peby Faugeres, Petit Faurie de Soutard, de Pressac, Le Prieure, Quinault l'Enclos, Ripeau, Rochebelle, Saint Georges (Cote Pavie), Clos Saint-Martin, Sansonnet, La Serre, Soutard, Tertre Daugay, La Tour Figeac, Villemaurine, Yon Figeac

● 자료: Wikipedia

여기 인용한 목록 이외의 200여 생테밀리옹 와인들은 Grand Cru의 타이틀이 쓰여 있지만 이것은 위의 Grand Cru Classe와는 품질과 가격을 비교하지는 않습니다.

❹ 부르고니에의 Grand Cru 포도원

그 외 와인의 분류체계로는 부르고니에 지역의 분류체계를 언급해야겠습니다. 보르도 지역과는 다르게 기본적으로 4개의 종류로 구분하고 있습니다. 최상위급인 Grand Cru와 첫 번째 급인 Premier Cru는 개별적인 단일 포도원으로 구성되어 있으며 여기 최상급의 Grand Cru 포도원을 열거합니다.

Grand Cru Vineyards of Bourgogne

Chablis Grand Cru, Chambertin, Chambertin-Clos de Beze, Chapelle-Chambertin, Charmes-Chambertin, Griotte-Chambertin, Latricieres-Chambertin, Mazis-Chambertin, Mazoyeres-Chambertin, Ruchottes-Chambertin, Bonnes-Mares, Clos de la Roche, Clos des Lambrays, Clos de Tart, Clos Saint-Denis, Bonnes-Mares, Musigny, Clos de Vougeot, Echezeaux, Grands Echezeaux, La Grande Rue, La Romanee, La Tache, Richebourg, Romanee-Conti, Romanee-Saint-Vivant, Charlemagne, Corton-Charlemagne, Corton, Charlemagne, Batard-Montrachet, Bienvenues-Batard-Montrachet, Chevalier-Montrachet, Montrachet, Criots-Batard-Montrachet

이 Grand Cru급의 포도주 생산량은 부르고니에 전체 생산량의 약 5% 정도이며 그 아래 급인 Premier Cru에서는 18% 정도를 생산한다고 합니다. 그 바로 아래에는 코뮨(Commune)과 지방(Reginal)의 포도원에서 각각 36%와 41%의 포도수를 공급하며 부르고니에 전체적으로 적포도주는 약 40%가 그리고 백포도주가 60% 정도의 비율을 가진다고 합니다.

❺ Vin de pays 혹은 Vin de table

최근 들어 프랑스의 젊은 신세대 와인 생산자들은 보르도의 전통적인 방식과는 다른 방법을 취하기도 합니다. 특히 이름의 사용에 Château를 사용하지 않고 딱히 포도종을 명시하지 않으면서도 품질 향상과 제품의 홍보에 좀 더 정성을 들이는 경향이 있다고 합니다. 이러한 취지에 딱 맞는 와인의 종류가 Vin de pays 또는 Vin de table인데 이 표현의 원래 뜻은 테이블 와인, 시골 와인이란 뜻이며 굳이 포도종을 명시하지 않고 비교적 저렴한 가격에 공급되는, 즉 대중식당에서 잔으로 제시되는 와인으로 사용되는 라벨입니다. 한국시장에서는 AOC 또는 AOP 와인 이외의 프랑스 와인은 좀처럼 찾기 어려우며 Vin de table 또는 Vin de pays라고 해서 가격도 반드시 AOC보다 저렴하지는 않습니다.

■ 독일의 등급체계

독일의 와인은 두 종류로 나뉘어 등급와인(Qualitätswein mit Prädikat)과 시골와인(Landwein)이 있습니다.

- Qualitätswein mit Prädikat: 세세한 정보를 담은 와인
    - TBA(Trockenbeerenauslese): 특등급
      당도 높은 포도알만을 선별하여 만든 와인
    - BA(Beerenauslese): 최상등급
      포도알을 선별하여 만든 고급 와인
    - Auslese: 상등급
      선별 포도송이로 만든 고급 와인
    - Spätlese: 일등급
      늦게 추수하여 당도 높은 포도로 만든 와인
    - Kabinett: 보존가치가 있는 와인
    - QbA(Qualitätswein bestimmter Anbaugebiet): 지역이 명시되어 품질을 가늠할 수 있는 와인
- Deutscher Landwein: 독일의 평범한 테이블 와인

■ 이탈리아와 스페인의 등급체계

이탈리아와 스페인은 남부 유럽의 언어를 사용하기에 프랑스 체계와 유사한 등급체계를 보여줍니다. 어쨌든 유럽에는 전체적으로 로마시대부터 중세를 거쳐 물려받은 문화유산에 따라 기본적 등급의 개념이 같은 방식으로 형성될 수밖에 없지요. 다음에 도표에서 보듯이 AOC와 DOC계의 등급이 상위등급에 속하며 중급에 IGP 등급, 즉 지역조합의 보증등급이 사용되기도 하며 Table 와인도 비슷한 용어로 불리지요.

- AOC (Appellation D'origine Controlee)
- DOC (Denominatione de Origine Controllata)
- DOCG (Denominacione de Origine Controllata e Garantita)
- IGT (Indicazione Geografica Tipica)
- Vino da Tavola, Vino de Mesa

France	AOC	AOC	Vin de Pays	Vin de Table
Germany	Praedikaswein	QbA	Landwein	Tafelwein
Italia	DOCG	DOC	IGT	Vino da Tavola
Spain	DOCa	DOC	IGT	Vino de Mesa

■ 신세계 와인의 등급

신세계란 북미주, 남미, 오세아니아 및 남아프리카 등을 말하는데 신세계답게 유럽과는 절대적인 차이가 있습니다. 즉, 등급이라 할 만한 체계를 가지고 있지 않습니다. 등급표시로부터 얻어야 하는 정보는 물론 가격대와 품질인데 그러면 신세계 와인은 품질을 어떻게 가늠할까요. 사실 특별한 방법이 없다는 것이 사실입니다. 가격을 가지고 역으로 품질과 맛을 짐작할 수밖에 없으며 간혹, Reserva 등과 같은 말이 첨가되어 있다면 한 단계 높은 품질과 맛을 기대할 수도 있겠습니다.

오늘의 와인, 오늘의 안주
유럽과 신세계

- 스페인 Oliveras DOCa: Tempranillo
- 칠레 Montes Alpha: Cabernet Sauvignon
- 안주제안: **하몽(Jamon)**, **고르곤졸라(Gorgonzola)** 치즈

 유럽의 스페인 리오하(Rioja) 지역의 와인으로 **템프라니요(Tempranillo)** 포도로 만든 것인데 DOCa가 작은 글씨로 표기되어 있습니다. 칠레 **콜차구아(Colchagua)** 지역의 몬테스 알파(Montes Alpha) 포도원의 카버네소비뇽 와인으로 등급 표현은 없으나 포도원에서 병입(Estate bottled)했음은 명시되어 있습니다. 스페인에서 돼지 뒷다리를 훈연 보관한 후 얇게 저민 하몽은 고급 안주에 속하며 블루치즈인 로크포르 또는 고르곤졸라 치즈는 그 푸른색이 악성 곰팡이를 연상케 하지만 익숙해지면 다른 스위스 치즈처럼 고유의 맛을 찾을 수 있습니다.

제10장
유럽과 미국의 애증 2

　와인이야말로 자연에서 출발하여 최소한의 인위적 작업을 통하여 만들어진 가공품입니다. 그런 만큼 와인은 자연에 가까운 기호품입니다. 이 기호품의 품질은 당연히 자연이 만들어 주는 효과가 크다는 말입니다. 와인의 품질은 결정짓는 요인이 여러 가지가 있겠지만, 그 요인을 프랑스 **와인전문가**들은 **테로아(Terroir)**라는 말에 요약하여 표현합니다. 이 단어의 유래는 좀 모호한 면이 있습니다. 굳이 언어적 유래를 따지자면 Terrain쯤 되겠는데 원뜻인 '바닥' 또는 '지형'이라고 해도 무언가 야무진 맛은 느껴지지 않습니다. 영어권의 와인전문가들은 그냥 **'자연조건'**이라 하면 될 것을 프랑스 사람들이 무언가 프랑스 문화의 월등한 품격이 있다는 식으로 프랑스의 특별함을 자랑한다고 비꼬기도 한답니다.

그냥 무난하게 아주 명쾌한 문장으로 이 상황을 정리할 수도 있겠습니다.

"Terroir makes character, human makes quality!"

어느 경우라도 자연적 조건이 중요한 것은 자명하며 이 자연적 요인은 대략 **토양**(Soil)의 질, **지형**(Terrain)의 조건, 사계절 **기후**(Climate)의 조건이 될 수가 있겠지요. 우선 토양의 질에 있어서 지나치게 기름진 땅은 오히려 부정적으로 작용합니다. 비옥한 토양에서는 자칫 포도나무의 육신(잎과 줄기)이 무성해지고 열매인 포도에 가는 영양분이 줄어든다는 것입니다. 즉, 약간 척박한 땅에서 생육하는 포도나무가 이파리 크기도 적당하고 과실에 집중하게 된다고 합니다. 그것은 토양의 성분도 아주 고운 토질보다는 모래에 가까운 흙이 배수가 잘되는 특성으로 포도 과실에 좋다는 사실과 맥을 같이 합니다. 프랑스 동부 알프스산 자락 아래의 자갈밭은 낮에 받은 **태양열**을 저장했다가 밤 시간에 서서히 방출하는 특성으로 포도주용 포도의 생육에 최적으로 작용한다고 합니다.

지형에 대해서도 물이 잘 빠지는 토양의 특성과 맥을 같이 해야 하지요. 그래서 독일 모젤강 유역의 포도원들은 모젤강의 남쪽과 북쪽의 기슭 모두 급한 경사를 이루고 있습니다. 모젤강은 워낙 굴곡이 심해서 주변의 여러 포도원들의 남쪽 북쪽 모두 햇볕을 잘 받는 곳에 조성되어 있습니다. 프랑스 스페인 및 이탈리아 등 유럽의 거의 모든 지역의 포도원이 이러한 경사진 구릉 지역에 위치하고 있습니다. 반면 미국 서부의 포도원들은 대개 평지에 위치하고 있으며 일조량은 많을지 몰라도 비는 거의 안 오지요. 미국은 이런 상황을 자연이 아닌 인공적 관개수를 활용하여 해결하는 것으로 보입니다.

독일 모젤강 유역의 포도밭　　　　미국 서부 나파밸리의 포도밭

　　토양과 지형뿐 아니라 포도나무가 자라는 사계절의 기후조건이 중요하지 않을 수 없겠지요. 직접적으로는 포도의 순이 올라오는 3월의 기온조건, 꽃이 피는 5월, 강우량이 집중되는 여름철 그리고 열매가 성숙하는 8월, 그리고 포도의 당도가 완성되는 9월의 기온과 일조량 등이 Terroir에서 가장 중요한 요소임은 분명합니다. 이 자연조건은 사실 매년 조금씩 편차가 있기 마련이며 같은 포도를 이용한 같은 포도원의 와인일지라도 생산연도(Vintage)에 따라 품질과 최종 생산품의 가격이 달라지기도 합니다. 겨울철의 휴식기를 포함하여 사계절이 분명히 구분되는 온대지방의 기후가 포도나무의 생리를 포도에 집중하게 하는 효과가 있으며 포도를 '포도주를 위한 신의 과일'로 만들어 주는 마술일지 모릅니다. 프랑스 사람들은 이를 포도주만을 위한 Terroir라는 단어를 만들어 그 기운이 유독 프랑스 와인에 특별히 적용된다며 기회 있을 때마다 자랑합니다. 이런 자연적 요인들이 복합적으로 작용한다는 것은 당연한 사실인데 굳이 그런 종교적 의미까지를 부여하며 과장한다고 미국 사람들은 살짝 비꼬기도 합니다.

　　가장 중요한 요인, 즉 포도주를 만드는 **사람의 기술** 또는 **전통**이 포도주의 최종적 품질을 결정한다고 볼 수 있으며 그것이 직, 간접적으로 제9장의 라벨에 일부 표현되어 있는 것이지요. 그리하여 유럽권의 와인들은 등급 표시를 보면 어느 정도 품질과 와인의 맛의 수준을 가늠할 수가 있는 것입니다. 그들은 **AOC** 또는 **DOCG** 등의 등급에 자신들의 **Terroir**를 간접적으로 표시하니까요. 물론 이렇게 라벨의 정보만이 모든 와인의 품질을 대변할 수는 없지요. 그 외 와인의 가격 또한 당연히 품질을 평가하는데 중요한 요인이 됩니다.

그러면 라벨의 정보만으로 품질을 평가하기 어려울 때, 또는 신세계 와인의 경우엔 라벨에 절대적 정보가 없는데 어떻게 품질을 말할 수 있을까요?

이런 질문은 특히 합리적 의심을 즐겨 하는 와인소비자들이 자주 하게 됩니다. 더군다나 **Terroir**라고 하는 애매모호한 개념에 빠지기 싫은 사람들은 '좀 더 객관적이고 믿을 만한 평가 데이터를 좀 내놔 봐!'라고 주장하는 것입니다. 당연히 이런 의문에 대한 답이 이미 존재합니다. 1950년대의 남가주대학교 **와인학과**(UC Davis, Department of Enology)에서 제안한 **20점 체계**는 그 후 영국의 **와인평론가** Jancis Robinson에 의하여 정리되었는데 그 내용은 다음과 같이 요약할 수 있습니다.

점수	평가내용	
20	Truly exceptional	정말 좋은 와인
19	A humdinger	대단히 좋은 와인
18	A cut above superior	우월함을 넘은 와인
17	Superior	우수한 와인
16	Distinguished	기품이 있는 와인
15	Average	평균적인 와인
14	Deadly dull	정말 맛없는 와인
13	Borderline or unbalanced	한계에 도달한 와인
12	Faulty or unbalanced	잘못된 와인

이 점수체계는 등급 표현보다는 구체화된 것 같으나 미국 사람들에게는 썩 와닿지 않았던 모양입니다. 그리고 우리말로 번역한 것에도 알 수 있는 것처럼 표현이 내용을 섬세하게 알려 줄 만큼 명확하지가 않다는 것이지요.

이를 감지한 미국의 **로버트 파커(Robert Parker)**는 1970년대, 즉 지금으로부터 50여 년 전부터 여러 시음가들의 평가자료를 수집하여 2010년에는 파커의 **100점 평가체계**를 만들어 The Wine Advocate Rating System을 발표하게 됩니다.

이러한 평가결과를 얻기 위하여 로버트 파커는 몇 명의 평가 시음가들과 독립적으로, 즉 같은 종류(포도종, 발효연도 등)의 와인을 몇 가지 기준을 지키며 시음한다고 합니다. 항상 새 병을 따서 시음에 전부 소비하며 와인에 맞는 깨끗한 유리잔에, 정해진 온도에서, 일정한 시간 내에 시음을 완결한다고 합니다. 이렇게 얻어진 시음결과를 몇 단계의 점수체계로 분류하여 RP Point로 Wine Advocate 잡지에 공표하게 됩니다.

- 96 – 100:
특별한 와인이 가지고 있어야 하는 우수하고 복합적인 특성을 소유한 와인으로 이러한 와인은 발견하는 즉시 구입하고 마실 만한 가치가 있음
An extraordinary wine of profound and complex character displaying all the attributes expected of a classic wine of its variety. Wines of this caliber are worth a special effort to find, purchase, and consume.

- 90 – 95:
아주 우수한 와인으로 보기 드문 복합적 특성을 소유한 와인으로 즐길 가치가 있는 와인임
An outstanding wine of exceptional complexity and character. In short, these are terrific wines.

- **80 - 89:**

  평균 이상의 와인으로 섬세함과 여러 가지 다양한 향과 특성을 소유한 와인임

  A barely above average to very good wine displaying various degrees of finesse and flavor as well as character with no noticeable flaws.

- **70 - 79:**

  평균적인 와인으로 특이성은 별로 없으나 성실하게 제조된 와인임

  An average wine with little distinction except that it is a soundly made. In essence, a straightforward, innocuous wine.

- **60 - 69:**

  평균 이하의 와인으로 산도나 탄닌 등이 너무 강하고 향이 부족하며 밋밋함

  A below average wine containing noticeable deficiencies, such as excessive acidity and/or tannin, an absence of flavor, or possibly dirty aromas or flavors.

- **50 - 59:**

  마시기 어려운 와인

  A wine deemed to be unacceptable.

로버트 파커는 그러나 여기에도 단서를 붙입니다. 그는 "이 점수체계는 해당 와인의 주요 요소를 모두 표현하지는 못한다. 다만 그 와인의 스타일과 개성에 대한 정보를 나타내 줄 뿐이다"라며 "한 와인에 대한 한 시음자의 직접적인 비교 평가 시의 평가점수는 품질에 대한 상대적 비교치를 제공할 뿐이며, 중요한 점은 결국 와인을 소비하는 사람 자신의 개인적 취향을 넘어설 수는 없는 것이다"라며 개인의 주관적 평가가 여전히 중요한 기준임을 강조하고 있습니다.

사실 유럽 사람들은 등급표시를 통한 전통적인 방법과 언어로 와인의 품질을 말하지만, 점수로 품질을 평가하려는 생각을 하지 않습니다. 신세계에서는 이 유럽의 라벨을 도입하기 어렵고 또 이 방법이 명확하고 객관

적인 평가를 한다고 생각하지 않으며 점수체계를 선호합니다. 말하자면 그 특성을 긴 서술방식으로 평가하는 학생부 기록과 하나의 총 점수로 명확하게 표현한다고 믿어지는 수능 점수와의 차이라 비교하면 될까요?

이렇게 점수체계가 도입되자 환영하는 것은 일단 소비자들입니다. **테로아**니 뭐니 하는 어려운 단어보다 95점, 98점 하는 RP 점수를 보면 일단 품질을 쉽게 믿게 되며 시판 가격에 대하여 큰 반문을 하지 않게 됩니다. 또한 와인을 거래하는 중간 상인들로서도 와인병에 가격을 매기기가 훨씬 수월해지겠지요. 수월해진다는 말은 일단 90점 이상의 와인들은 가격을 올리기가 수월해질 것이며 결과적으로 이 점수체계가 일종의 권력이 되는 것입니다. 그래서 점수 도입의 초창기에는 콧대 높은 프랑스의 유명 포도원들은 이 체계를 무시하였지만 최근에는 이 점수를 사용하지 않을 수 없게 된 것이지요. 어떤 포도원은 이 **파커점수(RP Point)**를 적극적으로 사용하여 기존의 가격보다 훨씬 높은 가격과 매출을 올릴 수 있었고, 어떤 포도원은 이 평가점수를 얻는 데 실패하여 와인가격을 내려서 공급할 수밖에 없었다고 합니다. 그런데 와인거래상들 입장에서 RP 90점 이하의 와인들에 점수를 표시하는 것이 과연 좋을까요? RP 점수 이외에도 와인 전문잡지 〈Wine Spectator〉에서 제시하는 점수(WS90)도 많이 눈에 띄기는 합니다.

라벨과 와인 전문잡지를 통한 와인의 평가와 RP든 WS든 점수에 의한 평가는 한 가지 중요한 문제를 부각시킬 수 있습니다. 언급하였듯이 **학생부 평가**와 혹은 **수능 점수** 중 어느 점수로 평가하는 것이 학생의 능력, 또는 역량을 제대로 평가할 수 있겠는가 하는 것처럼 와인에도 그런 토론을 할 수 있습니다. 즉, 프랑스 사람들이 말하는 것처럼 같은 Pinot Noir 라도 부르고뉴에서 프랑스 손맛으로 만든 것과 미국 나파밸리에서 만든 Pinot Noir가 그 섬세함에서 같을 수가 없음을, 프랑스 고유의 어휘로 말하는 것과 RP 점수로 비교하는 것이 같을 수 있을까요? 그것은 흡사 학생의 역량을 수능 총점이라는 하나의 숫자로 말하는 것과 학생부의 열 가지 수행상황으로 분석 평가하는 것과 비슷한 것이겠지요. 실제로 로버트 파커의 평가방식을 적용하면 알코올 농도와 **탄닌**과 오크향이 강한 와인이 섬세함을 안으로 품고 있는 와인보다 점수를 높게 받게 되는 경향이 있을 수밖에 없습니다. 긴 세월을 거쳐시 얻은 경험이 아닐시라도 **총점**이 높은 와인이 항상 좋지는 않았다는 것을 증언할 수 있습니다. 와인은 우리의 감각과 감성, 그리고 어떤 경우에는 감정이 같이 작용하며 느끼는 것이기에 총점 하나만 중요하지 않을 것이며 새콤한 것, 단맛이 살짝 비치는 것, 구분하긴 어렵지만 살구, 앵두 및 사과 등 각종 과일향을 느낄 수 있는 와인이냐, 아니면 입 안 가득 진하고 끈끈한 맛이 오래 남는 와인인가 하는 느낌은 점수로 표현하긴 어렵겠지요.

즉, "문화란 무엇인가?"라는 질문에 두 자리 숫자 하나로 결론을 내린다면 더 이상의 맛과 멋에 대한 토론은 사라지지 않을까요?

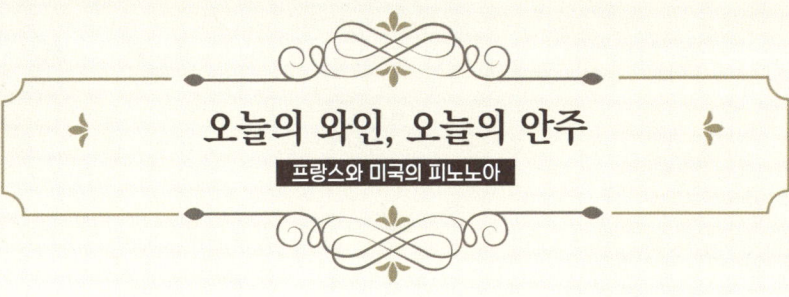

오늘의 와인, 오늘의 안주
프랑스와 미국의 피노노아

- 프랑스 부르고니에 피노노아
- 미국 러시안리버밸리 피노노아
- 안주제안: 스위스 그뤼에르치즈와 충남대 고다치즈

    포도종에 관한 한 유럽과 신세계는 거의 같은 스펙트럼을 보이는데 그렇다면 이를테면 섬세한 맛을 보이는 피노노아 포도주의 경우 유럽과 신세계의 피노노아가 얼마나 다를까요? 아니면 같은 특성일까요? 특히 예민한 포도종으로 알려진 이 포도종은 종종 미국의 한다 하는 포도원과 프랑스 부르고니에의 포도원에서 서로 자신의 가치를 자랑하는 것으로 알려져 있습니다. 이 와인들에서 소위 Terroir라 칭할 만한 고유의 특성을 찾을 수 있는지 면밀하게 시음해 봅니다.

제11장
와인의 평가와 시음

 와인을 수많은 기호품 중의 하나라고 보면 그것을 섭취하기 위하여 따로 학습을 해야 할 특별한 방법이 있을까요? 이런 도발적인 질문에는 당연히 '그런 것은 없다'라는 것이 정답입니다. 그냥 취향에 따라 마시면 됩니다. 그런데 어째서 소위 많은 전문가들이 '이렇게 마셔야 한다. 이런저런 의식을 지켜라'라며 조언을 하는 것일까요. 쉽게 취향에 따라 마시기 위해 취향에 맞는 것을 찾는 것 자체가 쉽지가 않네요. 그건 와인 자체의 특이성이라기보다는 한 그룹의 인간들이 와인을 중심으로 쌓아 놓은 문화의 복잡성과 다양성에 있다고 보입니다.

 와인은 섬세한 과일로부터 만들어진 섬세한 작품입니다. 이러한 음료수를 섭취하는 데에는 몇 가지 순서와 절차를 밟을 때 그 맛과 멋을 좀 더 멋지고 알차게 즐길 수가 있다는 것이지요. 우선 와인은 다른 단일 성분의 술에 비하여 복합적인 성분과 특성을 가지는 음료수이며 사람의 오감을 거의 모두 활용하여 즐길 수 있으며 또한 와인과 연관된 지식이 와인의 섬세한 맛을 불러일으킬 수 있는 술입니다. 이 장에서는 이를 위한 몇 가지 절차를 요약하고자 합니다.

■ 시각적 평가

오감을 위한 술이라는 말의 시작은 시각에서 출발합니다. 와인의 색을 표현하는 말은 적과 백, 두 단어이지만 그 말의 바탕에는 수없이 많은 색감과 농담이 있을 수 있으며 그 뉘앙스와 광채 등을 감안한다면 무한의 평가 가짓수를 생각할 수 있습니다. 그 다양성을 구체적으로 표현하는 언어를 찾아보는 것이 와인의 시각적 평가가 할 일입니다.

우선 와인을 적절한 와인잔에 1/4쯤 따르고 **투명도**를 관찰합니다. 또한 투명도를 넘어서 반짝임 또는 햇빛을 통해 볼 때의 광채 등의 특성을 분별할 수 있겠지요. 샴페인같이 탄산이 들어 있는 경우라면 와인잔에 따른 후의 기포 발생으로 점도와 광채를 평가해 볼 수 있겠습니다. 액면 바로 위에서 내려다보면 색깔의 강도를 가늠해 볼 수 있지요. 잔을 반쯤 기울이며 액면 가장자리와 가운데의 색감의 강도도 같이 평가합니다. 가운데와 가장자리의 색감의 차이가 분명하고 투명할수록 좋은 와인이랍니다. 적포도주는 보라색의 강도가 진할수록 젊은 와인이고 오래 숙성된 와인은 보라색보다는 붉은색 쪽으로 기울기 시작합니다. 백포도주는 그 반대로 **햇와인**은 색감이 거의 없으나 숙성이 길어질수록 색감이 짙어지기 시작하므로 와인의 색농도는 와인의 숙성기간을 추정하는 중요요소입니다.

■ 후각적 평가

시각적 평가를 명확한 언어를 생각하여 구체적으로 표현한 후, 후각적 판단을 위해서 코끝을 와인잔 가장자리 안쪽으로 약간 들이밀어 봅니다. 그다음의 행위를 '킁킁-뱅글-킁킁'으로 요약해 볼까요. 이는 영어식 표현 'sniff-swirl-sniff'를 모사한 것이며 와인잔 안에 가득한 향 성분을 **흡입**(sniff)하며 취한 다음 다시 와인잔을 돌려 액상에 함유된 향을 휘발(swirl)시켜 다시 향기를 취하는 행동을 반복함으로써 향 성분을 가능한 한 남김없이 찾아냄을 뜻하는 것이지요. 사실 와인의 본격적인 평가에는 이 초기의 후각적 인상이 결정적입니다. 사람은 약 1만여 종의 냄새를 구분할 수 있다지요. 또한 후각적 감각이 기억과 가장 빠르게 연결된다고 합니다. 그리하여 후각으로부터 와인의 정체에 대한 결론을 즉각 내리지 못하면 다른 감각적 정보로 분석을 해야 하므로 판단이 늦어지게 된다는 것이지요. 그래서 많은 후각정보와 기억에서 찾아낸 여러 가지 데이터를 교차 검증하여 와인의 정체를 결정할 수 있다는 것입니다.

사실 향은 와인의 원재료인 포도에서 유래한 향인 **자연향** Aroma와 발효 후 숙성과정에서 새로이 만들어진 **발현향** Bouquet로 나누어 표현합니다. 아로마의 출처는 분명한 듯하지만 부케의 출처는 모호할 수 있습니다. 화학적으로는 원래 재료에 소량 존재하던 여러 가지 유기산과 발효 중 생성된 알코올이 화학반응을 거치면서 휘발성 향을 생성할 수 있으며 이런 물질들이 원래 없던 향을 발현케 할 수 있지요. 또한 자체로서 많은 향을 보유한 오크통에 숙성시킬 경우에는 탄닌과 오크향이 발효산물인 알코올에 의하여 추출되면 여러 다양한 향을 만들 수 있겠지요.

아로마든 부케든 수많은 향을 찾는 것은 지금 이전까지의 삶에서 얻은 경험에 의존한 것입니다. 그런데 그 많은 기억 속의 냄새나 향들을 기억해 내는 것 자체도 쉽지 않은 일입니다. 그래서 전문가들도 그림과 같은 도움수단을 사용하여 머릿속에 숨어 있는 향의 이름을 찾아내는 것입니다. 신선한 와인은 향의 다양성이 아무래도 좁으며 쉽게 사라지는 특성이 있는 반면, 와인의 숙성도와 등급이 높을수록 향이 풍부해지고 깊은 느낌이 듭니다. 와인을 시음하는 시간 중에도 향의 변화를 감지할 수도 있습니다. 즉, 초기의 상큼한 향이 어느덧 없어지는 것 같기도 하고 없던 향이 생겨나는 것 같은 느낌도 납니다. 그건 그냥 그런 느낌 정도가 아니고 근거 있는 감각입니다. 뭐냐 하면 첫 잔을 따르면 휘발성 향이 먼저 발현합니다. 몇 모금 마시면서 **휘발성 향**은 사라져 가고 묵직한 향은 와인 수면에 머물러 있으면서 다 마실 때까지 우리의 코를 즐겁게 할 수 있습니다. 어떤 경우에는 마지막 잔의 벽에 붙어 있는 와인에서 꿀냄새와 비슷한 단내를 느낄 수도 있습니다. 향이란 것이 이렇게 다양합니다.

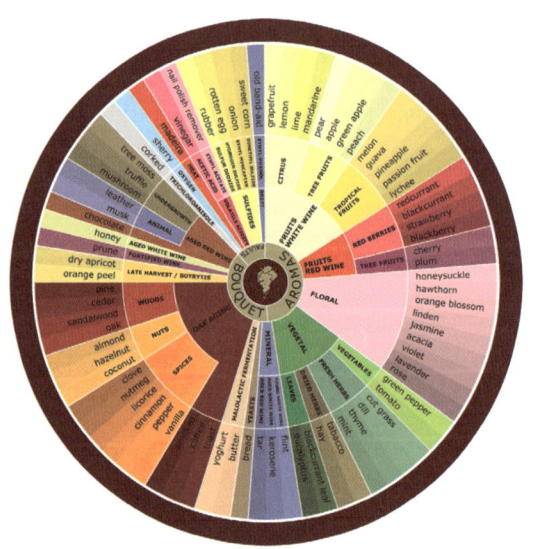

● 자료: Aromaster의 "Wine Aroma Wheel"

사람은 본능적으로 기분 좋은 향만을 떠올리고 좋지 않은 향은 버리고 싶어 하는 경향이 있습니다. 그러나 아로마 휠의 도움으로 상쾌하지 않은 향도 찾아내는 것이 더 깊고 풍요롭게 즐기는 방법이 됩니다. 굳이 그런 것까지 알아내야 하느냐고요? 물론 몰라도 좋습니다만 기분 나쁜 냄새는 좋은 냄새의 격을 더 높여 주기도 하고 머릿속에 풍성한 지식을 버무려 넣으면 더 깊은 즐거움을 주기도 하며 그것을 문화라고 하면 어떨까요?

■ 입 안에서의 향연

맛이란 것은 좀 더 복잡한 것입니다. 혀끝으로만 느끼는 미각을 넘어서서 입 안 전체의 점막, 그리고 목젖 뒤의 비강에까지 관여된 복합적인 감각의 결과입니다. 또한 혓바닥의 맛감각세포로 감지하는 **화학성분(Taste)** 은 물론 단순히 혓바닥 피부에 닿는 물질의 질감(Texture)을 느끼는 촉감도 별도의 평가대상이 될 수 있습니다. 혀의 감각세포는 단맛, 신맛, 쓴맛 및 짠맛을 감지하지만, 최근에는 감칠맛(Umami)도 맛감각의 주요 항목으로 혀에서 감지할 수 있는 것이라 알려져 있습니다. 이 감칠맛이라는 것은 주로 아미노산의 감각적 특성으로 다른 맛 성분으로 분류할 수 없는 고유한 성분으로 인정되고 있으며 최근 들이시 맛의 수용체가 존재함을 알아냄으로써 인정된 것입니다. 맛을 평가함에 있어서 보다 다양하고 복합적인 평가가 가능해진 것입니다.

이제 한 모금(5ml) 정도를 살짝 혓바닥 우물에 얹어 놓습니다. 혀 앞부분에서 느껴지는 감동, 즉 단맛의 정도 및 세기, 그에 따른 알코올 농도 등 첫인상을 요약합니다. 그다음 입 앞부분을 약간 벌려 그 위로 공기를 흡입하여 비강으로 유도하면서 느껴지는 향, 아로마 또는 부케를 찾아 그 정체와 강도를 기록합니다. 다음에는 입 안 전체를 채울 양(15ml 정도)

을 취하여 구강 안에 골고루 굴립니다. 혀뿐 아니라 입 안의 점막으로 감지되는 맛, 특히 감칠맛 같은 낯선 맛이 찾아지는지 살핍니다. 그 외에도 입 안의 점막피부로 느껴지는 밀도, 점도, 자극감을 검사하고 특히 떫은 맛의 특성과 감도를 기록합니다. 그 후 와인을 삼키거나 뱉어낸 후 입 안에 남게 되는 잔맛, 뒷맛 및 무게감 등을 평가합니다. 특히 **탄닌**의 떫은맛이 과하거나 두드러지지 않는지 다른 향들과 균형을 맞추는지를 평가합니다. 숙성이 잘된 등급와인일수록 다듬어진 떫음, 균형 잡힌 맛, 그리고 은은한 뒷맛을 나타낼 수가 있습니다.

다음 그림의 시음 기록지는 소믈리에 교육용 시험용지보다는 간소화한, 그러나 본질적인 평가요소는 모두 고려한 **평가표**이니 새로운 와인을 기록하면서 시음한다면 와인의 본질에 보다 쉽게 접근할 수 있겠습니다.

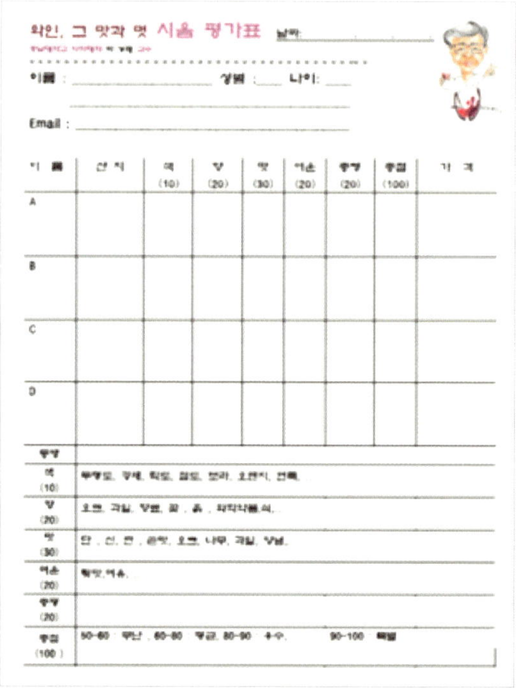

■ 시음의 목적과 대상

사실 위와 같은 시음의 방법에 우선하는 것은 '무엇을 위한 시음이냐'는 것인데 포도원의 와인전문가들에게는 발효되고 숙성되어 가는 와인의 품질을 평가하는 것이 와인사업을 위해 결정적인 단계가 될 것입니다. 이러한 평가를 위한 시음에는 경험 많은 **커네쉐어(Connaisseur)** 몇 사람이 잘 준비된 분위기에서 진지한 작업을 수행합니다. 그러나 와인업계 근무자에게는 그 많은 와인문화적 지식 자체를 위한 교육이 최종 목적이 되겠지요. 물론 와인을 즐기고자 하는 일반인을 위해서는 교육과 취미를 위한 시음이 크게 달라야 할 이유가 없겠습니다. 효율적인 시음을 위해서는 항상 두세 가지 상반되거나 대치되는 속성을 미리 설정하고 다른 속성은 동일한 것으로 선정하는 것이 좋겠지요. 이를테면 같은 생산자의 동일한 연도와 다른 **포도종**을 선정한다면 우선 포도종의 특성을 바로 비교할 수 있겠지요. 단 한 종류만을 시음할 때는 그 특성을 명확히 판단하기 쉽지 않습니다.

- 서로 다른 **포도종(Variete)**: 카버르네 소비뇽, 말벡
- **지역적 차이(Regional)**: 보르도, 캘리포니아
- **단 와인, 센 와인(Alcohol)**: 10.0%, 14.5%
- **생산연도(Vintage)**: 1990년, 2020년
- **혼합도(Blending)**: 난일품종, 3종의 포도종 혼합
- **병입 장소(Bottling)**: 생산자 병입, 타 지역 병입
- **가격의 차이(Price)**: 2만 원 이하, 10만 원 이상

두 가지 이상을 시음할 때에 물론 시음순서 또한 중요한 요소입니다. 왜냐하면 감각은 곧바로 익숙해지며 서로 영향을 미치기 때문입니다. 대체로 성분함량이 적은 것에서 많은 것으로 비교해야 쉽게 찾을 수 있습니다. 즉, 다음의 순서를 상상해 보면 그 뜻을 쉽게 이해할 수 있습니다.

> 백포도주 → 적포도주
> 단 와인 → 센 와인
> 약한 것 → 강한 것
> 햇 와인 → 숙성된 와인
> 싼 와인 → 비싼 와인

아주 단 와인은 입 안을 달게 포화시키므로 입 안을 적당한 방법으로 세척한 후 센 와인을 시음하는 것도 요령입니다. 이때 세척하는 방법은 물을 사용하거나 세척용 바게트 정도로 입 안의 잔맛을 씻어내면 좋겠지요.

■ 안주의 역할

안주의 역할도 중요합니다. 대전제는 무엇을 위한 시음인가 하는 것인데 특별한 안주 자체를 시식하는 것이 아니라면 '안주는 주인인 와인을 섬겨야 한다'는 것입니다. 즉, 그 자체가 강한 맛을 가지면 역효과가 나겠지요. 따라서 강하고 자극적인 것은 별로 권고할 만한 안주가 못 됩니다. 대체로 치즈가 좋다고 하는데 그것도 경우를 봐야 합니다. 즉, 기름기가 많은 치즈는 혓바닥을 기름 막으로 살짝 코팅해 주어 적포도주의 쓰고 강한 맛을 살짝 가려 줌으로써 적포도주의 풍부한 향을 잘 드러나게 해 줍니다. 이 역할은 향의 농도가 낮은 백포도주에는 잘 맞지 않습니다. 그러지 않아도 향의 가짓수가 적은데 혓바닥을 가려 놓으면 역효과가 나겠지요. 흔히들 하는 속설이 있지요. '적포도주에는 육고기가, 백포도주에는 생선이 딱 맞는 안주다.' 또는 '적포도주에는 빨간색 안주가, 백포도주에는 **하얀색 안주**가 제격이다.' 그러면 아주 기름진 연어회가 백포도주와 잘 맞을까요? 혹, 속설을 이렇게 바꾸면 어떨까요? '적포도주에는 기름진 음식이, 백포도주에는 담백한 음식이 좋다.' 이제 비교적 무리가 없는 와인과 음식의 조합이 만들어집니다. 안주 못지않게 중요한 것이 음용온도이겠지요. '백포도주는 차게, 적포도주는 미지근하게'라 하지요. 이 말도 조금은 설명을 필요로 합니다. 사실 음료수의 기본은 청량감이 우선입니다. 백포도주 또는 샴페인은 원칙대로 차게 마셔야 제격입니다. 그런데 적포도주의 경우에는 그렇게 차갑게 마신다면 그 풍성한 향이 다 무시되어 버리겠지요? 그래서 그 절충안이 고유의 향이 자연스럽게 발현될 수 있는 상온에서 마신다는 것입니다.

예전에 프랑스의 한 와인전문가가 한국을 방문한 적이 있답니다. 한국의 이곳저곳을 방문하며 한국의 음식을 접해 본 그에게 한 기자가 물었답니다. "한국 음식에 잘 맞는 프랑스 와인 하나 추천해 주시지요?" 그 프랑스 전문가는 망설임 없이 **"한국 음식에는 이탈리아 키안티 와인이 제격입니다!"** 라는 것이 그의 대답이었다고 합니다. 그 근거는 충분히 짐작할 만합니다. 즉, 한국 음식은 프랑스 음식보다는 이탈리아 음식과 유사성이 높습니다. 그러니 와인도 이탈리아 서민들이 가장 많이 마시는 키안티 와인이 잘 맞을 것은 당연합니다. 어느 경우든, 각각의 특성을 살펴 가며 최적의 맛을 찾아가는 실험정신이 여기서도 중요할 것이며 어떤 절대 진리가 존재하진 않습니다. 혹시 그 치열한 실험정신에 입각하여 자신만의 최적의 조합을 찾는다면 남이 그 취향에 이의를 달 이유가 없겠지요. 어떤 잡지에 이런 말도 쓰여 있습니다. 8자 성어라고 해야 할까요!

The Wine You Like, The Food You Like!

■ 소위 와인 식탁 예절

우리가 와인을 소비하는 장소가 가정이 아니면 서양식 레스토랑인데 고급호텔 레스토랑이 아닌, 그리 대단치 않은 이탈리아 피자집이라도 와인잔 등이 잘 세팅되어 있으면 익숙하지 않은 사람은 무슨 특별한 식탁매너를 생각하게 되지만 대부분은 상식선에서 자연스럽게 대처하는 것이 제일 좋습니다. 일단, 와인잔은 마시는 순간 이외에는 들어 올리지 않으며 잔을 받을 때도 테이블에 놓은 상태에서 받습니다. 주문된 와인이 도착하면 웨이터는 와인라벨이 보이도록 하여 식탁의 주빈(돈 내는 사람)에게 보여주며 와인병을 따고 코르크를 건네면 주빈은 코르크의 액면 부분을 시각적, 후각적으로 불량 여부를 검사합니다. 이상이 없다는 신호에 웨이터는 다시 한 모금 정도의 양을 주빈에게 따라 주면 주빈은 다시 적은 한 모금을 시음하여 이상 여부를 검토합니다. 이상이 있다, 없다는 어떻게 판정할까요? 흔히 와인이 잘못된 경우에는 불쾌한 냄새가 납니다. **코르크오물(Cork Taint)**로 대표되는 TCA(Trichloroanisol) 또는 TBA(Tribromoanisol)가 주요 불순물인데 이는 코르크 제조 시에 곰팡이 제거용 약물로 쓰인 것이 코르크에 전이되어 남아 있는 것이며, 불쾌한 냄새를 유발합니다. 웨이터는 이 냄새가 객관적으로 확인되면 와인을 즉시 새것으로 교환해 주며, 손님은 그냥 맛이 없는 정도면 무리한 요구는 안 하는 것이 서로의 예절이랍니다. 와인이 이상이 없음을 확인하면 웨이터는 주빈의 오른쪽부터—시계 반대 방향으로—와인잔의 1/3 정도씩을 따라 줍니다. 왜 하필 '시계 반대 방향'이냐구요? 대부분 사람들이 오른손잡이이므로 주빈의 오른쪽부터이면 자연스레 시계 반대 방향이 되겠지요. 그다음 대목부터는 문화권에 따라 고유의 예의 규정에 따라야겠지요. 이를테면 여성 먼저, 또는 연장자 먼저 등! 아, 차별금지법이 실행되면서부터는 '여성 먼저'라는 말과 행위는 이제 하지 말아야 할 시절이 되었나요? 그다음부터는 적당히 눈치껏 서로 따라 주며 시음 또는 맛과 멋의 즐김에 집중하는 것이 좋겠지요.

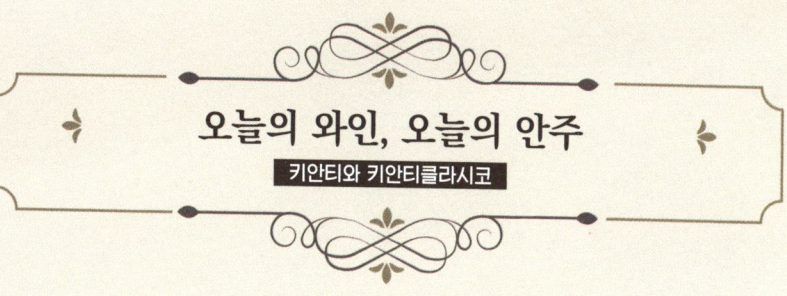

오늘의 와인, 오늘의 안주
키안티와 키안티클라시코

- ⭐ 첸티네 **토스카나 키안티** :
  산지오베제(60%), 메를로(20%), 카버네소비뇽(20%)
- ⭐ **키안티클라시코**: Sangiovese 100%
- ⭐ 안주제안: 이탈리아 살라미, 블랙 올리브

이탈리아 토스카나 지방에서 주로 쓰이는 포도종은 산지오베제입니다. 키안티는 토스카나 지역의 작은 도시 이름이지만 산지오베제 포도로 만든 포도주의 고유명사가 되어 버렸습니다. 원래 이 지역의 갈댓잎으로 겉을 보호한 3리터짜리 키안티가 일반 대중식당에서 많이 보이지만 요즈음에는 이 병이 사라지고 있습니다. 원래 키안티는 작은 도시이기 때문에 산지오베제 포도의 경작지가 점차 인근 지역으로 넓어져 많은 포도원들이 키안티를 공급하고 있으며 원래 키안티 지역의 포도주를 원조 키안티, 또는 그들의 표현대로 키안티클라시코(Chianti Classico)라고 구별해서 부르며 등급과 가격도 상대적으로 높겠지요. 올리브는 이탈리아와 스페인 등 지중해 주변이 주산지이며 살라미는 이탈리아 지방의 훈제 돼지고기 가공육으로 선선한 와인 저장창고 천장에 걸어 놓고 오래 보관하는 용도입니다.

제12장
와인의 가격

와인과 관련하여 이해하기 쉽지 않은 문제 중의 하나가 가격일 것입니다. 어쩌다 뉴스거리가 되는 몇천만 원짜리 고급 와인은 제쳐 놓고라도 우리가 큰맘 먹고 범접할 수 있는 1만 원에서 100만 원대 와인까지는 이해하기 위해 노력은 해 봐야 하겠지요.

지금까지 살펴본 바에 의하면 와인의 조성이야 14% 내외의 알코올과 1% 미만의 맛 성분인데 그 성분에서 1만 원에서 100배의 차이를 만들어 줄 큰 변수가 보이지 않고 소개한 등급과 프랑스 사람들이 주장하는 테로아만으로 시중 와인들의 가격을 이해하긴 어렵습니다. 결국 포도주스가 약간 변질(?)된 것에 불과하며 지하실에서 오래되었다고 항상 비싸지는 것은 아닙니다.

그러면 알기 쉬운 것부터 살펴보기로 합니다. 우선 최고급 등급와인들은 포도 알갱이 하나하나를 선별했다고 주장합니다. 독일의 TBA급 와인은 그 단어 자체에서 그 내용을 포함하고 있으며 그만큼 원료 수급에서 온갖 정성을 다했으니 비싸야 되는 것입니다. 독일뿐 아니라 프랑스의 최상위등급은 '포도를 특별히 선별했다', 또는 '해당하는 해에는 테로아가 유별나게 좋아서 당도 높은 포도를 얻을 수 있었다' 등등의 수식어가 붙으며 높은 가격에 출시되는 것입니다. 물론 이런 고급 와인들의 경우 오크통 안에서의 숙성기간이 길어질수록 추가 상승요인이 가산되는 것이지요. 고급임을 보장하는 공식적인 수단으로 Mis en Bouteille au Château, Estate Bottled 또는 **Erzeugerabfüllung** 등의 표현으로 '포도원에서 경작한 포도를 직접 발효하여 만든 와인을 직접 병입했다'면서 원조임을 강조하는 것이지요. 그런데 이런 외적인 정보만으로 가격을 판단하긴 어렵습니다. 와인전문가 Hugh Johnson은 와인애호가들을 위하여 작은 **와인북**을 매년 출간하는데 여기에는 전 세계에서 생산되는 거의 모든 와인들이 평가되어 있습니다. 이 책자에는 각 지역의 일정품질 이상의 **와인들의 간단한 특성과 생산연도별 평가내용**이 담겨 있어 정확한 가격까진 아니어도 대략의 품질을 가늠할 수 있습니다만 한국의 와인은 수록되어 있지 않습니다.

이러한 족보 있는 와인이 아닌 대량생산되는 와인들의 가격은 어떻게 형성될까요. 우선 앞에서 말한 포도원에서 경작-발효-병입의 굴레를 벗어난 와인들은 어떻게 가격이 형성되는지를 추측해 볼까요. 와인산업도 기업인 만큼 일단 **규모의 경제학**을 따릅니다. 즉, 소규모 포도원은 대규모 포도원의 원가 경쟁력을 따라갈 수가 없습니다. **포도원료** 이외에 생산장비, 와인병, 코르크, 라벨 등 수없이 많은 원가요인이 모두 규모에 따라 가격이 달라집니다. 그러니까 **소규모 생산자**는 와인을 특화할 수만 있다면 별의별 수단을 써서 **고급화**해야 그나마 가격을 좀 올려서 원가를 만회하려고 애씁니다. 그러한 방법이 없다면 이제 **대형화 전략**으로 가야겠지요. 최소한도 포도종만이라도 한 종류로 유지할 수 있다면 인근의 작은 포도원들로부터 비슷한 품질의 포도 발효원액을 구입하여 일정비율로 섞으면서 품질조정을 거친 후 출시하게 됩니다. 이때에는 원조병입이란 말 대신 원조지역병입이란 말로 한 단계 물러서며 출시합니다. 결론적으로 포도종과 발효과정, 그리고 병입과정에서 매우 정교한 손질이 가능한 소규모 포도원의 가격은 높아질 수밖에 없고 대형 포도원은 원가 절감의 가능성이 많으므로 폭넓은 가격조정이 쉬울 것입니다. 따라서 H. Johnson 의 정보지 등을 검사한다면 1~5만 원의 와인가격은 절대적인 품질의 차이를 그대로 대변하지는 않겠지요. 즉, 1만 원짜리가 5만 원짜리보다 더 좋을 수도 있습니다.

사실 일반 소비자들이 접하는 가격은 많은 유통업자들 간의 조절을 거친 가격이므로 우리가 진위 여부를 가늠할 필요가 없습니다. 혹시 미국의 와인가게에서 80% 정도의 와인은 대략 8달러 이하의 저렴한 와인임을 알면 일반 소비자가 와인을 선택할 때에 도움이 될까요? 사실 **와인에 대하여 자신이 없을수록 와인은 비싸야 하는 것**이라 생각하기 쉽지요. 위 미국의 습관을 따른다면 1만 원 이하의 와인도 낯할 것이 없습니다. 즉, 자연산 와인이 갖추어야 할 기본적 요소는 대개 모두 갖추고 있다는 말이지요. 한국에 와서 오래 사시는 이탈리아의 신부님들은 만 원도 안 되는 아주 서민적 와인을 즐기며 행복해하시는 것을 보았습니다.

최근 우리의 대형마트의 와인시장은 비교적 현실화되었다고 보입니다. 즉, 과거의 가격거품이 많이 없어지고 현실화되어서 까다롭지 않은 입맛에는 2만 원 이하에도 만족할 만한 와인을 찾을 수 있습니다. 다만 와인의 종류가 수도 없이 많으니 내 구미에 맞는 와인은 끊임없는 실험정신으로 찾아보아야 합니다. 값나가는 와인도 가격에 품질을 기대하기보다는 경험을 거쳐야 되겠지요. 특별한 와인의 깊고 풍성한 맛은 그 모습을 쉽게 드러내지 않습니다.

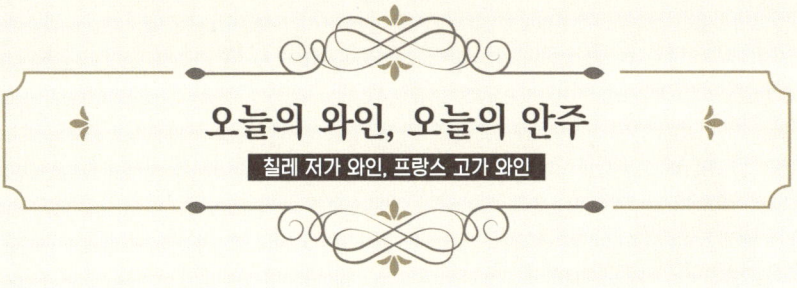

오늘의 와인, 오늘의 안주
칠레 저가 와인, 프랑스 고가 와인

- 🍷 칠레 마키스 카버네소비뇽
- 🍷 프랑스 딸보 생 줄리앙
- 🍷 안주제안: 그뤼에르치즈와 카망베르치즈

　칠레산 저가 와인들은 좀 거칠고 다듬어지지 않은 와인이지만 그런 나름으로 일정 수준의 탄닌과 무게감을 보여주는 와인이며 정말로 부담 없이 즐길 수 있는 와인입니다. 그러나 칠레산도 품격을 보이는 와인도 있습니다. 그렇다면 프랑스의 등급와인의 경지까지 가 있을까요? 생 줄리앙의 딸보는 그랑끄뤼급의 와인으로 한 가격 하는 보르도 와인이며 긴 설명보다는 직접 맛으로 풍성한 부케 및 그 무게와 밀도감을 찾아봄이 좋을 것입니다.

제 2 부

세계의 와인

제13장
프랑스의 와인 1

와인 하면 프랑스, 프랑스 하면 와인이 머릿속에 자연스레 떠오릅니다. 우리가 사용하는 외래어는 대개 영어권에서 유래하는 것이 보통인데 와인 관련 용어들은 영어보다 프랑스어에서 유래한 단어들이 유독 많으며 그 발음이 영어에 비해 까다로워 우리를 불편하게 하기도 합니다. 흔히 들리는 단어들, 딸보, 생테밀리옹, **피노누아**, 소비뇽 블랑 등이 무슨 지역 이름인지, 포도 이름인지도 구분하기 어려워 조금이라도 학습을 해야 알아들을 것 같지요.

와인 자체는 신세계가 워낙 많은 물량을 싼 가격에 제공하기 때문에 시중에 유통되는 와인 중에 프랑스산은 주로 고가 와인에 치우쳐 있습니다. 그래도 와인 용어들, 또는 그에 관련된 사회적 습성들은 프랑스가 그들의 언어로 정교하게 다듬어 놓은 문화적 틀이 있으니 자연스레 그 안에서 논의하는 것이 글로벌 시대의 격에 맞는다 하겠습니다.

프랑스 와인문화의 첫 업적이라 할 만한 것은 **AOC** 등급 관련 규정 및 사회적 관습이지요. 이는 1920년대에 완결된 등급규정이며, 말하자면 프랑스 농림부 산하기관 INAO(Institut National des Appellations de l'Origine et de la Qualite)에서 **포도종, 포도원 넓이, 포도 숙성정도, 포도나무의 관리상태**에 관한 규정을 엄격히 관리하도록 만든 등급표시를 지킨 와인생산품에만 발급하는 일종의 검사증입니다. 사실 AOC는 이미 15세기에 프랑스의 치즈생산자를 보호하기 위하여 만든 등급인데 와인에 적용하며 정교하게 다듬은 것이지요. 프랑스는 이 고유의 문화에 대한 자부심이 대단히 강하여 자신들의 와인이 항상 최고라고 주장하며 이 자존심이 손상되는 것을 못 견뎌 합니다.

그런데 오늘날에는 이 AOC가 프랑스 와인의 위신을 살려주는 중요한 표징인지 아니면 오히려 신세계 와인들의 홍수 속에서 프랑스를 속박하는 굴레인지 논란이 많아졌습니다. 왜냐하면, 미국을 포함한 신세계의 포도원들은 아무런 인증제도 없이 오직 품질과 가격만으로 승부하겠다는 전략으로 자유세계의 자본주의 철학에 승부수를 띄운 것이며, 이제 이 전략이 자유경쟁의 시장에서 점점 자리를 잡아가고 있기 때문입니다.

실제 프랑스의 AOC 등급 와인은 전체 생산량의 50% 정도를 차지하며 나머지는 그 외 등급으로 Vins de Pays 또는 Vins de Table이 차지하며 최근에는 이외 등급의 포도원도 신세계의 자유경쟁 정서를 받아들여 그 나름의 좋은 와인을 제공하며 세계 속에서 같이 경쟁하는 모습을 보여주고 있습니다.

프랑스의 수많은 지역마다 나름의 고유한 특성을 주장하므로 그 고유성을 대략이나마 소개해 보고자 합니다.

보르도(Bordeaux)

보르도 와인 앞에서는 거인 앞에 서 있는 것처럼 주눅부터 드는 것을 어쩔 수가 없습니다. 프랑스의 남서부 대서양 연안의 **지롱드(Gironde)강** 유역의 중심도시 보르도 주변으로 거대한 포도경작지가 펼쳐져 있으며, 이는 남동쪽 지중해 연한의 랑게독-루시용 지역과 함께 세계적으로도 가장 큰 포도경작지입니다. 이곳에서는 적포도와 백포도의 비율이 약 8:1 정도로 재배되고 있습니다.

이 지역을 보면 보르도의 북쪽으로 **메독(Médoc)**과 남쪽으로 그라브(Graves)와 **페삭-레오냥(Pessac-Leognan)**이 갸론느(Garonne)강의 서쪽에 자리하고 있습니다. 사실 마고(Margaux)의 지롱드강이 메독에서부터 남동쪽 방향으로 갈라져 동쪽에 **도르도니에(Dordogne)강**이, 남쪽에 갸론강이 보르도 전체 지역의 포도농업의 줄기를 이룹니다. 이 두 강 사이의 넓은 지역 이름이 **앙트르되메르(Entre-Deux-Mers)**로서 보르도 지역 적포도주의 75% 정도를 생산하고 있으며 도르도니에강 오른쪽 기슭(right-bank)에는 **생테밀리옹(St. Emillion)**과 포메롤(Pomerol)이라는 유명한 와인지역이 자리하고 있습니다. 갸론강의 남쪽 방향으로는 보르도에서는 드물게 백포도주를 생산하는 소테른(Sauternes) 지역이 자리하고 있습니다.

보르도의 명성은 카버네소비뇽-메를로 조합 와인 중 가장 섬세하면서 고급스러운 적포도의 전형을 만들어 낸다는 데에 있으며, 소량이지만 소테른 지역의 매우 단맛의 백포도주, 그리고 그라브 지역의 매우 센 백포도주를 생산하며 세계의 고급 와인의 흐름을 이끌어 나가고 있습니다.

보르도 와인의 질과 양은 분명 해마다 차이가 있긴 하지만, 보르도는 좋은 와인의 생산지로서 여러 가지 장점을 가지고 있습니다. 우선 기후조건이 온화하고 안정적이며 남쪽으로는 유럽에서 가장 넓은 숲이 대서양의 염분 섞인 바람으로부터 와인지역을 보호하고, 여름과 초가을의 일조량이 풍부하여 와인 숙성에 좋은 조건을 만들어 줍니다.

포도경작량의 순서로 보면 메를로, 카버네소비뇽, 카버네프랑(Cabernet Franc), 쁘띠베르도(Petit Verdot) 등이 보르도 적포도주의 원료이고 세미용과 소비뇽 블랑이 상대적으로 적은 양의 백포도주의 주종을 이루고 있습니다.

❶ 메독(Médoc)

이 지역을 대략 살펴보면 지롱드(Gironde)강의 중심에서 두 개의 강이 갈라지는 보르도 북쪽의 강 왼쪽(Left Bank) 지역이 모두 메독의 영역으로 불리며, 프랑스 와인 중 가장 품격 있는 와인 생산지로 알려져 있습니다. 이 메독 지역은 북쪽에서 남쪽으로 다시 세분하여 생테스테프(St-Estephe), **포이약(Pauillac)**, 생줄리앙(Saint-Julien), 마고(Margaux) 등이 위치하고 있습니다. 이 지역명은 우리의 와인시장의 와인병에서도 찾을 수 있습니다. 이를테면, 생줄리앙의 딸보와인 라벨을 보면 AOC의 지역 이름이 SAINT-JULIEN으로 기록되어 있으며, 이 라벨의 와이너리 이름은 Château Talbot임을 알 수 있습니다.

❷ 그라브(Graves)

그라브는 보르도의 남서쪽 지역으로 흔치 않은 세미용(Semillion)이나 소비뇽 블랑(Sauvignon Blanc) 포도를 발효하여 오크통에서 숙성시키는 포도원의 특성을 가지고 있는 지역이지만, 백포도주의 비율은 이 지역에서도 전체의 25%에 미치지 못한다고 합니다. 이 지역의 중심도시 페삭 레오냥(Pessac Leognan)에는 나름 유서 깊은 포도원인 샤토오브리옹(Château Haut-Brion)과 샤토파프클레망

(Château Pape Clement) 등이 있습니다. 샤토파프클레망의 '파프'는 교황이라는 프랑스 단어입니다. 즉, '교황 클레망 포도원'이라는 말이지요. 교황과 와인이라! 좀 낯선 상황이지요? 13세기 말 보르도의 대주교였던 레이몽 베르트랑 드 고트(Raymond Bertrand de Goth)는 당시 왕이었던 필립 4세의 사주를 받아 로마교황청을 아비뇽으로 이전 유폐하고 자신은 클레망 5세 교황으로 등극한 인물입니다. 그 사건은 다음(제14장)에 자세히 설명하겠습니다.

❸ 앙트르뒤메르(Entre-Deux-Mers)

이 지역은 지롱드강의 두 상류강, 갸론느(Garonne)과 도르도니에(Dordogne)강 사이의 넓은 평지로 이곳의 백포도주는 알코올 농도는 센 편이지만 화려하거나 두드러지지 않은 특성을 보인다고 하며 한국시장에서는 잘 발견되지 않습니다. 물론 AOC의 지역 이름으로 Entre-Deux-Mers을 사용하지요.

❹ 포메롤(Pomerol)

앙트르뒤메르 옆 도르도니에강 오른쪽 기슭(Right Bank)으로는 보르도에 필적히는 옛 도시 리보른이 또 한 시역의 넓은 와인 명지를 이끌고 있습니다. 이 중에 **포메롤(Pomerol)** 지역은 메독의 생 줄리앙보다 크진 않으면서 메독의 1등급 와인에 버금가는 와인들을 자랑합니다. 이곳의 포도원들은 그 규모가 작은 여러 포도원들이 포도밭 중간중간에 띄엄띄엄 분산되어 있으며 어느 한 포도원이 다른 포도원을 크게 능가하지 않는 특징을 가지고 있습니다. 여기서는 강한 맛과 탄닌이 짙은 카버네소비뇽 대신 7~80% 정도의 메를로 포도가 주종이고 **카버네프랑**이 나머지를 채우며 섬세한 맛과 향을 자랑합니다.

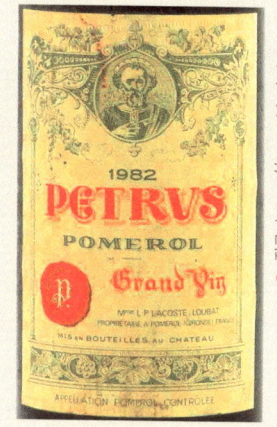

❺ 생테밀리옹(St-Emillion)

이 지역 역시 보르도 지방의 와인 중심축에 들어간 다고 볼 수 있습니다. 이 지방을 중심으로 도르도 니에강 북서쪽으로 포메롤로 이어지는 평원을 이 루고 있습니다. 이 지역의 토양과 테로아는 메독 지방과는 상당히 달라서 카버네소비뇽은 이 지역 에서는 제시간에 숙성하기가 어려우나 메를로와 카버네프랑으로 구성된 와인은 메독 지방보다 숙 성까지 짧은 시간이 필요한 것으로 알려져 있습니 다. 그러나 장기숙성의 경우에 포메롤 지역과 비 교하면 작황이 좋지 않은 해의 포도주는 4년 정도 에 완숙에 도달하는데 테로아가 아주 좋은 해의 포 도주는 8년 또는 그 이상까지 장기 숙성하기 좋은 경우도 많다고 합니다. 이러한 경우에 값비싼 고급 와인이 탄생하게 되는 것이지요. 그림에 인용된 와 인 Château Larcis Ducasse은 생산된 2002년 당시에는 그랑크뤼급이었지만 현재의 분류상으로 는 프레미에르 그랑크뤼급으로 한 단계 승급되었 음을 9장의 목록에서 확인할 수 있습니다.

자료: https://www.winebid.com/

❻ 소테른(Sauternes)과 바르삭(Barsac)

소테른과 바르삭은 그라브 지역의 남쪽에 자리 잡고 있으며 보르도와 메독에서는 멀리 떨어진 곳에 있습니다. 다른 보르도 지역이 적포도에 집중하는 데 비하여 이 지방은 Semillon과 Sauvignon Blanc 등 백포도에 특화되어 있으며 생산량도 아주 적은 양만을 공급합니다. 이 지역의 유별난 점은 아주 특별한 곰팡이를 와인 의 생산에 이용한다는 것입니다. Botrytis Cinerea(다음 쪽 그림)라고 하는, 일명 Noble Rot(귀부貴腐)라고 하는 미생물인데 우리가 흔히 딸기 같은 과일을 오래 방 치되면 표면에 자라기 시작하는 갈색-푸른색 곰팡이로서 과실의 수분을 없애 주는 역할을 하는 곰팡이입니다. 이 곰팡이가 접종된 포도는 옆의 그림에서 보듯이 수분을 잃어버리게 됩니다. 그러나 아주 볼품사나워진 이 포도가 사실은 당도가 아주 높아지는 사실을 이용하는 것이지요. 즉, 이 귀부포도를 발효시켜 알코올 농도를 보통 13% 정도로 만들면 포도즙의 당분이 포도주에 남게 되면서 아주 달면서 동시에 무게감 있는 와인이 되는 것이지요. 포도주 제법에서 설명했듯이 통상 알코올이 13% 이상이면 센 와인(Dry)이 되고 10% 이하이면 달달한 와인이 되지만 이 귀부와인은 알코올 농도도 높으며 동시에 단 와인이 되어 독특한 종류가 되는 것입니다. 당분 함량은 통상 120~220g/L 정도(코카콜라; 113g/L)이며 흔히 디저트 와인으로 특별한 역할을 하게 됩니다. 소테른과 바르삭 지역은 메독 지역으로부터 남쪽으로 많이 치우쳐 있음에도 이 Château d'Yquem은 메독의 1855년 그랑크뤼클래스의 Premier Cru Superieur에 올라 있으며 이 지역의 많은 귀부와인들도 각각 1등급 또는 2등급에 등재되어 있습니다. 이 와인은 프랑스 고급요리 Foie Gras와 아주 잘 맞는다고 알려져 있습니다. 즉, 그 별스런 맛뿐 아니라 유별난 가격을 함께 평가하는 말입니다

자료: Edwin의 "Sauternes noble rot grapes"

자료: https://wikimedia.org/

■ **부르고니에**(Bourgogne)

부르고니에 지역은 프랑스 동북부의 론강 유역의 서쪽에 자리하고 있으며 적포도주로 **피노노아**, 그리고 백포도주로는 샤도네이 포도종이 주를 이루는 곳입니다. 보르도에 비하여 동쪽에 위치했기 때문에 부르고니에는 대륙성 기후 지역에 속하여 추운 겨울과 더운 여름의 극단이 흔히

나타나는 현상이어서 생산연도(Vintage)별로 품질의 차이가 심한 편이라고 합니다. 기후의 특성 때문인지 피노노아 포도는 카버네소비뇽이나 쉬라와는 달리 약간 보들보들하고 섬세한 특성이 있고 조금은 부드러우면서 여성적이라 평가할 수 있겠습니다.

부르고니에의 와인들은 다른 프랑스 지역보다 AOC급 와인의 비율이 높으며 그 바탕에는 이 지역 포도주 제조자들은 자신들의 테로아에 대한 의식이 강하여 결과적으로 그랑크뤼급으로 분류될 가능성이 높기 때문입니다.

❶ 코트도르(Cote d'Or)

부르고니에 지역의 북서쪽 끝에 위치한 샤블리(Chablis)는 약간 선선한 곳으로 주로 샤도네이 포도를 주종으로 하며 그 남동쪽으로 디종(Dijon)의, 남쪽으로 코트도르 지방이 부르고니에 지방의 핵심이라 할 수 있지요. 그중 북쪽의 코트누이(Cote de Nuits)에는 샹베르탱(Chambertin)과 로마네(Romanée; 다음 쪽 그림) 이름을 가진 유명한 포도원들이 있으며 전 세계에 최고가 와인들을 내놓으며 세상을 놀라게 하는 곳입니다. 그 아래로 코트도르의 중심지 코트본(Cote de Beaune)에서도 쟁쟁한 포도원 몽라쉐(Montrachet)나 뫼르소(Meursault) 등을 발견할 수 있습니다. 이 지역 거의 대부분의 포도원들은 최상 그랑크뤼의 그룹에 속해 있지요. 이 라벨을 자세히 보면 Mis en Bouteille au Château 대신 Mis en Bouteille au Domaine으로 포도원에서 병입하지 않고 지역(Domaine)에서 병입했다고 기록되어 있지요.

더 아래 남쪽은 마코네(Maconnais) 지역으로 한 등급 낮은, 그러나 마음 편히 마실 수 있는 샤도네이 등이 대량으로 공급되는 지역이며 부르고니에의 남쪽 한계 지역인 보졸레(Beaujolais)는 갸메이(Gamay)라는 적포도주가 주력 품종입니다.

포도 품종이 확실한 포도주인 만큼 잔 와인(Vin de Table)보다는 분명 위 등급이지만 보졸레에서는 나름의 판매촉진행사의 일환으로 **햇와인(Beaujolais Nouveau)**

축제를 벌이며 매년 11월 셋째 주 목요일에 그해에 발효된 싱싱한 가메이 포도주를 전 세계에 동시에 공급합니다. 이 축제를 유난히 즐겼던 민족이 일본사람들이었으며 그 덕에 보졸레 햇와인을 프랑스에서 일본으로 부지런히 날라 주었던 한국의 국적기가 한때 꽤 짭짤한 수익을 올렸다는 뒷이야기도 있답니다.

자료: Arnaud 25의 La Romanée-Conti Leroy 1975

❷ **부르고뉴 와인의 특성**

이미 언급한 것처럼 부르고뉴에는 유독 테로아에 많은 애착을 가지고 있어서 이를 기반으로 하는 등급표시에 노력을 많이 들입니다. 그들의 표현대로 **'우리는 날씨 이야기를 하면 하늘을 보지 않고 땅을 본다'**라 하기도 하며, 또한 등급을 매길 때에 개별적인 포도원과 제조자를 평가하지 않고 토양과 지역적 특성에 관심을 맞춘다고 합니다.

그들의 4등급을 다시 살펴보면 Grand Cru급은 전체의 코트도르의 약 2% 정도에 해당하며 최소 5~7년의 숙성을 거치고 최상의 와인은 15년 정도를 지하 지징고에 저장하나고 합니다. 그리하여 이 그랑크뤼 등급은 포도원 이름으로, 이를테면 Corton 또는 Montrachet로 표기되며 마을 이름은 라벨에 표기되지 않습니다. Premier Cru급으로는 대략 총생산량의 12% 정도의 와인을 공급하며 최소 3~5년에서 그 이상을 숙성시킵니다. 이 1등급 와인은 개별 포도원이 소속된 마을의 이름으로 표기됩니다. 나머지 Village급과 지역적 와인들은 대개 2년 이내에 소비되는 와인들이며 포도종 이름과 포도원 이름들이 명기되어 출시됩니다.

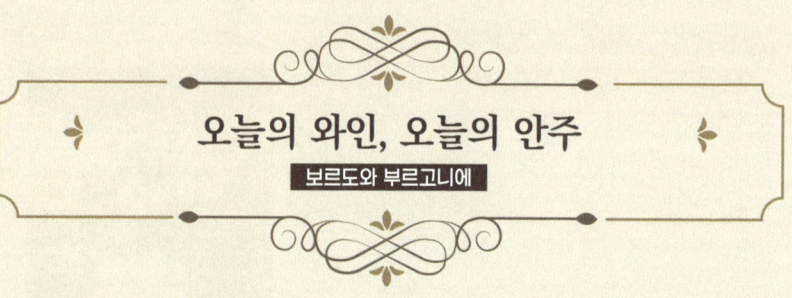

오늘의 와인, 오늘의 안주
보르도와 부르고니에

- Bordeaux Talbot
- Bourgogne Pinot Noir
- 안주제안: 스위스 그뤼에르치즈 및 살라미

프랑스의 대표 와인, 즉 메독의 딸보 와인과 부르고니에의 **피노노아** 포도주의 특성을 비교하여 봅니다. 메를로와 피노노아의 특성 비교가 어느 정도 가능할까요?

제14장
프랑스의 와인 2

■ 로아르(Loire) 지역의 와인

Loire강은 프랑스의 중부 지역에서 대서양으로 흐르는 강이며 대여섯 지역의 AOC 와인생산지가 자리하고 있습니다. 이 지역은 앙주(Anjou), 낭트(Nantes), 소뮈르(Saumur), 쉬농(Chinon), 상쉐르(Sancerre)와 같은 AOC 이름을 보여주고 있습니다. 포도종은 **카버네프랑**, 피노노아, 갸메이, 소비뇽 블랑, 쉬닝블랑 등 거의 모든 포도종이 있지만 와인 스타일은 로제와인, 탄산와인 또는 디저트와인 등으로 기타 지역과 약간 다른 스타일을 가지고 있습니다. 샴파니에 지역 탄산와인의 기세에는 못 미치지만 풍부한 향의 스파클링와인이 많이 생산되고 있습니다.

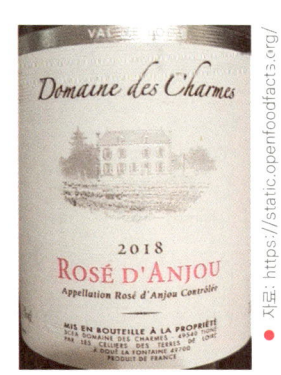

자료: https://static.openfoodfacts.org/

■ 알자스(Alsace)

알자스는 독일 아버지와 프랑스 어머니로부터 탄생한 혼혈아입니다. 독일과의 국경 중 반은 라인강이 만들고 있고 나머지는 알자스 북쪽인데 이 지역 사람들은 독일어를 잘 할 줄 알지만, 독일군이 점령했을 때를 제외하고는 독일이었던 적이 없습니다. 포도종(Riesling, Gewürztraminer)은 독일에서 왔지만, 씨를 맺고 자란 곳은 프랑스의 땅, 흙, 기후 모두 프랑스의 것입니다. 말하자면 알자스의 와인은 독일 아버지의 종자가 어머니의 품에서처럼 프랑스의 방식으로 만들어진 것이지요. 전통적으로 알자스에서는 센 와인을 만들기 위하여 당도에 꽤 많은 노력을 기울였다고 합니다. 즉, 당도가 부족하면 가당(Chaptalization)까지 시행했었지요. 반면 독일 쪽에서는 와인의 무게감이 점점 낮아지고 당도를 와인에 남겨 두도록 했었지만, 최근에는 알자스와 독일 간의 간격이 점차 좁아지며 서로 닮아가는 경향이 있다고 합니다. 와인병의 모양도 보르도나 부르고뉴에 등 다른 프랑스 와인의 병과는 다른 독일 라인강 유역의 와인병처럼 아주 날씬한 병을 사용하고 있습니다.

자료: https://static.openfoodfacts.org/

이 지역에서는 실바너(Sylvaner), 머스캇(Muscat), 피노블랑(Pinot Blanc), **피노그리(Pinot Gris)** 등 여러 종의 포도가 경작되지만 프랑스 쪽의 와인으로 자리 잡은 게뷔르쯔트라미너(Gewürztraminer)는 장미, 자몽 또는 리치 같은 과일향이 매우 풍부합니다. Wurz라는 독일말에는 향이 풍부하다(spicy)는 뜻이 있지요. 그래서 알자스 와인은 거위나 돼지고기 등의 풍성한 요리와 잘 어울리며 프랑스의 미식가들이 선호하는 와인이라 합니다.

■ 론강 지역 와인

론강(Rhone)은 스위스 레만 호수에서 발원하여 알프스 지역을 타고 프랑스 남동부를 흐르는 강입니다. 사실 동부도시 리용에서부터 남부의 지중해까지는 유명한 와인지역이 이어지는 곳이기도 합니다.

그래서 이 지역의 주 표시명(AOC)은 Cotes du Rhone이라고 합니다. 북쪽 지역(Northern Rhone)에서는 쉬라를 기반으로 하는 적포도주와 마르산느(Marsanne), 루산느(Roussanne) 및 비오니에(Viognier) 등의 백포도주가 주종을 이룹니다. 쉬라는 워낙 진하고 묵직한 와인을 위한 포도이지만 이 지역에선 루산과 마르산도 강한 백포도주를 만들기 위해 포도알을 쪼글쪼글하게 말려서(Straw Wine) 발효조에 투입합니다. 향이 강하고 진한 이 백포도주는 15년 넘게 장기 숙성하여 내놓기도 합니다. 이 지역의 적포도주는 쉬라를 주종으로 하되 비오니에를 10~20% 정도로 블렌딩하는 포도원으로 Cote-Rotie, St-Joseph, Crozes Hermitage, Hermitage, Cornas 등이 있고 백포도주는 마르산느와 루산느만으로 제조하는 Condrieu, Château-Grillet, Roussanne, Saint Joseph 등이 있습니다.

남쪽 지역(Southern Rhone)은 북쪽과는 달리 지중해 기후의 영향권에 들어가기 시작하여 겨울에는 온화하고 여름에는 가끔 가뭄에 시달리기도 하지만 간헐적인 관수로 해결한다고 합니다. 남쪽 지역의 가장 유명한 포도원은 **Châteauneuf-du-Pape**로서 이 이름에 허용된 포도종은 적포도 10종과 백포도 10종으로 제한되어 있습니다. 이 포도원 이외에도 Cotes du Vivarais, Cotes-du-Rhone Villages, Grignan-

Les Adhemar, Vacqueyras, Rasteau, Cairanne, Gigondas, Vinsobres, Lirac, Beaumes de Venise 등의 포도원 이름들이 와인병에서 자주 발견됩니다. 이렇게 포도원 고유의 이름이 있는 와인들은 자체의 이름만으로도 어느 정도의 가격선을 유지할 수 있지만 그렇지 못한 와인들은 Cotes du Rhone이라는 지역 전체를 대변하는 이름으로 갈음합니다. 고유의 이름을 가지지 못한 조그만 포도원은 여러 발효양조장에서 나온 와인 원액을 대규모로 사들여 상품성을 높이도록 만들어 출하할 수 있다는 장점이 있기도 하지요. 이러한 대규모의 와인들에는 주로 그르나쉬(Grenache) 포도종이 가장 많이 쓰입니다.

이 지역에서는 적포도주와 백포도주가 모두 만들어집니다. 적포도주에는 주로 그르나쉬노아(Grenache Noir), 무브드르(Mouvedre), 무스카딘(Mouscardin), 쉬라(Syrah) 등이 사용되며 백포도주에는 그르나쉬블랑(Grenache Blanc), 그르나쉬 그리(Grenache Gris), 루산느(Roussanne) 등의 포도가 사용됩니다. 이 지역은 알프스산맥의 서쪽으로, 고대로부터 남아 있는 자갈(Pebbles)들이 포도밭에 많이 섞여 있는데 이들이 습기를 쉽게 배출하기도 하고 낮에는 햇볕으로부터 열을 흡수했다가 밤에 방출하여 포도에 일정한 양의 에너지를 공급하기에 포도의 이른 숙성에 도움을 준다고 합니다.

포도의 숙성이 완결되도록 경작하며 가당(Chaptalisation)은 허용되지 않는다고 합니다. 포도 수확 후 발효 전까지는 같이 수확된 포도줄기 등을 일부러 분리하지 않으며 발효 자체도 비교적 높은 온도에서 수행됩니다. 특히 탄산발효(Carbonic Maceration) 방법을 사용하여 포도가 가지고 있는 원래의 향과 맛이 가능한 한 많이 추출되도록 하여 과일향이 풍부하여 가볍게 마실 수 있는 와인을 만들도록 합니다. 발효조 안에서는 수시로 저어서 과즙과 껍질과 씨 등이 골고루 섞이도록 유지하여 과병에서 나오는 모든 향을 포함하도록 합니다.

탄산발효(Carbonic Maceration)란, 포도를 으깨지 않고 발효조에 넣고 발효시키면 맨 밑에 있는 포도들은 중력으로 으깨진 포도즙이 발효를 시작하고 이 과정에서 생성된 탄산이 산소의 주입을 차단합니다. 이 상태의 즙과 껍질에서 신선한 포도향과 맛이 추출되어 향이 풍부하지만 탄닌은 비교적 적은, 무겁지 않은 와인이 만들어집니다. 이 방법은 보졸레누보, 즉 햇와인을 만들 때 사용하는 방법으로 초기의 신선한 향과 맛을 살리기 위한 방법이지요. 그래서 이 포도원 와인의 특성이 어떤지는 쉽게 짐작할 수 있겠습니다.

❶ 샤토뇌프뒤파프(Châteauneuf-du-Pape)의 특별한 이야기

프랑스의 AOC 중 중요한 역사적 의미를 가지는 와인입니다. 사실 이 도시 이름의 원천은 론강 남쪽의 아비뇽에서 유래했으며, 북쪽 론강 유역의 모든 포도원보다 많은 와인을 생산합니다. 이 도시 이름 또는 포도원 이름인 Châteauneuf-du-Pape는 '교황의 새 성'이란 뜻이며, 이때의 교황이란 바로 보르도의 포도원 Château Pape Clement에서 언급한 **클레망 5세 교황**을 지칭합니다. 당시에 로마교황청의 보니파체 8세 교황의 지나친 권한 강화 시도에 반발한 프랑스의 필립 4세는 보르도 베르트랑 드 고트 대주교를 사주하여 교황청을 아비뇽으로 옮겨 오게 하고 대주교를 클레망 5세 교황으로 선출되도록 하였으며 70여 년의 아비뇽 교황청의 시대를 열었던 것입니다. 당시 베르트랑 드 고트 대주교는 보르도의 대단한 와인애호가였으며, 아비뇽의 주교도 그 지역의 포도원을 육성하던 참이었답니다. 물론 클레망 5세 교황도 포도농업과 와인생산을 장려하였으며 부르고뉴의 와인산업을 한 차원 올려놓았다고 합니다. 아마도 정치와 종교와 경제의 구분이 명확하지 않았던 시대였기에 교황 자신의 고향 포도원도 'Château Pape Clement'으로 바꿔 놓을 수 있었지 않을까 합니다만… 그 뒤 클레망 5세 교황의 뒤를 이은 요한 22세 교황은 아비뇽 북쪽 지역의 와인을 'Vin de Pape'로 불렀으며 나중에는 아예 이 지역을 'Châteauneuf-du-Pape'라 하고 멋진 성도 지어 현재 고성으로 남아 있지요. 옆의 와인라벨에는 교황청 휘장이 그려져 있으며, 실제 이 이름의 와인병에는 모두 교황청 휘장이 부조로 양각되어 있습니다.

자료: https://www.wikimedia.org/

■ 랑게독-루시옹(Languedoc-Roussillion) 지역

랑게독-루시옹 지역은 남프랑스에서 스페인과 지중해를 동시에 안고 있는 지역으로 와인으로만 따지면 세계에서 가장 큰 지역이며 총생산량이 프랑스에서 세 번째로 많은 지역입니다. 또한 이 지역에서 생산된 와인의 양이 미국 전역의 와인보다 많다고 합니다. 사실 4~18세기까지 고급 와인 생산으로 명망이 있던 이 지역 와인은 19세기 산업 시기를 맞아 북아프리카 알제리산의 싼 와인원액을 들여와 블렌딩함으로써 노동자들을 위한 저렴한 와인 수요를 충당했다고 합니다. 19세기 후반 **필록세라**의 침공 시 미국산 뿌리는 이 지역의 석회석 토양에 적응을 제대로 하지 못했으며 아라몬(Aramon), 알리칸테 부쉐(Alicante Bouschet), 또는 카리냥(Carignan) 등 품질이 약간 떨어지는 포도종으로 대체되었다고 합니다. 세계 1, 2차 대전 시기에는 이 싼 와인들이 병사들에게 큰 위안이 되기도 했는데 그마저도 1962년의 알제리 독립 후에는 알제리 포도주 원액의 공급이 여의치 않아 저렴한 와인의 명성마저도 쇠퇴하기 시작했다 합니다. 유럽공동체의 결성에 이후에도 옛 명성을 찾으려는 현지의 노력이 있었지만 큰 빛을 보지 못했으며 오히려 밀려오는 신세계 와인과의 경쟁을 이기기 위하여 단일 포도종의 와인으로, 또는 Vin de Pays 등급의 와인으로 단기간에 쉽게 소비되는 쪽으로 발전하기도 합니다.

포도종은 다른 지역에서 발견되는 모든 포도종이 모두 경작된다고 하며 모나스트렐, 그르나쉬, 비오니에 등의 적포도가 많으며 백포도로는 쉬냉 블랑, 머스캇이 경작되며 루산, 마르산 등의 포도종도 있습니다. 포도종도 종이지만, 좀 유별난 와인도 있습니다. 알코올강화와인으로 Vin Doux Naturels은 와인증류주를 발효완료 전에 첨가하여 15% 이상의 알코올 함량을 만들기도 하고 샴페인같이 탄산이 들어간 Cremant de Limoux도 있지만 우리나라에서는 좀처럼 찾기 어렵습니다.

■ 프로방스(Provence)의 와인

이 지역은 사실 2600여 년의 역사를 가지고 있습니다. 그것은 로마 시대에 알프스 남쪽의 '첫 번째 로마 지역'이란 이름으로 알려졌던 곳입니다. 기원전 600년경 초기의 **마르세이(Marseille)** 지역으로 그리스인들과 로마인들이 포도경작과 와인제조기술을 유럽 중심부에 퍼트리는 다리 역할을 했다고 보이는 곳입니다. 여기서부터 스페인 및 프랑스 전역으로 연결될 수 있는 지역입니다. 이 지역의 포도주는 **로제와인**이 절반 이상을 차지하고, 풍부한 향의 적포도주가 전체의 30% 정도, 그리고 나머지를 백포도주가 점하고 있지요. AOC 보증으로 나오는 지역 이름은 주로 가장 넓은 지역으로, **프로방스(Cotes de Provence)**는 마르세이 옆의 바로 지중해의 기후영향권에 있으며, **엑상프로방스(Coteaux d'Aix-en-Provence)**는 내륙을 향하고 있습니다. 그 외에도 Bandol과 Cassis 등 크고 작은 7개 지역으로 구성되어 있습니다.

포도종은 랑게독 지역과 유사한 종들과 아울러 카리냥(Carignan) 등 아주 다양한 품종들이 제시되고 있습니다. 특히 이 지역의 로제와인들은 지중해 변의 식물들이 발산하는 향들을 풍부하게 발산하며, 마늘을 풍부하게 사용한 남프랑스와 북부 이탈리아의 요리와 잘 어울리는 특징을 가지고 있습니다.

■ **뱅 드 페이**(Vin de Pays)

AOC 등급 와인에서는 여러 와인 생산자별로 품질을 보증하기 위하여 등록된 자신만의 이름을 걸고 출시하지만, 엄격한 규격의 제한을 표시하지 않고 생산 지역과 프랑스산임만을 명시하는 와인 등급을 Vin de Pays, 즉 '지역 와인'으로 표시합니다. 즉 생산연도, 포도원 이름, 포도종 등을 기록하지 않아도 되는 와인이지요. 이 등급보다 한 단계 낮은 등급 와인을 Vin de Table이라고 하며 이 테이블 와인에는 프랑스산이라는 단어 이외에는 어떤 정보도 표시되지 않지요. Vin de Pays는 와인지역으로 이름을 만들지 않은 군소 지역들에서 생산되는 와인들이며, Vin de pays d'Oc, Vin de pays d'Aude, Vin de pays de l'Hérault, 또는 Vin de Pays du Gard 등의 지역 와인들이 있습니다. 와인이 과잉 생산되는 현시대에서는 시장경쟁에서의 우위를 점하기 위하여 어떤 와인은 포도종을 표시하기도 합니다. 가격이 AOC 등급 와인보다 높아진 경우도

가끔 발견됩니다. 옆의 Pays d'Oc는 포도종을 명시하고 있지만 지역(Beziers) 이외에 별 정보가 들어 있지 않습니다. 이 베지에르는 프랑스 랑게독의 지중해 연안에 자리한 와인지역입니다. 최근 들어 IGP(Indication Geographique Protegee)라는 말은 유럽권의 이탈리아 스페인에서 자주 쓰이기 시작하는 등급표시이기도 합니다.

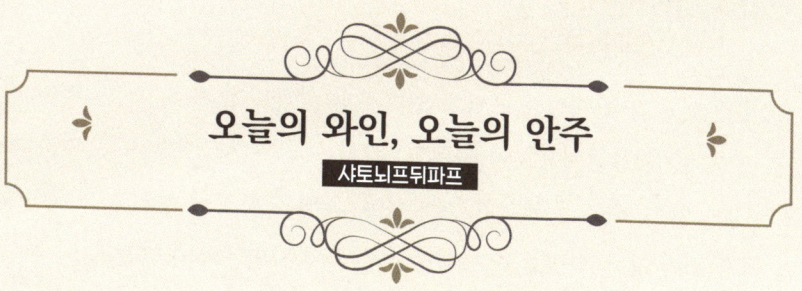

⭐ Châteauneuf-du-Pape
⭐ 안주제안: **마카데미아와 햄**

프랑스 샤토뇌프뒤파프의 쉬라 와인은 시중에서 어렵지 않게 찾을 수 있으며 브랜드별로 특성을 찾아보는 것도 좋은 경험이 될 것입니다.

■ 샴페인, 샹파니에(Champagne)의 탄산와인

'샹파니에이기 위해서는 프랑스 동북부의 샹파니에 지역 출신이어야 한다.' 말이 좀 이상하지요? 이 특별한, 사실 지금의 시각으로서는 별로 특별하지도 않은, 와인을 생산한 '샹파니에' 지역의 포도원 주인들이 자신들의 역작을 전 세계 사람들을 상대로 하여 말하자면 **명의특허**를 걸어 놓은 것입니다. 그래서 각 나라마다 탄산와인을 굳이 프랑스 단어 '샹파니에'를 빌려 쓰지 않고 섹트(Sekt; 독일), 스푸만테(Spumante; 이탈리아), 카바(Cava; 스페인) 또는 스파클링(Sparkling; 영어권)와인이라 부르지요. 물론, 샹파니에 포도원 사람들은 샹파니에가 가지고 있는 신선함, 풍부함, 섬세함, 진한 맛, 은은한 맛 등을 다른 모든 탄산음료들은 모방하지 못한다고 주장할 것입니다. 우리 대한민국 사람들은 탄산와인을 출처를 불문하고 그냥 '샴페인'이라고 부릅니다. 결국 그 맛의 진지함이야 프랑스, 이탈리아, 스페인에서 멀리 떨어진 우리는 그저 지불한 제품값, 그리고 우리의 혀로 판단할 수밖에 없겠지요. 어차피 이 파티용 와인은 **마셔지기 보다는 버려지기 위해서** 만들어진 와인이므로 품질에 연연해하기보다는 큰 소리로 축배를 외칠 때 그 본질적 의미가 있겠지요.

샹파니에 지역에서 경작되는 포도종은 **피노노아**, **피노므니에르**, 샤도네이, **피노블랑** 등이 주종이며 해당 지역의 특별한 관습으로 경작된다고 합니다. 샹페노아(Champenoise)라고 하는 2단계 발효는 큰 발효조에서 시작하며 2차는 반쯤 발효된 와인을 앙금과 같이 병으로 옮기는 작업으로 마무리됩니다. 이 병에는 약간의 효모와 당분을 추가로 넣어 준 후 일단 금속 캡으로 막습니다. 이때에 효모와 당분의 양은 제품의 최종 등급과 포도원 고유의 처방에 따라 정해집니다. 2차 발효는 병 안에서 앙금과 효모로 진행되며, 3년 이상 발효되며 숙성되어야 제대로 된 탄산와인이 된다고 합니다. 이때 병 입구가 아래로 향하도록 45도 각도로 숙여서 금속 뚜껑으로 밀봉하여 숙성시키며, 일정 간격으로 병을 돌려 가며 흔들어서(Remuage) 앙금이 병 입구에 모이도록 합니다. 이 2차 발효에서 생성(Carbonation)되는 탄산은 액체와인에 녹아 들어가며 병 안에는 상당한 압력이 형성되고 찌꺼기는 병 입구에 모이게 되지요. 발효 완료로 판단되면 병의 입구를 냉각시킨 후 병 입구를 아래로 향하게 하여 병뚜껑을 재빨리 열면(Degorgement) 압력에 의하여 뚜껑과 함께 앙금도 제거가 되겠지요. 앙금이 깔끔하게 제거되었다면 재빨리 병 입구를 막고 코르크 마개를 장착합니다. 탄산을 모두 날리지 않고 병 속에 잘 가두려면 숙련된 손기술이 필요하겠군요. 중요한 것은 탄산가스뿐 아니라 원하는 당도와 알코올 농도가 되겠습니다.

중세의 오비예(Hautvillers) 수도원의 지하에 있는 와인 숙성실에서는 와인병들의 원인 모를 폭발이 관찰되었는데, 간혹 90%의 숙성된 와인이 연쇄폭발로 손실되어 당시의 수사 **동페리뇽(Don Perignon)**이 상급 수도사의 질책을 견뎌야 했다고 합니다. 당시 지하실에서 작업하기 위해서는 폭발로 인한 부상을 피하기 위해 중무장하고 진입해야 할 정도였으며 그렇게 해서 만들어진 와인을 **'악마의 와인(Devil's Wine)'**이라 했다고 합니다. Don Perignon 수사의 이름이 요즈음에는 아주 고급 샴페인의 상표로 쓰이고 있습니다. 샴페인 병의 코르크 마개는 저절로 고정될 수가 없겠지요. 이때 쓰는 철사 장치를 뮈슬레(Muselet)라고 합니다.

자료: Tomaser의 "Dom Perignon statue in Epernay"

이렇게 액체와인 안에 갇힌 탄산가스는 와인 잔에 따르는 순간 잔의 벽면에서 작은 기포로 출발하여 몸집을 키워 가며 수면으로 올라옵니다. 이 광경을 바라보는 것도 시각적 음미의 한 가지 맛이겠지요. 따라서 샴페인을 잔에 따를

때에는 잔을 기울여 병의 와인을 와인잔의 가장자리부터 조용히 흘려 넣는 것이 좋습니다. 가능한 한 기포를 액체에 오래 머물러 있게 하여 서서히 커지는 방울을 바라보는 즐거움을 마시는 사람에게 주어야 하겠지요.

샹파니에 지역의 서북쪽 Reims 인근의 와인 명가들은 Heidsieck Monopole, Mumm, Palmer, Krug, Lanson, Veuve Clicquot Ponsardin, Louis Roederer, Piper-Heidsieck, Charles Heidsieck, Taittinger, Ruinat, Vranken-Pommery, Henriot, Jacquat 등이 자주 시장에 보이고, 남서쪽의 Epernay에는 유명한 Moet&Chandon, Perrier-Jouet, de Venoge, Pol Roger, Demoiselle, de Castellane, Mercier라는 와인 제조자가 보입니다.

이 중 일부 와인은 '적대백'(Blanc de noirs)이라고 해서 순수하게 pinot noir나 pinot meunier 등의 적포도만으로 만든 것인데, 이들은 껍질과의 접촉을 최소화하도록 즙을 짜서 만듭니다. 물론 순수한 백포도만으로 만든 것에 비해서는 진한 색을 띨 수밖에 없겠지요. 또 다른 그룹은 백대백(Blanc de blancs)으로서 이때의 포도종은 거의 Chardonnay 포도종만이 사용된다고 합니다.

다른 샴페인의 형태는 로제(Rosé) 스타일입니다. 당연히 적포도에서 즙만으로 발효하여 만들면 로제인데 간혹 어떤 로제샴페인은 순수한 백포도주 발효액에 피노노아 발효원액을 소량 첨가하여 로제의 색깔을 만들기도 한답니다. 어떤 포도원에서 그리하는 이유는 매년 발효과정에서 달리 생성되는 색을 일정하게 맞출 수 있는 좋은 방법이기 때문이라고 합니다.

샴페인의 당도는 순수한 자연당도가 아닙니다. 즉, 병입할 때에 설탕을 첨가하여 당도를 맞춘 것입니다. 와인 라벨에는 보통 와인에는 없는 다음의 표시에 그 당도 시의 대략적인 기준을 보여주고 있습니다.

국가별	0.5% 이하	0.5~2.0%	2.0~5.0%	5.0~8.0%	10% 이상
프랑스	Extra Brut	Brut	Sec	Demi sec	Doux
이탈리아			Secco	Abboccato	Dolce
스페인			Seco	Semi-Seco	Dulce
독일			Trocken	Halbtrocken	Mild
영어권			Dry	Medium-Sweet	Sweet

❶ 축제용 샴페인

'샴페인을 터트린다'라는 말은 축제에서 최상의 기쁨을 나누기 위한 의식이 되어 버렸지요. 이 세리모니는 사실 1967년도의 스포츠카 경주대회 Le Mans Formular One의 우승자 Dan Gurney에게 Moet&Chandon사가 축하용으로 기부한 샴페인이 주변의 축하객들에게 뿌려진 것이 시초가 되었으며, 주로 스포츠 행사의 최종 우승자의 축배를 위한 행사가 되었습니다. Moet&Chandon만 해도 아주 공을 들여 만든 샴페인이고 가격도 그리 저렴하지 않은 샴페인인데 멋진 와인잔에 따라 보지도 못하고 공중에 뿌려 버리는 것이 조금 아깝긴 하지요. 뭐, 최우승의 기쁨에 그 정도의 비용쯤이야… 그런데, 이런 경우 술을 마시면 아니 되는 모슬렘 신자가 우승하면 어찌 될까요? 실제로 2004년도에 그런 일이 일어났고 당시에는 석류즙으로 만든 음료수가 사용되었다고 합니다.

실제로 샴페인은 특별히 기념할 만한 순간을 기억하기 위해 가격은 잠깐 접어 두고 고르게 되는데 위의 우승파티 이외에도 Veuve Clicquot(낭만의 순간), Dom Pérignon(기억해야 할 순간), Taittinger(새해맞이 축하), Nicolas Feuillatte(모처럼 모인 가족) 등은 각각 특별한 모임의 분위기 메이커로 쓰인다고 합니다. 그럼 다음의 이름, Laurent-Perrier, Pol Roger, Bollinger, Piper-Heidsieck, Perrier-Jouet, Armand de Brignac을 가진 샴페인들을 가지고 서구 사람들이 무엇을 축하하는지 우리의 해외 외교관들은 잘 알고 있겠지요.

오늘의 와인, 오늘의 안주
샹파니에와 독일 섹트

- Dom Pérignon Brut
- Henkel Trocken
- 안주제안: 스트링 치즈 및 오이피클

샴페인의 왕이라 할 만한 프랑스 샹파니에 지역 모엣샹동사의 동페리뇽과 독일의 전통적인 섹트를 비교해 봅니다. 모두 당도가 적은 브뤼(Brut)급과 트록큰(Trocken)급으로 가격 차이가 많이 나지만 그런대로 프랑스와 독일의 탄산와인의 속성을 잘 비교해 볼 수 있습니다. 미리 4~8도 정도로 냉각시킨 후 음용하는 것이 적당합니다. 안주로서 너무 기름진 것은 입 안을 기름으로 덮어 상큼함을 느끼기 어렵게 만들 가능성이 있습니다.

굳이 안주를 오기작 오기작 오물거려야 되는 분위기는 아니지만, 실험정신이 꼭 필요하다면 혹시 우리나라에서 잘 숙성된 백김치가 안주로 어떨까요?

제15장
독일의 와인

　독일은 중부 아래쪽 서부 지역에 포도경작 지역이 밀집되어 있습니다. 특히 **라인강(Rhine)** 중부 지역에서 서쪽으로 뻗은 **모젤(Mosel)**강이 가장 큰 와인 경작지입니다. 이는 프랑스, 스페인 및 이탈리아의 1/10 정도로 세계 8위권의 와인 생산국으로서 세계 백포도주의 2/3를 주도하는 양입니다.

　모젤강의 서쪽 끝에 자리한 **트리에(Trier)** 지역은 옛 로마제국의 흔적이 남아 있기에 독일 와인의 역사가 로마시대 이후 바로 시작되었다고 추측하지만, 실제로 기록되기 시작한 것은 중세 이후로 보입니다. 8세기경 로마의 샤를마니에 내제가 라인가우(Rheingau) 지역에 포도경작을 장려하였고, 후에 Rheinland-Pfalz 지역까지 확산된 계기가 되었다고 합니다. 중세에는 여전히 가톨릭교회의 영향력이 커서 11세기 말 마인츠의 대주교 루타르드는 **가이젠하임**

(Geisenheim)의 언덕에 **베네딕트 수도원**을 신설하고, 그 후 이 수도원 영역은 **요하니스베르크성**(Schloss Johannisberg)의 전신이 되지요. 지금 이 성은 포도원 이름으로, 또 고급 독일 와인 이름으로 더 유명해졌습니다. 이때 Schloss는 프랑스 와인의 Château와 비슷한 의미를 갖게 되지요. 이렇게 중세 이후 와인 생산은 수도원과 교회가 주도하였고 생산량은 별로 중요시하지 않았다고 합니다. 1800년대에 이르러서 나폴레옹이 운영권을 빼앗아 세속화하였고 자연히 포도원들의 경작지와 규모가 커지면서 부흥의 시기를 맞게 되었답니다. 그 덕에 유명 포도원들이 생겨나기도 하고 와인의 소비가 국내뿐 아니라 인근 국가에 퍼지는 호황을 맞았다지요.

1775년경 교통이 썩 원활하지 못했던 당시, 이 요하니스베르크 포도원에 포도를 수확하라는 전갈이 전달되지 못하는 사고가 발생했다고 합니다. 결과적으로 포도의 추수가 2주일 정도 늦어졌고 이 경황에 리슬링 포도에 부패균이 파랗게 피어난 것입니다. 이 부패된 포도가 보기에는 좀 역겨워도 그 역겨운 포도의 즙은 아주 단맛을 보였기에 기대 이상의 당도를 얻었던 것이지요. 그 이후로 추수를 일부러 늦추어서 수확하여 좋은, 당도 높은 와인을 만드는 방법이 생겨난 것입니다. 이렇게 만들어진 포도주에 Spätlese(Late Harvest)라는 등급을 만들어 준 것입니다. 위 와인 라벨에 Qualitätswein mit Prädikat이라는 표시 이외에 Rheingau의 영주 이름 Fuerst von Metternich를 읽을 수 있지요.

독일 와인의 국제적 명성은 주로 리슬링 와인에서 유래하는데 리슬링은 알코올 도수가 낮은(sweet) 와인에서부터 센(trocken) 와인까지 다양하며 특히 애호가들이 선호하는 이유는 풍부한 향과 과일맛, 섬세한 맛이며 깔끔한 단맛부터 높은 알코올 농도까지 여러 가지 음식에 맞출 수 있다는 데에 있습니다. 또한 1990년대 이후 독일의 내부 수요가 급증한 포도종은 Spätburgunder라는 포도로, Burgunder라는 단어가 말해 주듯 프랑스 부르고뉴에의 Pinot Noir와 같은 포도종입니다. 이 포도는 진한 껍질 색이 특징이며 최근에는 전체 경작면적의 30% 이상으로 증가할 정도로 안정기를 주도하고 있습니다. 그 외의 백포도종으로는 Müller-Thurgau, Grauburgunder(Pinot Gris), Silvaner, Tramine(Gewürztraminer), Chardonnay가 재배되며, 적포도로는 Dornfelder, Trollinger, Merlot 등을 비롯하여 50여 종의 백포도종과 30여 종의 적포도종이 독일에서 재배되고 있다고 합니다.

제조방법에 따른 등급표시를 다시 한번 언급할 필요가 있겠습니다. Eiswein(Ice wine)은 포도알을 포도나무에서부터 얼려서 당도가 높아지도록 한 다음 채취하여 충분히 발효한 뒤에도 당도가 남도록 만든 와인이며, 프랑스나 헝가리의 곰팡이 와인과는 맛과 향이 구별됩니다. 즉, 아이스와인에서는 곰팡이 와인에서 맡을 수 있는 특유의 쿰쿰한 냄새 없이 맑은 맛을 감지할 수 있지요. Trockenbeerenauslese 방식은 포도 알갱이가 쭈글쭈글하게 마르도록, 건포도와 유사하게 되도록 만들어서 제조하는 것입니다. 곰팡이 없이 만들어진 것으로 수확량이 적으니 가격은 비쌀 수밖에 없겠군요. 그 아래 등급으로 Beerenauslese는 통상적으로 가장 우수하게 성숙한 포도에 약간의 곰팡이의 힘을 빌리기도 하여 만든 정통파 포도주가 됩니다. Auslese쯤이면 통상 자연적으로 익은 포도로 만든 와인입니다. 그 아래 등급으로는 Spätlese로서 추수를 약간 늦춘 정도로 당도를 높인 포도주, 그리고 최소한도로 허용된 당도를 포함한 포도주급을 Kabinett 등급으로 분류합니다. 이상의 등급들이 **QmP**(Qualitätswein mit Prädikat)이며 여기에 **QbA**(Qualitaetswein bestimmter Anbaugebiet)라고 해서 프랑스의 AOC처럼 지역

이름을 명시하여 최소한의 족보를 보장하는 와인임을 표시한 것이지요. Deutscher Tafelwein과 Landwein은 각각 Vin de Table와 Vin de Pays에 해당하는 독일말이 되겠습니다.

독일 중부 마인강유역의 포도밭에서 눈 맞고 언 포도를 수확하는 모습

● 자료: Eiswein Rödelsee, https://live.staticflickr.com/2489/3986662100_6fe72919ff_b.jpg

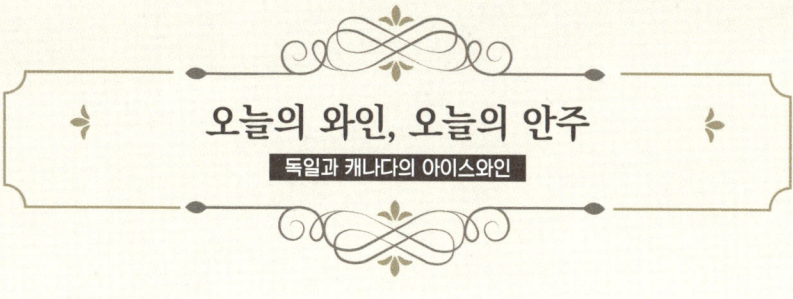

오늘의 와인, 오늘의 안주
독일과 캐나다의 아이스와인

- Kenderman Rheinhessen Eiswein
- Jackson Triggs Niagara Icewine
- 안주제안: 양송이와 **피망**

모젤 지역의 아이스와인은 Trockenbeerenauslese일 것이며 나이아가라 폭포 주변의 아이스와인이 캐나다에서 가장 많이 생산되는 와인이지요. 곰팡이 없는 와인의 맛은 어떨까요?

제16장
이탈리아의 와인

 프랑스의 명성과 독보적인 위치는 딱히 그 맛에만 있는 것은 아닐지 모릅니다. 이탈리아가 가지고 있는 다양한 포도종에 있어서나 와인의 스타일, 그 방대한 규모, 그리고 그것을 생산하는 기후의 다양성 등을 와인의 생산에 유감없이 발휘하는 곳, 그곳이 바로 이탈리아입니다. 이런 사실들로만 보면 프랑스에 뒤질 이유가 하나도 없으며, 프랑스를 '고급 와인의 종주국'이라 한다면 이탈리아도 내용상으로는 그에 버금가는 위치를 점하고 있다 할 수 있지요. 즉, 이탈리아 최상급의 와인들은 그 나름대로 독보적인 개성과 품격과 활력을 가지고 있으며, 서민용 와인의 과잉 생산 현상조차도 프랑스를 닮아 가고 있다면 실질적으로는 프랑스에 못할 것 없는 와인의 나라이지요. 중세 이전 이탈리아의 이름이 Enotria 또는 Oenotria(The Land of Vine)임이 아직 쓰이고 있다면 옛 명성의 흔적을 가지고 있다고 할까요.

자연적 환경은 지중해의 기후권에서부터 북쪽의 알프스의 밑자락까지 여러 포도종의 와인을 만들기에 적합한 토양과 온도를 모두 가지고 있으며 프랑스의 **테로아**와는 다르되 그들만의 자연환경이라고 일반화시키기 어려울 정도로 다양하다고 하지요. 그럼에도 이탈리아의 와인이 국내에서 밖으로 확산되기 시작한 것은 최근이라고 보입니다. 그것은 대부분의 와인들이 생산되자마자 자국의 다른 도시로 팔려 나갔고, 최근 세대에 와서야 큰 상인들이 와인을 수거하고 블렌딩하는 등의 작업으로 상품성을 높여 출시하기 시작했다는 것입니다.

프랑스의 와인 등급 AOC처럼 고급화한 것도 정부에서 1960년대에 들어서 **DOC(Denominazione di Origine Controllata)**를 도입한 이후에야 이루어진 것입니다. 여기에 한 단계 더 높일 필요성이 있었는지 **DOCG(+e Garantita)**를 도입하여 한 등급 더 차별화한 것입니다. 그 이후로 Barolo, Barbaresco, Montalcino 또는 Montepulciano 등의 고급 와인이 빛을 발하게 되었으며 이탈리아 와인의 대명사 Chianti도 Chianti Classico와 같이 다변화하게 되었지요. 1990년대에는 프랑스의 Vin de Pays와 유사한 등급이 또 하나 도입되었지요. 즉, **IGT(Indicazione Geografica Tipica)**라고 해서 지역 이름과 포도종을 소개하지만, DOC급의 아래 등급으로 만들어졌습니다. IGT로 등급은 한 단계 아래로 매겨졌지만, 이탈리아에서 전통적으로 쓰이던 Sangiovese 또는 Nebbiolo 등을 벗어나 다른 유명한 포도종, Cabernet Sauvignon, Merlot, Syrah, Chardonnay 등을 자유롭게 사용하여 이탈리아 와인의 다양화의 길이 넓게 열리게 되었으며 실제로 DOC만으로 구성되었던 이탈리아 와인이 보다 넓은 시장 반응을 보임이 확인되었습니다.

■ 피몬테(Piemonte) 지역

알프스의 남쪽에서 내려오는 이 지역은 이탈리아 지역 중 경제적으로 가장 풍요로운 지역이며 그에 걸맞은 와인을 생산하고 있습니다. 가장 돋보이는 곳이 밀라노 남서쪽에 위치한 바르바레스코(Barbareco)와 바롤로(Barolo) 지역으로 이 지역 와인은 1900년대 이후에는 지역 이름이 와인의 명칭이 되었습니다. 적포도주 지역으로 거의 네비올로(Nebbiolo) 포도종이 주종으로 재배됩니다. 이 두 지역은 모두 Nebbiolo 포도로 와인을 만들지만 둘 사이에는 미묘한 차이가 있습니다. 우선 바르바레스코의 토양은 좀 더 기름진 특성이 있어서 탄닌감이 바롤로보다는 약하다고 하지만 둘 다 은은한 장미와 체리향을 발산하며 뒷맛이 긴 특성이 있습니다. 이러한 자연적 특성은 와인의 상품화에도 영향을 줄 수 있습니다. 즉, 바롤로는 탄닌 함량이 좀 높아서 조금 더 오래 숙성시키면 탄닌은 부드러워지고 다른 향으로 만들어지며 보통 최소 3년 숙성 후에 출시하며 바르바레스코의 와인은 2년의 숙성 후 출시할 수 있다고 합니다. 이에 따라 고급 제품인 바롤로-리제르바와 바르바레스코-리제르바는 각각 2년 더 숙성시켜 5년과 4년 후에 출시한다고 하지요.

이 두 지역 이외에는 포도 이름에 지역 이름을 붙여서 부릅니다. 즉, 아스티(Asti) 도시의 바르베라(Barbera)로 만든 포도주는 Barbera d'Asti로 명명되며 Brachetto del Monferrato, 또는 Nebbiolo d'Alba 등의 와인이 시장에서 보이고

있습니다. 이들은 모두 적포도이지만 **피몬테** 지역의 대표적인 백포도는 모스카토로, Moscato d'Asti 하면 이탈리아의 대표 백포도주 또는 탄산포도주(Spumante), 즉 이탈리아의 샴페인으로 더 많이 팔리는 축제용, 파티용 와인이 되었지요.

■ 토스카나(Toscana) 지역

지리적으로 이탈리아반도의 중앙을 점하고 있는 **토스카나**에서 로마에 이르는 지역은 옛 이름으로 **에트루리아(Etruria)**를 품고 있으며 반도의 등줄기 아펜니노산맥의 자연적인 분위기에서도 무언가 이탈리아의 중심을 대표하는 것으로 보입니다. 물론 와인의 특성도 북쪽의 밀라노 지역과는 확연히 다름을 짐작할 수 있겠지요. 이탈리아에서 가장 많이 재배되는 포도종으로 산지오베제(Sangiovese)는 여러 가지 얼굴을 보여줄 수 있는 포도종입니다. 한 잔 따라 놓으면 부드럽고, 얇고도 새콤한 맛이 이탈리아 음식의 현란스러운 풍미를 와인잔에 옮겨 놓은 것 같은 맛을 보인다고 합니다.

❶ 키안티(Chianti)

이탈리아 와인 하면 일단 **키안티(Chianti)**입니다. 이 와인의 포도종은 산지오베제이지만 다른 것처럼 Sangiovese del Chianti라고는 안 하지요. 사실 플로렌스의 작은 도시인 키안티는 18세기 초부터 근처의 작은 마을들과 같이 포도를 재배하며 와인의 중심지로 이탈리아 와인의 대명사가 된 지 오래되었지요. 아페니노 산등성을 타고 내려오는 산들바람에 선선하게 자란 포도들로 섬세하게 만들어지는 와인으로 이 지역에서 몇몇 격조 높은 와인 이름들이 눈에 뜨입니다. 도시 키안티를 중심으로 플로렌스에서 시에나까지 이어지는 160km에 이르는 와인지역의 거의 모든 와인들이 키안티로 분류되지만, 그중 키안티 도시의 중심부를 차별화하여 **키안티 클라시코(Classico)**, 키안티-루피나(Rufina)라는 이름의 상품을 만날 수 있습니다. 이들은 이 지역의 자연조건을 최대한으로 살려 만든, 보르도급에 견주어도 손색없는 명품으로 불립니다. 키안티클라시코 와인의 라벨에서 고유의 수탉 문양을 볼 수 있는데 이는 12세기 소도시 피렌체와 키안티 간의 작은 경쟁에서 사용되었던 검정 수탉을 상표 문양화한 것입니다(제8장 참조). 또한 키안티 와인에는 DOCG를 인증하는 라벨이 흡사 등록필증의 표지와 같이 병목에 둘러붙어 있습니다.

19세기 후반기에는 당시 지방의 총리격인 남작 **리카솔리(Ricasoli)**는 그의 포도원 브롤리오성(Brolio Castello)에서는 두 종류의 키안티를 시험해 보았다 합니다. 즉, 발효한 후 바로 마실 수 있는 단순한 것과 저온 숙성실에서 보다 높은 품격으로 다듬을 수 있는 키안티로 만들 욕심을 내었다 합니다. 첫 번째 타입의 가벼운 와인은 그 신선함을 좀 더 격상시킬 요량으로 청포도 말바지아(Malvasia)를 기존의 적포도 산지오베제와 카나이올로(Canaiolo)에 섞는 시험을 해 보았다는데 그다지 큰 호응을 얻지는 못했으며 1963년의 DOC 규정에서 백포도의 비율을 30% 이하로 제한하거나 와인에 다른 이름을 부여하라는 권고를 받았다고 하지요.

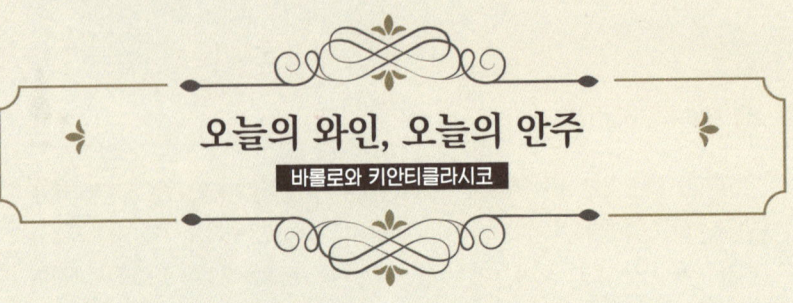

오늘의 와인, 오늘의 안주
바롤로와 키안티클라시코

- La Mora Barolo – DOCG 와인
- Solatio Chianti Classico – DOCG 와인
- 안주제안: 아몬드와 이탈리아 살라미

피몬테 지역의 네비올로 포도로 만든 바롤로는 꽤 높은 품격의 와인입니다. 따라서 비교 시음의 대상은 키안티보다는 한 등급 위인 키안티클라시코가 맞겠지요.

❶ 수퍼투스칸(Super Tuscan)

어쨌든 지역의 와인에 품격을 부여하려는 시도가 끊임없이 이어지고 있음이 사실입니다. 그중 유독 눈에 띄는 것은 **안티노리(Antinori)**가의 수퍼투스칸인데 이 포도원에서는 산지오베제 포도에 백포도를 섞는 대신 같은 적포도, 그러나 다른 품종을 섞어 전혀 새로운 이름을 부여했습니다. 즉, 산지오베제 80%에 카버네소비뇽 또는 **카버네프랑**을 채워 넣은 **티냐넬로(Tignanello)**라 명명하였고, 그 비중을 뒤바꿔서 카버네소비뇽 75%에 산지오베네 혹은 카버네프랑을 채워 넣은 것을 **솔라이아(Solaia)**라고 하여 이들이 결국 프랑스 보르도의

특성과 가까워지는 도전적인 'Super Tuscan'이 된 것입니다. 원래 키안티라는 브랜드로 서민형 Vino da Tabola로 매겨졌지만 지금은 **IGT(Indicazione Geografica Tipica)**급으로, 그러나 그 이름 Super Tuscan IGT를 명기하면 상당히 격상된 등급으로 인정됩니다.

이 수퍼투스칸은 원래의 키안티와는 다른 방향으로 발전하며 이 지역의 키안티-클라시코 또는 키안티-클라시코-리제르바를 능가하는 고유의 명성을 쌓아 가며 토스카나 지역의 20% 이상을 점유합니다. 그 영향을 받아 1980년대 이후의 키안티-클라시코도 이제 점점 과거의 껍질 얇은 포도의 가벼움과 맛을 벗어나 10년 이상의 기간을 오크통에서 숙성시킨 무게감과 풍성함을 겸비한 고급 와인으로 자리매김해 가고 있습니다. 물론, 그에 따라 시중의 가격도 보르도나 부르고뉴에의 그랑크뤼급에 버금가는 제품이 흔하게 눈에 띄고 있습니다. 이중 몇몇 유명한 수퍼투스칸(명가 이름, "브랜드명")을 다음에 열거합니다.

- Tenuta San Guido, "Sassicaia"
- Tua Rita, "Redigaffi"
- Antinori, "Solaia"
- Le Macchiole, "Messorio"
- Tenuta dell'Ornellaia, "Ornellaia"
- Antinori, "Tignanello"
- Fontodi, "Flaccianello della Pieve"
- Castello di Ama, "L'Apparita"
- Antinori, "Guado al Tasso"
- Tenuta dell'Ornellaia, "Masseto"

❷ 몬탈치노(Montalcino)

키안티에서 남서쪽으로 떨어진 이 지역은 애초에 별로 알려지지 않은 곳으로 여름 한 철은 매우 건조하며 토양은 키안티보다 척박하고 와인 자체도 별 관심을 끌지 못했지만 그래도 이 지방은 토스카나의 포도종 산지오베제의 가장 오래된 고유지역으로 통합니다. 리카솔리가 키안티를 다양하게 상품화하는 전략을 세울 즈음에 이 지방의 클레멘테 산티(Clemente Santi)가를 비롯한 이 지방의 원로들은 자신들이 자랑스럽게 경작하는 브루넬로(Brunello)라는 고유의 포도종이 사실은 산지오베제와 정확히 똑같은 종임을 확인하고는 굳이 많이 사용되어서 흔한 이름이 되어 가는 산지오베제보다는 자신들의 브루넬로라는 이름을 살리며 새로운 브랜드 브루넬로 디 몬탈치노(Brunello di Montalchino)를 출시한 것입니다. 이러한 지역 와인의 부흥을 시도한 결과, 이 와인은 그 묵직한 향과 맛으로 꽤 괄목할 만한 호응을 얻었으며 1980년대에 와서는 피에몬테의 바롤로 와인에 필적하는 토스카나 지역의 대표 와인으로 국제 사회에 이름을 보이게 되었습니다. 이 브루넬로 와인은 전통적으로 대형 슬라브오크통(크로아티아 지방의 오크로 만든 오크통)에서 4년 이상 숙성하고 병에서 10년 이상 숙성시키는 방법으로 그 품질을 유지한다고 합니다. 최근 들어서는 4년과 10년을 약간 낮추어서 대중화를 시도하고 또한 'Junior DOC' 등급으로 가벼워진 로쏘 디 몬탈치노(Rosso di Montalcino)를 출시하기도 합니다.

❸ 몬테풀치아노 다브루쪼(Montepulciano d'abruzzo)

몬탈치노는 도시 이름이지만 몬테풀치아노는 포도 이름이기도 하며 도시 이름이기도 합니다. 물론 까만 포도이며 이 지역에서 산지오베제와 같이 많이 쓰이는 포도입니다. 이 동네에서 DOC 등급의 와인으로 로쏘피체노(Rosso Piceno)라면 산지오베제가 주종이며 로쏘코네로(Rosso Conero) 하면 몬테풀치아노가 주종(~70%)이며 서로 다른 포도를 블렌딩하는 방법으로 와인을 만듭니다. 산지오베제가 산미(acid)와 탄닌이 잘 섞여 있는 특징이 있으며 몬탈치노의 브루넬로와 유사한 계열의 풍부하고 묵직한 과일의 향과 잘 건조된 향초의 흔적을 포함하고 있습니다.

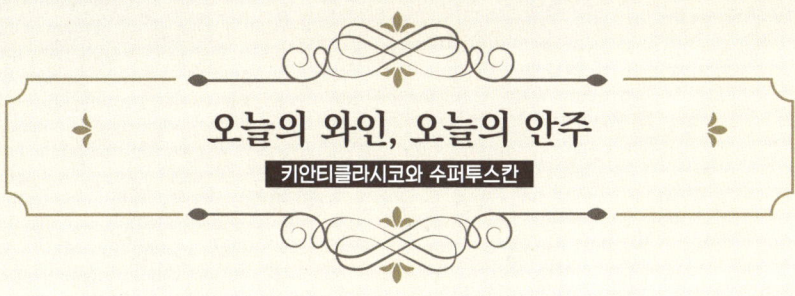

오늘의 와인, 오늘의 안주
키안티클라시코와 수퍼투스칸

- Banfi Chianti Classico – DOCG 와인
- Antinori Solaia – Super Tuscan IGT 와인
- 안주제안: 스위스 그뤼에르치즈와 **할라피뇨** 피클

물론 Super Tuscan임을 선언한 Solaia가 한 단계 높은 가격을 보이고 있지요. 표면상으론 키안티가 DOCG이고 Solaia가 IGT로서 낮아 보이는데 과연 수퍼투스칸의 맛과 품격의 역전을 감지할 수 있을까요?

제16장 - 이탈리아의 와인

제17장
스페인의 와인

 와인이 생산되는 양은 프랑스, 이탈리아와 미국에 이어 스페인이 전 세계에서 3~4위 정도의 순서라 보입니다. 경작지는 최근에 조성되는 곳보다는 넓으나 스페인의 포도나무들이 상대적으로 수령이 높고 수득률이 적어서 생산량이 다른 곳보다 좀 떨어진다고 합니다. 사실 얼마 전까지만 해도 칠레나 아르헨티나 등 신세계 와인들의 유입에 스페인 와인이 관심을 끌지 못했으나 최근에는 스페인의 영업능력과 가격이 경쟁력을 얻어 가며 꽤 합리적인 가격에 괜찮은 와인이 많이 공급되고 있습니다. 스페인 전체적으로는 400여 종의 포도가 알려져 있지만, **템프라니요 (Tempranillo)**, 가르나차(Garnacha) 혹은 모나스트렐(Monastrell) 등 20여 종이 포도원의 90% 정도를 점유한다고 합니다. 이탈리아처럼 수많은 작은 포도원들이 스페인 전역에 분산되어 있지만 주로 발견되는 포도주들의 생산지를 본다면 리오하(Rioja), 리베라 델 두에로(Ribera del Duero) 등이 스페인 중북부에 있으며 **페네데스(Penedes)**나 **프리오라트 (Priorat)** 지역이 **카탈로니아(Catalonia)** 지역에 있습니다. 또한, 스페인 남쪽의 안달루시아(Andalusia)에는 알코올강화(fortified) 와인으로 유명한 **헤레스(Jerez)**가 특별한 의미를 갖습니다.

역사적으로는 8~15세기에 걸쳐서 점차적으로 완성되어 간 **레콩키스타(Reconquista; 국토회복)** 이전에는 이베리아반도가 이슬람의 종교적 영향권에 있었던 까닭에 알코올 관련 식품이 기를 펴지 못하고 있다가 레콩키스타에 의하여 로마제국의 영향권으로 회복됨에 따라 16세기부터는 이웃의 프랑스와 독일과 같이 와인의 부흥이 시작되었던 것입니다. 컬럼버스의 16세기는 매우 활동적인 시기였는데 이는 포도에 대해서도 같은 발전이 이루어졌음을 말합니다. 스페인과 포르투갈에 의한 중남미의 정복이 이베리아반도 자체의 포도농업에 활기를 주기도 하였고 현재 남미 와인의 근거가 된 것이지요. 이러한 동서교류에 의한 영향 중 심각했던 것은 미주의 **필록세라**의 유럽 유입이었는데 그로 인하여 프랑스의 와인 생산이 급감하고, 이로 인해 프랑스의 와인 산업 종사자들이 피레네 산을 넘어 남쪽 스페인으로 선진 와인 생산 기법을 전수해 주기 시작했습니다. 그중에는 대형 오크통(225L)의 사용도 포함되었지요. 필록세라의 스페인 확산은 프랑스보다 몇 년 차이로 지연되었지만, 그 해결방법도 이미 프랑스에서 검증된 방법, 즉 미국산 뿌리에 유럽산 포도순을 접목하는 방법으로 자연스레 안정화되었답니다.

스페인의 와인 생산은 주로 대용량에 치중했지만, 자체의 문화적 바탕을 감안한다면 21세기에 들어서서는 머지않아 등급 있는 와인의 생산국으로서의 명성을 얻으리라 기대된답니다. 이베리아반도의 지형은 스페인 중부에 드넓은 고원이 자리하며 사방으로 뻗은 강의 상류를 형성합니다. 이 고원은 일 년 중 매우 높은 온도를 유지하여 그 자체로는 포도경작지로서 적합하지 않다고 합니다. 주요 포도원들은 고원의 사이사이 또는 해변에 가까운 곳에 자리하고 있습니다.

와인의 등급체계가 프랑스의 AOC와 같은 체계로 도입된 것은 비교적 최근입니다. **국립품질관리국**(INDO; Instituto Nacional de Denominaciones de Origen)의 2019년도 자료에 의하면 스페인에는 96개의 DOP(Denominación de Origen Protegida)로 보호될 수 있는 지역이 있으며, 이들은 전통적인 DOCa, DO, VP 또는 VC 등과 같이 표시될 수도 있습니다. DOCa는 Denominación de Origen Calificada이며 이를 카탈로니아 지방에서는 DOQ(Denominació d'Origen Qualificada)로 표시하며 이탈리아의 DOCG에 해당하는 것입니다. 스페인의 리오하(Rioja)와 프리오라트(Priorat) 지역은 각각 1991년과 2003년에 와서야 비로소 DOCa 등급을 얻게 되었답니다. 그다음 등급은 DO(Denominación de Origen)라 하며 역시 이탈리아의 DOC쯤에 해당할 것입니다. 또한 포도원에서 보증하는 **VP**(Vino de Pago) 등급이, 그 DO급 아래에는 **VC**(Vino de Calidad), 그다음으로 DOP 등급에도 분류하기 어려운 IGP(Indicación Geográfica Protegida)도 있으며 이 VP, VC와 IGP들은 모두 2003년 이후에 재분류된 체계입니다. 하나 더 언급할 것은 모든 나라에서 Table Wine으로 칭하는 것을 스페인에서는 **VdM**(Vino de Mesa)라 합니다. 하지만, 등급이 무한히 낮아질 수만은 없듯이 몇몇 포도원의 장인들은 자신들의 귀중한 포도주를 아예 등급외로 분류하며 반전을 꾀하고 있습니다. 즉, 흡사 이탈리아의 수퍼투스칸처럼 외부의 평가에서 벗어나며 새로운 관점에서 품격 있는 와인을 만들려는 시도를 하고 있습니다.

스페인 와인병에서 주목할 만한 것은 프랑스나 이탈리아 와인이 표시하지 않는 몇 가지 용어를 볼 수 있다는 것입니다. 즉, 다음과 같이 생산 연도와 숙성시기를 다른 말로 표시한다는 것이지요.

제17장 - 스페인의 와인

- **Vino Joven**: 숙성되지 않은 햇와인
- **Sin Crianza**: 숙성시키지 않았음
- **Crianza**:
  적포도주: 1년 이상 오크통 숙성
  백포도주, 로제: 6개월 이상 오크통 숙성
- **Reserva**:
  적포도주: 3년 이상 그중 1년 이상 오크통 숙성
  백포도주, 로제: 2년 이상 그중 6개월 이상 오크통 숙성
- **Gran Reserva**:
  적포도주: 5년 이상 그중 2년 이상 오크통 숙성
  백포도주, 로제: 4년 이상 그중 6개월 이상 오크통 숙성

 스페인 와인의 전체적인 특징은 포도나무들의 나이가 많아서 생산량은 적으나 풍부한 향과 무게감을 포함하고 있다고 합니다. 적포도종으로는 템프라니요(Tempranillo)나 가르나차(Garnacha)가 스페인의 북부의 주요 포도종이며 **카탈로니아** 지역에서는 모나스트렐(Monastrell)과 보발(Bobal)종이 상당량 재배됩니다. 백포도로는 아이렌(Airen), 알바리뇨(Albariño)와 베르데호(Verdejo)가 있습니다. 지역에 따라서는 **팔로미노(Palomino)**나 페드로 히메네즈(Pedro Ximénez) 같은 엑소틱한 포도도 재배되지만, 최근의 국제적 분위기상으로는 역시 잘 알려진 카버네소비뇽, 쉬라, 소비뇽 블랑 등도 많이 이용된다고 합니다.
 19세기의 와인 평론가들은 스페인 와인에 점수를 주려 하지 않았다고 합니다. 그것은 포도의 전처리와 발효가 주로 토기나 가죽으로 만든 그릇

에서 이루어지는 고전적 방법이 사용되어 깔끔한 인상을 주지 못했기 때문이지요. 20세기에 와서는 그들의 주 포도종 템프라니요가 미국산 오크통에 잘 적응을 하고 또한 현대적 발효방법을 적극 수용하며 국제적 분위기에 맞추어 가고 있는 듯합니다. 스페인의 와인지역은 북부의 리오하(Rioja) 지역이 가장 많은 와인을 생산합니다. 약간 남쪽으로 리베라델두에로(Ribera del Duero)가 **칸타브리아(Cantabria)** 산맥의 북쪽에 자리하며 좋은 자연환경을 배경으로 합니다. 이 두 지역과 붙어 있는 나바라(Navarra) 지역도 스페인 와인의 생산량에 큰 역할을 하고 있습니다. 그 외에 동쪽 지중해권 카탈로니아(Catalonia)의 프리오라트(Priorat)와 대서양의 갈리시아(Galicia) 해안의 작은 지역들이 주요 와인 산지(Bodega)입니다. 스페인 중부의 라만챠(La Mancha) 지역은 주로 포도주의 증류주를 만드는 데 주력한다고 합니다.

■ 쉐리(Sherry) 와인

스페인 남쪽의 안달루시아(Andalucia) 지역은 좀 특별한 와인지역으로 통합니다. 보통 프랑스와 이탈리아의 13도 남짓의 일반 와인이 아닌 알코올 농도를 15~22도로 강화시킨(fortified) 와인의 중심지라는 것이지요. 즉, 출발은 보통 와인과 같이 발효시킨 후 라만차에서 증류해 온 **포도증류주**를 섞어 넣음으로써 알코올 농도를 조절시킨 와인을 이 지역 이름을 따서 쉐리와인이라 합니다.

이곳의 도시 헤레즈(Jerez)는 기원전 1100년 페니키아인들이 와인 제조를 도입한 이후로 유럽의 와인 센터가 된 지역입니다. 이 관습은 다시 로마인들이 기원전 2세기경부터 이 와인 생산의 주도권을 가지며 이어지게 되었습니다. 다시 8세기경부터 무어인들이 이 지역을 13세기까지 점령, 통치할 동안에는 이슬람의 율법에 따라 와인 제조가 쉽지 않았지만, 병사들의 후생을 위한 건포도의 제조 목적으로 포도 생산은 유지되었다고 합니다. Sherry라는 이름은 이 당시 아랍어에서 유래되었다고 하며 알코올의 증류 기술도 이 시기에 전파되었다고 합니다. 1264년에는 스페인의 알폰소 10세가 이 지역을 접수한 이후부터 쉐리의 생산이 부흥을 맞았으며 16세기 말에는 유럽 전역에서 고급 와인의 명성을 얻게 되었다는 것이지요. 여기 전형적인 쉐리와인의 정보를 읽어 봅니다. 스페인 Jerez 지역에서 생산되고 병입한 아몬티야도(Amontillado) 쉐리이며 알코올농도가 18.5%로서 알코올강화와인임을 확인할 수 있습니다. 쉐리와인의 뒷면에는 항상 네모난 마크가 그려져 있으며, Xeres-Jerez-Sherry로서 그 고유성을 주장합니다. 네모의 마지막 변에는 DOC를 표시하며 간혹 이곳에 Manzanilla 같은 지역 이름을 넣기도 합니다. 로고의 가운데에는 이 지역에서 쓰는 튤립 모양의 와인잔 코피타(Copita)의 형상 그림이 그려져 있습니다.

크리스토퍼 컬럼버스가 신세계 여행할 때에도 쉐리를 가지고 갔으며, 페르디난드 마젤란은 1519년의 여정에 무기보다 쉐리를 위해 돈을 더 많이 썼다고 알려져 있습니다. 영국 사람들이 쉐리를 유독 좋아했으며 유럽과의 교역과 스페인의 와인 산업에 투자도 많이 했다고 합니다. 1894년에는 미국의 악동 필록세라가 Jerez까지 침공하긴 했지만…

Sherry라는 명칭은 쉐리 지역의 삼각주(Cádiz, Sanlúcar de Barrameda, El Puerto de Santa María)에서 생산되는 것만이 사용할 수 있으며 병의 라벨에 D.O. Jerez-Xeres-Sherry를 표시할 수 있도록 허가되었습니다. 쉐리에 사용되는 포도종은 90% 이상이 팔로미노(Palomino)이며 주로 드라이한 스타일의 쉐리로 만들어집니다. 또 다른 포도는 **페드로히메네스(Pedro Ximenez)**와 소량의 모스카텔(Moscatel)은 단 와인용으로 쓰입니다.

쉐리와인 제조의 첫 단계는 일반적 방법으로 시작됩니다. 두 번째는 원하는 만큼의 발효가 끝나면 알코올 농도가 15.5%가 되도록 와인의 증류주를 더하면 **피노(Fino)**와 만자니야(Manzanilla) 쉐리가 됩니다. 이 두 조합은 다시 오크통 안에 숙성시키면 만들어진 알코올 농도에 적응된 하얀 **플로어(Flor, 흰 곰팡이)**가 액면 위에 자라게 되며 공기 중 산소의 유입을 차단해 줍니다. 이때 만자니야는 부분적으로 공기접촉을 허용하여 고소한 향이 형성되도록 합니다. 만일 피노쉐리를 일정 기간 플로어 차단 하에 숙성시킨 후 공기 중에 노출시키면 피노보다 진한 색과 맛의 아몬티야도(Amontillado) 쉐리가 만들어집니다. 만일 두 번째 단계에서 공기 노출 후 좀 더 오래 숙성시켜 무게 있는 진한 쉐리를 얻온 후 알고올 농도를 22도까지 강화시키면 올로로소(Oloroso) 쉐리가 만들어집니다. 올로로소는 20% 전후의 알코올 농도 기반에 여러 가지의 당도의 올로로소로 변주된 쉐리를 발견할 수 있습니다. 원하는 당도를 얻기 위해서는 같은 포도의 농축주스를 사용하며 드라이한 것은 리터당 40g 정도의 당분을 포함하며 크림쉐리(Cream Sherry)는 리터당 115~140g의 당분을, 페드로히메네스로 만든 쉐리는 당도가 212g/L 정도의 아주 단 쉐리로 유명합니다.

■ 솔레라(Solera) 숙성 방법

쉐리와인의 독특한 점은 그 숙성방법에 있습니다. 원래 딱히 쉐리에만 국한된 건 아니며 과거 맥주, 식초 또는 위스키에도 쓰던 방법인데 번역을 하자면 분별숙성(Fractional Aging)쯤 되겠지요.

이를테면 우리들 아버지의 인삼주를 생각하면 쉽게 이해할 수 있습니다. 귀하게 얻어온 인삼 서너 뿌리를 오래 두고 몸보신하고자 아버지께서는 멋진 병에 넣고 담금주용 소주를 부어 넣습니다. 한 두어 달 지나고 보면 노릇노릇하니 제법 인삼주의 품격이 발산됩니다. 우리의 아버지께서는 '제대로 되어 가고 있는지 검토해 보자'며 한두 잔을 따라서 시음을 해 보십니다. 당연히 강한 인삼향은 어렵지 않게 알코올에 추출되어 제법 인삼의 향과 맛을 발산합니다. 삼촌이 옆에 있다면 한잔 얻어 마실 수도 있겠지요. 갑자기 내려간 액면은 새로이 담금주용 소주를 부어서 채워 놓습니다. 물론 이번엔 한 서너 달 지나야 지난번과 같은 수준의 노란 색상이 얻어지겠지요. 노란 액체의 유혹을 이기지 못하는 아버지는 다시 한번 더 시음을 단행합니다. 이 사이클을 몇 번 해 보시는 아버지는 결국 마지막에는 알게 됩니다. '맨 소주가 인삼의 맛과 향을 창조하지는 못하는구나' 하고… 사실은 오크통에 있는 와인은 해를 거듭할수록 숙성되지만 이와 달리 유리병 속의 인삼주는 무시로 조금씩 따라 마시면 인삼의 주성분이 점차로 묽어지지 않을까요?

어쨌든 이 비슷한 과정을 잘 설계하고 체계적으로 실행해 나가는 것이 바로 Jerez의 Solera System입니다.

❶ 1단계

포도를 수확(포도 모양)한 다음 일단 한 달여의 초기발효 후 증류주 첨가로 15도의 기본 와인(처음 4개의 녹색 오크통)이 만들어지면 액면에 플로어 곰팡이가 피도록 오크통을 반쯤만 채워 1~2년 숙성시켜서 바탕와인(맨 위의 6개 이상의 솔레라, 일명 유치원 Nursery)을 만듭니다. 이때 플로어 효모가 잘 피어오르면 액면을 덮어 산소의 유입이 막히며 **환원형 숙성**(Reductive Aging)으로 피노쉐리의 맑은 와인이 됩니다. 플로어 효모가 제대로 발달하지 않으면 와인은 산소와 접하여 산화형 숙성(Oxidative Aging)이 되면서 피노쉐리의 맑은 색과 구분되는 진한 색을 보이게 되는데, 이는 아몬티야도(Amontillado) 쉐리로 발전시킬 근거가 되며, 알코올 함량을 17도 이상이 되도록 조정하여 플로어의 발달을 원천적으로 억제합니다. 이 와인은 이 지역의 몬티야(Montilla)에서 유래합니다. 여기서 피노와 아몬티야도보다 더 오래 산화형 숙성을 진행하면 복합적인 향이 생성되어 '향을 품은'(scented) 쉐리라는 뜻의 올로로소(Oloroso) 쉐리라고 부릅니다.

솔레라 숙성법에서 오크통을 쌓아 숙성단계를 구별하는 모식도

자료: https://upload.wikimedia.org/wikipedia/commons/d/db/Solera-systeem.jpg

❷ 2단계

1년 숙성 후, 다음에는 와인의 품질을 검사하여 피노 또는 만자니야로 만들지를 결정한 후 2차 솔레라층에 액면을 채워서 옮겨 넣습니다. 만자니야는 안달루시아의 Sanlucar de Barrameda에서 같은 방법으로 만들어지고 카모마일향을 첨가하는 쉐리입니다.

❸ 3단계

2차 오크통에서 1년을 플로어 없이 더 숙성시킨 와인의 일부를 병입하여 따로 보관하거나 출시하고, 이때 비워지는 공간에는 그해 새로이 발효된 1차의 바탕와인으로 채워 넣습니다. 이렇게 생성된 와인은 2년 숙성된 와인과 1년 숙성의 바탕와인의 2차 혼합와인(2+1년 숙성)이 되겠지요. 새로 완성된 바탕와인은 그 자체로 오크통을 채워서 계속 숙성에 들어갑니다.

❹ 4단계

다음 해에는 2차 혼합와인에서 다시 소량을 뽑아 병입하여 보관하거나 출시하고, 남은 빈 공간에는 그전 해의 1년 숙성 와인을 채워 넣으면 3차 혼합와인(3+2+1년 숙성)이 되는 것이지요. 3단계에서 새로 완성되었던 바탕와인은 1년 숙성되었으므로 1차 혼합와인(1년 숙성)이 되는 것입니다. 즉, 이 단계에 오면 솔레라 시스템에는 맨 아래층에는 2차 혼합와인(2+1년 숙성)이, 그 위층에는 1차 혼합와인(1년 숙성)이 만들어지게 됩니다.

❺ 다음 단계의 연속

이 과정을 몇 단계 계속하면 솔레라 층은,

1차 바탕와인(1년 숙성)
2차 혼합와인(2+1년 숙성)
3차 혼합와인(3+2+1년 숙성)
4차 혼합와인(4+3+2+1년 숙성)
5차 혼합와인(5+4+3+2+1년 숙성)
6차 …

와 같이 여러 층 쌓이게 됩니다.

위의 그림에서와 같이 맨 아래쪽에서는 아주 여러 해 동안 복합적으로 숙성된, 따라서 가장 오래 숙성된—숙성연도 계산은 쉽지 않지만—와인의 일부가 항상 포함되어 있으며 이 과정을 아무리 여러 단계를 반복하더라도 맨 첫해의 와인은 소량이라도 남아 있게 되겠지요. 여기서 가장 중요한 단계는 1단계입니다. 즉, 초기발효 후 기본 와인을 평가하는 절차를 시행합니다. 이때 전문 시음가(Venenciador)는 베넨시아(Venencia; 긴 고래뼈—요즈음엔 대나무 막대 끝에 은컵)라고 하는 도구를 오크통의 입구(Bung Hole)에 깊이 넣어 곰팡이 층 아래의 와인을 떠 와서 시음을 해 본 후 그 상태와 품질을 가늠하여 이 와인의 운명(Fino, Amontillado, Oloroso)을 판단하게 됩니다. 그다음에 목적하는 와인에 따라 알코올 도수와 당도를 조절하여 갈 길을 정하게 되는 것이지요. 올로로소급의 와인은 알코올 도수는 물론 당도를 여러 가지로 조절하여 상품의 이름을 결정하게 되지요. 올로로소 쉐리(알코올: 17~22도, 당도: ~5g/L), **크림쉐리**(15~22도, 115~140g/L), 둘체쉐리(15~22도, 160g/L) 또는 페드로히메네즈 쉐리(15~22도, 212g/L) 등의 단 와인들을 발견할 수 있습니다.

출시되는 와인은 항상 맨 밑의 와인, 즉 솔레라 시작연도의 와인이 소량이라도 포함되어 있는 와인이며, 실제 현대적인 포도원에서는 반드시 그림과 같이 위아래로 쌓아 놓지 않고 편리한 발효조 배치와 라벨링으로 같은 효과를 얻을 것입니다.

사실 이렇게 복잡하고 노동집약적인 과정을 굳이 실행하는 이유도 여러 해 동안의 와인의 품질이 집약되어서 품질의 일관성을 보장받기 위한 것입니다. 이렇게 여러 가지 품질의 제품을 섞는 것은 세계 곳곳에서 여러 가지 방법으로 응용되고 있습니다. 우리 집 안의 인삼주는 해가 갈수록 묽어지지만…

오늘의 와인, 오늘의 안주
스페인 쉐리와인의 향과 맛

- Cream Sherry – Solera Dulce
- Cristina Sherry – Solera Medium Dulce
- 안주제안: 프랑스 로케포르치즈 블랙올리브

쉐리와인도 당도와 알코올의 농도가 여러 가지로 변조되면서 독특한 맛과 분위기를 만듭니다. 모두 솔레라 공법으로 숙성시켰으니 단순히 포도에서 유래하는 풍미뿐 아니라 몇 년을 두고 숙성되고 축적된 센 맛과 단맛의 차이를 비교해 봅니다. 아울러 양젖을 발효한 블루치즈와 스페인 지역에서 유래하는 올리브를 반주로 비교해 봅니다.

제18장
포르투갈의 와인

 이 지역에 와인을 전파한 것은 카르타고의 **페니키아**인들이었지만 포르투갈은 로마제국 시절에는 와인을 로마에 수출하고 근세에 들어서서는 18세기 초에 영국과의 교역을 시작하였습니다. 포르투갈은 와인과 관련된 두 지역이 유네스코문화유산으로 보호되고 있습니다. 그 하나는 포르투갈의 도루 **포트와인** 산지(Douro Vinhateiro)이며 다른 하나는 대서양 한가운데 포르투갈령 **피쿠섬**(Ilha do Pico Vinhateira)이 그것입니다. 이 명시적 문화유산 외에도 포르투갈에는 각 지역의 특성에 따라 여러 곳의 와인지역을 자랑하고 있습니다.

 포르투갈의 와인등급표시는 사실 프랑스보다 200여 년 앞서 사용하며 낮은 등급 와인과의 차별화를 시도하고 있습니다. 이를테면 도루 지역의 와인의 등급설정에 있어서 프랑스 사람들이 테로아라는 말을 쓰는 이상으로 그들은 매크로-, 메소-, 토포-, 마이크로-클라이메이트(Macro-, Meso-, Topo-, Micro-climate)라는 용어를 사용하며 자연환경과 제조기술이 얼마나 섬세하고 독특한지를 강조하고 있습니다. 그 이하의 등급으로는 다음과 같이 포르투갈 언어를 사용합니다.

- **DOC** – Denominação de Origem Controlada
- **IPR** – Indicação de Proveniência Regulamentada
- **Vinho Regional** – Regional Wine
- **Vinho de Mesa** – Table Wine

포르투갈은 유럽에서도 스페인과 붙어 있긴 하지만 사실 분위기상으로는 유럽 본토와 살짝 유리되어 있습니다. 북동쪽으로 스페인과 인접해 있지만 그 이외에는 지중해와 대서양으로 여타 세계와 단절되어 있는 셈이지요. 그 결과인지 다른 나라들이 프랑스 계열의 포도종을 부지런히 받아들이는 대신 포르투갈은 자신들의 고유의 포도종에 고집하는 경향이 있습니다. 포르투갈의 대표 포도종인 **투리가나시오날(Touriga Nacional)**만 해도 포르투갈 밖으로 확산되는 대신 포르투갈에 고립된 채로 자신의 다양한 정체를 발휘한다는 평가를 받습니다. 그 외의 여러 적포도와 백포도들의 포도종들도 포르투갈 국내에서 자체 이름을 사용하는 경우가 많아 그 이름을 서로 맞추기가 쉽지 않으나 어쨌든 나라의 크기에 비해서는 상대적으로 많은 포도종을 경작하고 발효시키고 있습니다.

포르투갈 사람들은 자국의 와인에 대단한 애착을 가지며 스페인의 와인과도 차별화된, 부드럽고 분위기 있는 와인을 만들고 있지만 1990년대 이후 최근에는 국제적 분위기에 많이 동화되어 가는 양상을 보입니다. 그것은 서민들의 쉽게 마시는 와인 제조방법의 틀에서 현대적인 와인 제조방법과 아울러 신세계의 오크통의 도입과 오스트레일리아의 와인전문가들과의 기술적 교류로 와인업계 자체가 국제화되었다는 것입니다. 그래도 포르투갈 사람들은 자신들의 언어인 포르투갈어를 고집스레 모든 영역에서 사용하고 있습니다. 여기 단어 몇 개를 살펴보기로 합니다.

- Adega(Winery)
- Quinta(Vineyard)
- Tinto(Red)
- Branco(White)
- Casta(Grape Variety)
- Colheita(Vintage)
- Dulce(Sweet)
- Seco(Dry)
- Espumante(Sparkling Wine)
- Reserva(Reserve)
- Garrafeira
  - Red: 2 years in Oak, 1 year in Bottle
  - White: 6 months in Oak, 6 months in Bottle

마데이라와 피쿠섬을 포함하는 포르투갈 전역에서 재배되는 포도종은 매우 많으며, 이 중 주요 포도를 열거하면 투리가나시오날(Touriga Nacional), **틴타아마렐라(Tinta Amarela)**, **틴타로리즈(Tinta Roriz)**, 말바지아(Malvasia), 바가(Baga), 아린토(Arinto), 말바지아 피나(Malvasia Fina), 모스카텔 데 세투발(Moscatel de Setúbal), 네그라몰레(Negra Mole) 등 600여 종이 재배되고 있습니다.

포르투갈의 와인지역은 북쪽에서부터 다음의 주요 지역을 볼 수 있습니다.

- 다옹(Dão)
- 바이라다(Bairrada)
- 알렌테호(Alentejo)
- 콜라레스(Colares)

■ 도루(Duoro Valley) 지역

도루강은 서쪽 대서양으로 흐르는 북부 포르투갈의 강입니다. 이 지역의 와인은 원래 도루강을 따라 서부 해안으로 나른 후 영국 등지로 수출하게 되는 와인인데, 더운 지역의 강을 따라 운반하는 도중 변질을 막고자 영국인들이 포도주 증류주(Aguardente)를 와인에 섞어 넣기 시작한 데서 유래한 것이 포르투갈의 포트(Port)와인입니다. 이 도루 지역은 주로 포트와인의 중심지이지만, 포트와인의 영향으로 보통 테이블 와인도 이러한 방향으로 진화한다고 합니다.

■ 포트(Port)와인

스페인에 쉐리와인이 있듯이 포르투갈에는 포트와인이 있습니다. 모두 같은 포도종 발효주의 증류주를 섞어 알코올 도수를 17~22도 정도로 맞춘 것이 공통점입니다. 그러나 쉐리와인은 자체 발효가 완료된 후에 증류주를 첨가하지만 포트와인은 발효 중간에 증류주를 첨가하며 그 자체로 발효를 중단시키는 것이 다른 점입니다. 그 결과의 한 면으로 포트와인은 원래 포도의 단맛이 와인에 남아 있지만, 쉐리와인은 단맛을 만들기 위해서는 역시 같은 포도의 시럽을 와인에 첨가해야 한다는 것이지요.

포트와인(Port Wine, Vinho do Porto)은 앞에서 언급한 것처럼 도루 계곡에서 유래한, 달고 알코올을 강화한 와인만을 지칭하도록 유럽공동체에서 협약이 되어 있지만, 다른 지역에서 유사한 것을 만들어 판다고 해서 제재할 특별한 방법은 없으니 요즈음에는 신세계, 유럽 할 것 없이 와인 만드는 곳에서는 모두 만들어 시장에 내놓고 있습니다. 다만, 포르투갈에서는 나름 옆의 관세필증 비슷한 것을 와인병 목에 붙여서 출시합니다.

자세히 보면 병 자체가 보통 와인병과 다르고 병마개도 코르크로 만들긴 했지만, 손으로 돌려 빼면 쉽게 열리는 형태로 만들어져 있습니다. 포트와인은 일반적으로 달고 묵직하며 강도가 센 와인으로 보통은 식후 단맛을 위한 디저트로 애용됩니다. 대개 두 가지 스타일로 숙성됩니다. 일단 발효 후 일찍이 병입하여 숙성시키면 산소가 차단되어 색깔과 탄닌이 서서히 연해지는 **환원형 숙성(Reductive Aging)**이 진행됩니다. 반면 발효에서부터 오크통에서 숙성시키면 산소의 교환과 증발이 많아지며 진한 색감을 띠게 되는 산화형 숙성(Oxidative Aging)이 됩니다. 관습에 따라 다음의 몇 가지 스타일을 구분해 볼 수 있습니다.

❶ 루비(Ruby) 포트

가장 서민적이고 값싸게 빚어지는 포트와인으로 시멘트나, 스테인리스통에서 보관하여 환원형 숙성을 거쳐 묵직한 특성을 만듭니다. 병입 직전 정제와 블렌딩을 거치며 드물게 프리미엄급(Reserve) 루비포트는 6년까지 오크에 숙성시키기도 합니다.

❷ 토니(Tawny) 포트

오크통에서 최소 3년 이상을 산화형 숙성을 거치고 나면 금갈색의 고소한 향을 발현하는 포트가 됩니다. 와인병에 10, 20 또는 30이라는 **숫자**가 씨 있는 **토니 포트**는 숙성이 의도적으로 계획된 햇수를 말하며 그 이상 숙성되었음을 보증하는 것입니다.

❸ 콜헤이타(Colheita) 포트

이 포트와인은 오크통에서 최소 7년 이상을 산화형 숙성을 거쳐서 만들어지는 단일 빈티지 토니 포트와인입니다. 오크통에서는 산화형 숙성을 거쳤지만 병입 후에는 병 입구를 왁스로 완전히 밀봉하여 보관하고 있습니다.

④ 빈티지(Vintage) 포트

여기서 '빈티지'란 말은 단순히 발효연도만을 뜻하는 것이 아니라 병입 후 10년 이상의 특정 햇수 동안 숙성했음을 포함한 표시입니다. 빈티지 포트는 발효 시작 후 최대 30개월 후 병입하여 적어도 10년 이상 병 속에 갇혀 있어야 하며, 그렇게 만들어진 와인의 제조연도를 병에 표시하는 것입니다. 빈티지 포트와인은 우선 경작연도와 추수된 포도의 검증에서부터 시작하기 때문에 모든 경작과 발효연도에 모두 빈티지 포트가 생산되는 것이 아니며 몇 년에 걸쳐서 가끔씩 만들어지는, 특별히 우수한 와인이 지정되어 공표되는 것입니다. 즉, 빈티지 포트와인이 라벨에 발효연도 1945로 표기되어 있다면 약 30개월 후 1947년에 병입했으니 병 안에서 73년 숙성된 포트와인이라는 것입니다. 최근에 빈티지 포트로 선언된 해는 1994, 1997, 2000, 2003, 2007, 2017년이었다고 합니다. 이해에 특히 강우량, 일조량, 그리고 연중 기온의 조합이 최적의 조건이었음을 말하는 것이지요.

지금까지 발견된 빈티지포트 중 오래된 것 중의 하나는 페레이라 빈티지 1815인데, 175년이 지난 1990년도 어떤 시음가의 평가는 "매우 풍성한 향과 계피, 후추, 생강과 이색적 나무의 향을 머금은 매우 인상적인 와인"이었다고 합니다. 175년의 세월 동안 병 안에서 무슨 화학반응이 벌어졌는지 와인학자들이 알아낼 수 있을까요.

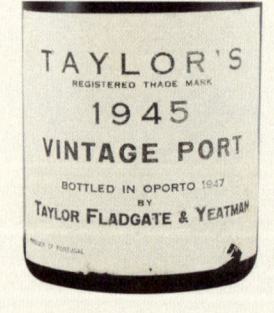

자료: https://www.garrafeiranacional.com/

■ 마데이라(Madeira) 와인

포르투갈의 남서쪽 대서양에 있는 섬으로 15세기 초에 포르투갈에 의해서 관리되기 시작했는데 초기에는 이 섬의 동쪽 일부에 불을 놓아 원래 비옥했던 토양이 더욱 양질의 땅이 되었다고 합니다. 이 섬의 기후가 사탕수수와 포도가 자라기에 아주 적합하여 말바지아(Malvasia), 맘지(Malmsey), 베르델료(Verdelho) 등의 포도를, 최근에는 틴토네그라 포도종이 경작되기 시작한다고 합니다. 이 섬은 원래 북미와 남미로 가는 길목에 있어 한창때는 와인을 미주로 나르는 교두보의 역할을 했다 합니다. 그런데 이 운반 행로는 높은 온도의 적도 지역이어서 그대로 통과한다면 보통 와인은 쉽게 변해버릴 염려가 있지요. 마데이라의 생산자들은 현지에서 생산되는 사탕수수의 덕으로 와인을 충

분히 달게 만들고 또한 포트와인과 같이 알코올 농도를 강화한 후 미리 45℃ 정도로 서너 달을 보관하며 가열 숙성하는 방법을 쓴 것입니다. 이러한 과정에서 만들어진 마데이라 포트와인은 강한 열과 산화형 숙성을 거치게 되고 결과적으로 단 캐러멜 향이 아주 풍부한 나름의 독특한 포트와인으로 특성 지어집니다.

이후 1850년경의 오디움(Odium) 곰팡이와 1870년대의 **필록세라** 진드기의 침공을 겪은 후 미국산 접목 포도나무로 현재까지 이르고 있습니다. 마데이라는 최근에는 토니 포트와 같이 3, 5, 10년 또는 20년의 목표 숙성을 거친 와인이 많이 공급되며 향이 풍부하고 부드러운 질감을 가지

며 기름진 맛과 강한 인상을 자랑하는 독특한 와인으로 시중에서 어렵지 않게 만날 수 있습니다. 옆의 마데이라 포트와인은 토니 포트와인의 형태로 독특한 병 모양을 보여주고 있습니다. 최근에는 마데이라의 와인들이 한국시장에 많이 공급되고 있어 스페인 쉐리와 더불어 알코올강화와인 등 다양한 취향을 만족시킬 수 있습니다.

포르투갈령인 아조레스 군도(상단)의 피쿠섬(왼쪽에서 두 번째)과
마데이라(하단 왼쪽 첫 번째 섬)은 유럽본토에서 각각
1600km와 900km 떨어진 자치령으로 포르투갈의 포도종으로 와인을 생산하는 지역

● 자료: https://upload.wikimedia.org/wikipedia/commons/9/93/Regiao_Autonoma_dos_Acores_in_Portugal_%28plus_all_islands_real_area%29.svg

■ 피쿠섬(Pico Island) 와인

포르투갈령으로 본국에서 대서양으로 1,600km 떨어진 또 하나의 열도군인 아소르스(Azores) 제도는 8개의 작은 섬으로 구성되어 있습니다. 인구는 25만 명 정도에 불과하지만 자치 정부를 구성하고 대학교까지 운영하고 있습니다. 그중 가장 큰 섬인 피쿠(Pico)섬은 원래 화산섬에서 유래하며 그 나름 포도의 생육에 최적의 토양과 기후조건을 갖추고 있다고 합니다. 피쿠섬의 와인지역의 명칭은 공식적으로 Pico IPR(Indicação de Proveniencia Regulamentada)라고 부르며 포르투갈의 DOC(Denominação de Origem Controlada) 등급으로 인정되는 곳입니다. 피쿠의 와인은 거의 알코올강화와인 타입이며 이 지역의 포도원과 함께 유네스코 자연유산으로 보호되고 있습니다.

13세기 초 프란체스코 수도원의 수사들이 가톨릭 예식에 쓰이는 와인을 위하여 도입하였으며, 이 지역의 기후와 자연조건이 시칠리아와 유사하여 포도경작이 쉽게 정착되었다고 합니다. 특히 청포도인 베르델료와 아린토(Arinto)는 이 섬의 토양에 잘 적응하며 좋은 포도주를 제공하여 짧은 시기 안에 유럽과 러시아에 수출할 수 있게 되었다고 합니다. 라벨에 쓰여 있는 Terroir Vulcanico라는 설명이 인상적이며 한국시장에서 보기는 어렵지만, 포도종 Merlot을 비롯하여 유럽의 관습을 그대로 따르는 것을 아소르스 와인에서 확인할 수 있습니다.

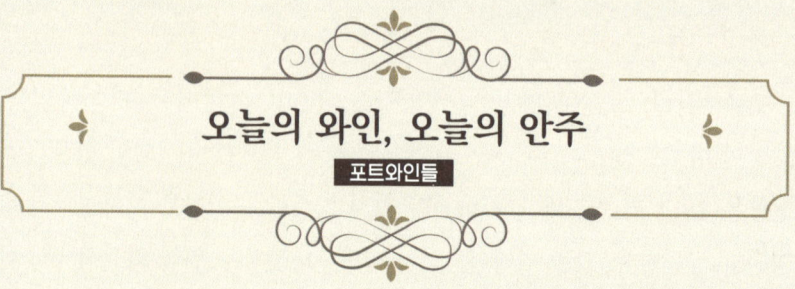

오늘의 와인, 오늘의 안주
포트와인들

- Valduro Tawny Port
- Kopke Colheita Porto
- 안주제안: 살라미와 오이피클

포트와인의 대표인 토니 포트와 산화형 숙성을 좀 더 오래 거친 콜헤이타 포트를 직접 비교해 보겠습니다. 살라미는 지중해 다른 이탈리아 쪽에서 온 것이지만 기름기가 스며 있는 것과 담백하고 달달한 피클의 조합을 평가해 봅니다.

제19장
스위스의 와인

스위스의 와인!

무언가 잘 안 어울릴 것 같은 조합이지요. 그러나 스위스 사람들은 세계 10위권 안에 드는 열정적 와인 애호가들입니다. 그것은 스위스의 유럽식 음식과 아주 다양한 치즈의 스펙트럼이 와인 문화에 완벽한 박자를 맞추고 있으며 스위스의 알프스 산악지역 중 포도경작에 좋은 지형이 몇 군데 있기도 합니다.

스위스 알프스 북쪽
발레 시옹지역의 와인

주요 지역은 알프스의 북쪽 능선인 발레(Valais), 레만호수의 북쪽 기슭(Vaud)과 제네바(Geneve), 그리고 알프스의 남쪽 능선인 루가노(Lugano)의 온화한 지역에서 포도가 재배되고 있습니다. 포도종은 역시 프랑스 지역과 쉽게 연관되는 **피노노아**, 갸메이, 메를로가 47%를 차지하고 샤슬라스(Chasselas)가 27%, 그 외 잘 알려진 포도들이

자료: https://shop.oilandwhisky.ch/659-large_default/vin-des-glaciers-75cl.jpg

재배되며 총 와인 생산량의 대부분이 국내에서 소비되고 프랑스의 보졸레와 미국산 와인이 상당량 수입되어 국내수요를 충당한다고 합니다. 옆의 스위스 와인의 라벨에 Fendant는 샤슬라스의 스위스 고유명이며 알프스 발레지역 와인의 인증을 프랑스의 AOC 방법으로 표시합니다.

스위스만의 독특한 와인으로는 Rèze라는 스위스 전통적인 포도종으로 만든 빙하와인(Vin des Glaciers)으로, 특이한 것은 숙성방식을 스페인의 쉐리와 유사한 방법인 솔레라 공법을 사용하여 오크통이 비워질 틈이 없이 계속 새 와인으로 채워지며 장기간 숙성된다고 합니다. 혹시 유럽 N개국을 여행하며 이런 귀한 와인을 찾아볼 여유가 있을까요?

스위스 알프스 북쪽 발레 베라스지역의 와인

제20장
오스트리아의 와인

주로 드라이한 백포도주 위주의 와인이 발전된 것은 오스트리아에서는 상당히 깊은 역사를 갖고 있습니다. 주 포도종은 청포도 그뤼너펠트리너(Grüner Veltliner)이지만 **피노노아** 등 적포도주의 비중이 30% 이상으로 나름 원만하고 장구한 발전을 이어가고 있었지만, 최근의 역사에서 아주 불행한 과거를 겪은 경험이 있습니다. 1985년도의 에틸렌글리콜 스캔들이 바로 그것인데 그 배경은 바로 오스트리아의 와인업계는 생산품의 상당량을 독일로 수출하도록 계약되어 있었던 것입니다. 왜냐하면 오스트리아의 와인지역이 독일의 유사한 와인 생산지와 멀리 떨어져 있음에도 단맛의 백포도주 계열의 특성은 비슷했기 때문이지요.

독일로의 수출이 예정되어 있음에도 자연조건은 항상 원하는 대로 만들어지지 않지요. 특히 포도 자체의 당도가 충분치 않은 경우, 원하는 아이스 또는 디저트 와인이 만들어질 수가 없었던 것입니다. 오스트리아의 와인상들은 불법임을 알면서도 설탕 또는 보다 작업하기 쉬운 디에틸렌글리콜을 소량씩 와인에 섞어서 단맛을 보충했던 것입니다. 이 디에틸렌글리콜은 단맛을 보충할 뿐 아니라 와인의 무게감까지 아주 잘 보완해 주어 실제로 잘 만들어진 포도주인 것처럼 포장해 주었던 것입니다. 처음 발견된 것은 1982년도 독일의 스투트가르트의 한 수퍼마켓이었는데 자세히 조사해 본 결과, 소규모 와인업자들은 이와 같이 무게감과 단맛을 그런대로 맞추었지만 이런 멋진 상품은 대량으로 만들 수 없음이 밝혀져 1985년도에 최종적으로 심각한 스캔들로 판명되게 이른 것입니다. 디에틸렌글리콜이라는 화합물은 글리세린과 비슷하게 단맛을 내기도 하지만 또한 융점이 매우 낮아서 자동차의 냉각수로 쓰이는 화합물입니다. 당시 독일의 신문에는 이를 빗대어 자동차의 뚜껑을 열고 냉각수 입구에 오스트리아산 와인을 부어 넣는 시사만화를 그려 넣어 오스트리아 와인업계를 비웃기도 했었습니다.

이러한 스캔들을 보면 몇 년 전 중국산 분유에서 발견되었던 멜라민 파동이 생각납니다. 식품하고는 거리가 멀어도 한참 먼 멜라민을 분유에 섞은 이유는 멜라민 분자 내 질소원자의 비율이 아주 많아서 단백질 함량이 아주 높은 것처럼 보이도록 품질검사를 속이는 역할을 맡았던 것이지요.

실제에 있어서 이 단맛을 위해 넣는 디에틸렌글리콜의 양은 그 안의 알코올 자체에 비해 많지 않아서 건강에 크게 해로울 것 같진 않지만, 독성물질인 건 분명하며 식품첨가물에 어지간히 예민한 독일어권 사람들에게 이 문제는 심각한 사건이었고 독일에서는 정치권에서의 혼란과 수입 와인에 대한 경고가 세계에 퍼져 나가며 오스트리아의 와인산업계에서는 몇 년에 걸친 명예와 수입의 급격한 손실을 감내해야 했습니다. 오스트리아의 와인업계가 1985년 이전의 규모를 회복한 것은 2001년이 지나서였습니다.

이와 같은 큰 홍역을 치른 뒤에서야 오스트리아는 1986년도에 오스트리아 와인연합이 만들어지고 유럽연합에 들어온 후 명예회복을 위하여 부단히 노력하고 있습니다. 2002년도에는 **DAC(Districtus Austriae Controllatus; Controlled District of Austria)**와 같은 시스템이 만들어지는데 이는 정확히 프랑스의 AOC, 이탈리아의 DOCG에 해당하는 라틴어입니다.

주로 재배되는 포도종은 그뤼너펠트리너(Grüner Veltliner), 리슬링(Riesling), 블라우프랭키쉬(Blaufränkisch) 등이 주종을 이루며 오스트리아의 와인지역을 정비하여 다음과 같은 15여 개의 DAC 지역을 선정하여 등급을 부여하고 있습니다. 이들은 대부분 오스트리아의 동쪽 비엔나 지역에 분산되어 있는 포도경작지이며, 이 지역은 Weinviertel, Mittelburgenland, Traisental, Kremstal, Kamptal, Leithaberg, Eisenberg, Neusiedlersee, Wiener Gemischter Satz, Rosalia, Vulkanland Steiermark, Südsteiermark, Weststeiermark, Carnuntum, Wachau DAC이며 **Wiener Gemischter Satz DAC**에서는 적어도 세 종의 포도를 자체 포도원의 같은 밭에서 재배하며 어느 한 가지 포도종이 50%를 넘지도 않고 가장 적은 송도 10% 이상이 포함되어야 함을 명시함으로써 고유의 정체성을 표방하고 있습니다.

와인의 품질등급은 독일의 용어와 관습을 거의 같이 사용하고 있습니다. 즉, 아래 등급부터 테이블 와인(Tafelwein), 지역와인(Landwein), 등급와인(Qualitätswein), 캬비넷(Kabinett) 등 같은 말을 쓰고 모든 와인이 추수 후 다음 해 3월 1일 이전에는 출시하지 않는다는 특등급와인(Prädikatswein)도 독일어의 Spätlese, Auslese, Beerenauslese, Trockenbeerenauslese, Eiswein 등을 그대로 사용합니다.

제21장
헝가리의 와인

  와인이 헝가리에서 만들어지기 시작한 것은 로마시대인 5세기경이었으나 범유럽적인 이름을 만들기 시작한 것은 17세기 말 무렵부터입니다. 물론 헝가리 현지에서는 그 전과 후, 그리고 헝가리 전역에서 전통적인 적포도주와 백포도주가 만들어지며 유럽의 다른 곳에서처럼 현지의 음식에 맞게 발전되어 왔지만, 나라 밖으로 널리 확산되지는 못하였으며, 더욱이 20세기 말의 공산세계에서는 와인의 품질 같은 호사스런 것은 발전의 가능성이 없었던 것이지요. 동유럽이 열리기 시작한 1989년 이후에는 헝가리에서 제일 경쟁력 있는 **토카이** 와인에 대한 투자와 아울러 국제적 명성을 얻기 시작한 것이지요.

■ 토카이(Tokaj) 와인

여러 가지 와인 이름에 지역 이름이 포함되듯이 토카이도 헝가리의 동쪽 끝부분의 지역 이름이며 슬로바키아(Slovakia)의 일부분과 겹치기도 합니다. 이 지역에서는 주로 백포도가 경작되는데 **푸르민트(Furmint)**와 **하쉴레벨뤼(Hárslevelű)**라는 포도종이 90% 이상을 점하고 있습니다. 이 지역의 토양은 화산성이며 매우 독특한 기후를 보입니다. 겨울은 에는 듯이 춥고, 봄에도 한기가 남아 있으며, 여름은 또 매우 덥고, 가을은 약간의 비와 함께 과실의 숙성기간이 길어지는 경향이 있습니다. 푸르민트 포도는 두꺼운 껍질로 태어나지만 익어갈수록 얇고 투명해지며 늦은 태양볕을 투과하여 수분을 증발시키며 당도를 높이는 결과를 낳습니다. 또한 포도알을 나무에 오래 남겨 두어 소위 귀한 곰팡이(noble rot)가 앉아서 자라도록 방치한 후, 12월 중순, 심하게는 1월경에 가서야 추수를 하기도 한답니다.

이렇게 얻어진 포도의 운명은 여러 갈래로 나뉩니다. 그중 하나는 백포도 푸르민트로 만든 센 와인으로 2세대에 걸친 와인장인—The lord of wine으로 불렸다고 함—István Szepsy가 최근에 출시한 **Úrágya 2000**으로 전에는 없던 종류이며 Tokaji Furmint, Tokaji Hárslevelű와 Tokaji Sárga-muskotály같이 지역+포도명 이름으로 구분됩니다. 또 하나는, 곰팡이(botrytis)가 '저절로 자라**(Szamorodni)**도록' 하여 당도를 보통 이상으로 높인 후 보통의 발효법을 써서 만들어 당분의 상당량이 알코올로 발효되어 보통보다 높은 14% 이상의 알코올 함량의 와인으로 만들어집니다.

다른 유형은 가장 유명한 헝가리의 간판 와인으로 널리 알려진 **토카이-아수(Tokaj-Aszú)**는 프랑스 소테른의 귀부와인과 유사한 방법으로 얻은 와인입니다. 이때의 아수(Aszú)는 원래 헝가리 말로 '말린-dried'이란 뜻이지만 사실 '귀하게 썩은-Nobly rotten'이란 말로 botrytis를 접종하여 만든 곰팡이포도 자체를 지칭하는 뜻으로 쓰입니다.

1. 만드는 방법은 일단 곰팡이로 말린 포도알을
   25kg들이의 나무통(Puttony)에 넣고 으깨 놓습니다.
2. 이 죽상의 곰팡이포도를 1차 발효가 끝난 와인과 같이
   136L의 오크통에 넣고 24~48시간 저으면서 숙성시킵니다.
3. 잘 안정화된 와인을 걸러서 오크통에 넣어 몇 년을 숙성시킵니다.
   이때 오크통은 밀봉하지 않고 느린 발효가 계속되도록 합니다.

푸토니(Puttony)란 포도 수확꾼들이 등에 메고 포도송이를 따 넣는 통으로 대략 20~25kg 정도의 포도를 수용합니다. 이때 첨가하는 푸토니의 수와 와인 발효액의 비율이 당도를 결정짓는데, 136L 용량의 오크통에 첨가하는 푸토니의 수를 토카이 와인의 등급으로 표시하지만 현대의 포도원에서는 다음과 같은 당도가 되도록 조절하여 제조합니다.

■ Tokaji 와인의 당도 표시

3 Puttonyos - 60g/L

4 Puttonyos - 90

5 Puttonyos - 120

6 Puttonyos - 150

Aszú Eszencia - 450 Puttony

즉, 푸토니의 수가 많으면 당도가 높으며 가격도 높아지겠지요. 또한 토카이 와인은 보통 표준형 750ml 용량도 있지만, 그보다 작은 500ml

용기도 공급되고 있음을 볼 수 있습니다. 알코올 농도는 14% 이상이며 연간 토카이 와인의 생산량은 전체 와인의 1% 남짓 된다고 합니다. 아수 에센시아(Aszú Eszencia)라는 표시는 순수한 귀부포도만으로 주스를 짜서 발효시킨 와인을 뜻하는데, 일반적인 당도인 500g 이상에서는 발효과정이 매우 느리게 진행되고, 4년 이상 걸린 후에야 병입할 수 있으며 알코올 농도는 5~6%를 넘지 않습니다. 이런 당도의 와인을 보통 와인 마시듯 할 수는 없습니다. 소량씩밖에 즐길 수 없겠지만 100년 이상의 보관이 가능하다는 장점이 있겠지요.

이렇게 고급스럽게 만들어진 토카이 와인은 18세기의 유럽 유명인사들의 미각을 끌어모았다지요. 18세기 헝가리의 왕자 프란시스 라코치(Francis II Rákóczi)는 토카이 와인을 프랑스의 루이 14세에게 선물로 보냈으며 루이 15세는 그의 정부 마담 퐁파두르에게 한잔 권하며 "이는 왕의 와인이요, 와인의 왕이로다 (Vinum Regum, Rex Vinorum; Wine of Kings, King of Wines)"라며 즐겨 마셨다고 하며 그 외의 Beethoven, Goethe 등 수많은 인사들이 토카이의 단맛을 그들의 문화예술적 활동의 동반자로서 즐겼다고 합니다.

이 토카이 와인은 병 모양이 다른 와인병과 좀 달라 보이지요? 실제로 대부분의 토카이 와인은 목이 긴 병을 쓰는데 이는 750ml이 아닌 500ml의 독특한 포맷에 밑부분이 약간 좁아진 모양을 가지고 있습니다.

오늘의 와인, 오늘의 안주
헝가리와 프랑스의 단맛

- Tokaj 6 Puttonyos
- Sauternes Rieussec
- 안주제안: 양송이와 로케포르치즈

 귀부와인의 대표로서 **토카이** 와인과 프랑스 소테른의 리외섹을 대비해 봅니다. 물론 당도가 비슷하리라 추정하여 푸토뇨쉬 6호를 선택합니다. 파랗고 우울한 색깔의 곰팡이가 핀 상태의 포도를 보면 아무래도 퀴퀴한 곰팡내가 날 것 같은데, 그리고 탈취를 위해 무슨 특별한 작업을 했다는 설명도 없는데… 어떤 버섯요리를 먹을 때에 가끔은 곰팡이와 버섯의 냄새가 묘하게 구분하기 쉽지 않기도 하지요. 단맛 속에 어떤 향을 감지할 수 있을지… 또한 달고 센 맛으로 유명한 포트와인과의 비교가 가능할지…

제22장
그리스의 와인

그리스의 와인은 역사가 깊습니다. 굳이 아주 옛날을 언급하자면 와인의 역사가 기원전 7~8000년으로 올라가지만, 그리스에 남은 흔적도 만만치 않은 6500년 전이며, 로마제국에서는 그리스의 와인이 고급의 지위를 누렸다고 합니다.

그러한 오랜 역사에도 불구하고 현재의 그리스의 와인은 신세계보다도 늦어졌으며 역사적으로는 1937년에 비로소 농무성에 의하여 와인연구소가 설치되고 국제적 품종인 카버네소비뇽은 1963년에서야 그리스에서 경작되기 시작했고 품질관리를 위한 규정은 1970년대에 제정되기 시작했습니다.

현대적인 와인제조가 본격적으로 시작된 것도 1985년경부터입니다. 그 계기는 몇몇 와인전문가와 농부 그룹이 프랑스로부터 상당한 훈련을 받고 오면서 시작되었고, 유럽공동체와 몇몇 의욕적인 투자자들의 자금으로 붐을 일으키기도 했습니다. 이 시기에 그리스에서는 오히려 신세계, 즉 미국 캘리포니아나 오스트레일리아의 아델라이드 지역으로부터 와인에 대한 기술을 역수입하면서 제대로 만들어진, 또한 정상적인 가격의 와인을 찾는 소비자가 고대의 낡은 것과는 다른, 새로운 분위기를 만들고 있다고 합니다.

현재 그리스 와인의 품질등급은 유럽공동체의 분위기를 따르며 프랑스의 표시방법을 사용하고 있습니다. 그 표시방법은 가장 상위 등급에 **OPE(Wines with Appellation of Controlled Origin)**를 사용하며 이는 프랑스의 AOC 등급에 해당합니다. 그리스 전역의 8개 와인지역이 이 등급으로 지정되고 있습니다. 그 아래 등급은 OPAP(Wines with Appellation of Superior Quality)이며 모두 25개 와인지역을 지정하고 있습니다. 그보다 낮은 등급으로는 TO(Regional Wines, Vin de Pays) 또는 EO(Table Wines, Vin de Table)로 나뉘고 있습니다. 이 EO 등급이 낮은 등급이라고는 해도 어떤 공격적인 와인 제조자들은 자체적으로 OKP(Wines of Appellation by Tradition) 등급을 만들어 포도종과 발효방법을 다각적으로 시험하며 새 활로를 찾고 있다고 합니다.

산토리니 포도원에서 보는 에게해 전경

아래 등급와인의 지역을 열거합니다.

지역 이름	OPE 등급
Peloponnese	Patras(Mavrodaphne, Muscat)
Aegean Islands	Rodos(Muscat), Limnos(Muscat), Samos(Muscat)
Ionian Islands	Cephalonia(Mavrodaphne, Muscat)

지역 이름	OPAP 등급
Macedonia	Naoussa, Goumenissa, Amyndeo, Plagies Meliton
Thessaly	Rapsani, Anhialos, Messenikola
Epirus	Zitsa
Peloponnese	Nemea, Mantinia, Patra
Aegean Islands	Limnos, Santorini, Paros, Rodos
Ionian Islands	Cephalonia(Robola)
Crete	Peza, Archanes, Sifia, Dafnes

포도종	Red	Xinomavro Mavrodaphne Agiorgitiko Kotsifali Mandilaria
	White	Assyrtiko Savatiano Athiri Debina Lagorthi Malagousia

유럽과 신세계의 잘 알려진 포도종만 생각하면 그리스의 시노 마브로(Xinomavro)는 좀 낯설지요. 이름만 낯선 것이 아니고 이 와인들을 한국시장에서 찾을 수 있을지도 의문입니다. 그건 동유럽의 전통적인 와인 국가들의 맛깔 나는 와인들도 한국에서는 아쉽게도 좀처럼 구하기가 어렵습니다. 자유시장경제에 의하여 유통되는 와인업계에는 그런 나라들은 아직 적응이 되어 있지 않습니다. 가끔 어떤 지방자치제에서 주관하는 국제 와인축제 같은 곳을 방문하면 간혹 희귀한 나라의 희귀한 와인을 찾을 수 있을까요.

제23장
조지아의 와인

　조지아 이야기가 나오면 코카서스(Caucasus)에 대하여 간단히라도 말하지 않을 수가 없습니다. 코카서스란 **흑해**와 **카스피해**를 가르는 지역으로 유럽의 동쪽(흑해의 동해안)에서 아시아의 서쪽(카스피해의 서해안)에 이르는 지역을 말하며 코카서스 산맥이 두 내륙호를 연결하고 있습니다. 이 산맥의 북쪽 중간쯤 러시아 지역에 유럽에서 가장 높은 해발 5,643m의 엘브루스(Elbrus) 산이 있으며 산맥의 남쪽으로는 조지아와 아제르바이잔이 각각 흑해와 카스피해에 접해 있습니다.

　남쪽으로 더 내려오면 이제 아르메니아, 터키와 이란의 중동지역으로 연결되며 산맥의 북쪽은 아주 많은 자치민족들이 정치적으로 러시아에 소속되어 있지요. 이 지역에는 50개가 넘는 민족들이 서로 다른 언어를 가지고 있으며 조지아는 조지아어의 균일성이 높은 편입니다. 언어와 문화의 다양성이 매우 높은 것과 같이 기후조건과 자연생태학적으로도 많은 식물군과 동물군, 그리고 넓은 혼합산림으로도 잘 알려져 있습니다.

특히 중요한 것은, 현대 유럽인을 우리는 '코카서스인(Caucasian)'이라고 하지만, 정작 유럽인의 대부분은 이 지역보다는 더 넓은 유럽 본토와 북미, 남미, 그리고 오세아니아 지역에 분산되어 있으며, 옛날 그리스와 로마에서 유래한 유럽문화의 중심지도 사실은 아이러니하게도 코카서스 지방과는 좀 떨어져 있다는 것이지요.

와인 이야기로 돌아갈까요. 서두에서 소개한 것처럼 와인의 발생지가 조지아로 알려진 것은 이 지방의 유물 Qvevri의 연대추정에 의한 것이지요. 그 덕에 이 토기로 구워 만든 항아리를 사용한 와인 제조법은 2013년에 유네스코의 무형문화재로 등재된 것입니다.

코카서스산맥 남쪽 지역은 극단적인 기온변화가 적고 온화한 열기의 여름과 영상의 겨울 기온과 적절한 습기가 포도의 생육에 최적의 조건이라고 합니다. 이러한 조건으로 옛날 소련연방 내에서는 몰도바가 같이 가장 많은 포도를 공급했으며 조지아의 와인은 러시아의 영향권 안에서는 항상 가장 고급으로 인식되고 거래되는 와인이었습니다. 최근 유럽공동체와의 교류가 활발해지면서 와인 생산량이 점차 증가하여 유럽은 물론 주변의 옛 소련연방의 이웃 나라에 대한 수출량도 늘어난다고 합니다만 우리나라에서는 간헐적인 와인축제에서나 가끔 접할 수 있습니다.

이 지역에서 경작되는 포도종은 유럽의 다른 포도종과 다른 이름을 가지고 있습니다. 약 400여 종의 포도종이 재배된다고 하는데 일부는 원래 조지아의 고유종인 것도 있고 일부는 유럽종과 같은 종인데 이름체계가 달라서 동일한지 여부를 확인하기 쉽지 않은 것도 많이 있습니다. 와인의 맛과 특성은 유럽의 주요 와인들과 크게 차별화되지 않고 있습니다.

주요 와인지역은 70% 정도가 **카케티(Kakheti)** 지역으로 조지아의 동쪽 편이며 다음 표와 같습니다.

지역	소구역	포도원 명칭	포도종(특성)
Shida Kartli	Gori	Atenuri	Saperavi(Red;dry)
Kakheti	Sagarejo	Khashmi	Saperavi(Red;dry)
Kakheti	Gurjaani	Mukuzani	Saperavi(Red;dry)
Kakheti	Gurjaani	Akhasheni	Saperavi(Red;semi-sweet)
Kakheti	Gurjaani	Vazisubani	Rkatsiteli, Khikhvi, Mtsvane(White Dry)
Kakheti	Gurjaani	Kardenakhi	Rkatsiteli, Khikhvi, Mtsvane(white Fortified)

이를테면 카케티의 구르자니(Gurjaani) 구역의 무쿠자니(Mukuzani) 와인은 조지아에서 가장 많이 사용되는 적포도 사페라비(Saperavi)로 만든 센 와인(Dry)입니다. 이 사페라비 포도는 특성이 탄탄하여 50년까지도 숙성시킬 수 있으며 다른 포도종과 섞어도 잘 조화를 이룰 수 있는 포도입니다. 예로 든 사페라비 포도주는 조지아 고유의 Qvevri에서 만든 포도주임을 라벨에 표시했으며, 최근 국제 Qvevri 와인대회에서 금상을 받았다고 합니다. 유럽식 13.5%의 센 와인이며 진한 석류빛에 고유의 부케와 육류와 조화를 맞추기 좋은 와인이라 합니다만 유감스럽게도 수출국가에 한국은 포함되어 있지 않다고 합니다.

조지아 이외에도 흑해 주변과 동유럽과 옛 소련연방 지역에 아주 많은 민족이 20여 개의 독립국을 이루며 나름의 언어와 문화를 만들어 가고 있습니다. 물론 모든 나라들이 나름의 고유한 와인, 또는 적어도 어떤 종류이든 알코올성 음료수를 만들고 즐기고 있습니다. 이 모든 것을 여기 좁은 공간에 모든 것을 기록하는 것보다 낯선 나라의 진귀한 와인을 탐험하는 여지를 남기는 것은 어떨까요.

제24장
미국의 와인

미국을 비롯한 남미, 오스트레일리아 등 유럽 이외의 지역을 신세계라고 하지요. 이 말은 와인에 대해서 꼭 맞는 말입니다. 현재와 같은 포도종과 와인이 전 유럽으로 확산 정착된 것이 기원 전후로만 따져도 2000년을 넘지만, 이 포도종이 신대륙으로 건너가서 국제적으로 공통된 와인문화를 형성한 것은 약 300년 남짓에 불과하기에 신세계란 말이 딱 걸맞다는 것이지요.

스페인이 북미주를 탐험한 것은 16세기 중반이지만 초기 200년간 포도는 중요 관심거리가 못 되었지요. 원래 스페인의 프란치스칸 수도사 Junipero Serra가 1769년 처음으로 이 포도종 비티스 비니페라(*Vitis vinifera*)를 경작하기 시작했지만, 본격적인 와인산업은 19세기 초에 프랑스 보르도의 와인전문가 Jean-Louis Vignes의 가업에 의해 시작되었습니다. 역시 종교적 부업으로 하는 와인과 전문가의 지식과 기술로 시작한 것의 차이가 있을 수밖에 없었습니다. 그리하여 1850년쯤에 캘리포니아는 유럽산 포도종에 점령당했다고 할 수 있습니다. 그 후 1880년대에 들어서서는 이 유럽산 비티스 비니페라는 미국 대륙의 토종벌레 **필록세라**의 공격에 처참하게 당하기 시작했으며 이 어려운 시기는 유럽에서와 같이 진행되었습니다.

사실 북미대륙에는 원래부터 자생하던 포도종이 있었습니다. 생물학적 분류상 이 포도종은 비티스 라브루스카(*Vitis labrusca*)에 속하며 북미대륙의 험악한 자연조건에 잘 적응하여 자라 온 튼튼한 포도종입니다. 자생하는 포도종인 만큼 역시 자생하던 필록세라에 대해 면역력이 강한 장점이 있는데 포도주용으로서는 치명적인 단점도 있습니다. 몇몇 라브루스카 포도로 만든 와인은 초기에는 마실 만하다가 대략 6개월 정도가 지나면 'Foxy'해지는 문제가 있습니다. 이 설명하기 어려운 현상은 우선 밝은 보라색 대신 핏빛 붉은색과 아울러 퀴퀴한 맛과 향을 특징으로 하며 유쾌하게 즐길 수 있는 와인이라 인정하기 어렵습니다.

이는 아마도 1차 발효가 끝난 후 산화되어 가는 과정에서 발생하는 알데히드성 불순물에 의한 것이라 보이지만… 어쨌든 그간의 많은 시행착오의 경험에 의하면 "*Vitis labrusca*는 포도주로서는 적당하지 않으며 전통적인 포도주에는 *Vitis vinifera*가 정답이다"라는 사실은 거의 세계적으로 비슷하게 느껴지는 공통된 의견으로 보입니다.

이 Foxy한 포도주를 만드는 대표자는 **콩코드(Concord)**라는 포도인데 미국 및 국내시장에도 이 포도로 만든 두어 가지 와인 상품을 찾을 수 있습니다. 이 상품들은 Foxy함을 카무플라쥐하기 위해 인위적으로 당도를 높이거나 파티와인의 형태로 만들기도 하며 오래 숙성시키지는 않습니다. 이렇게 달고 요란하게 만든 콩코드 와인은 포도 자체의 화려한 향이 특징적이어서 선호하는 사람들도 꽤 있습니다. 단맛의 와인을 즐기신다면 헝가리의 토카이 와인이나 프랑스 소테른의 귀부와인의 단맛과 비교하여 보는 것도 좋은 탐험이 될 것입니다.

미국의 술 이야기를 시작하면 미국의 금주령도 생각나지요. 이 금주령에 따라 남아도는 포도는 주스로 만들어 팔게 되었는데 이때에 **"효모를 넣지 말 것—발효되면 불법"**이라는 괴이한 문구가 붙어 있었다고 하네요. 미국시장의 웰치(Welch) 주스는 그 단맛으로도 인상적이지요. 콩코드를 주 포도원으로 쓰기도 하지만, 종교적 이유로 알코올을 혐오하던 치과의사 웰치는 포도주스 기업을 세웠음에도 알코올 생성을 방지하기 위해 단맛을 강화하고 또한 주스를 고온으로 살균하며 효모를 죽여 놓은 것입니다.

육종학의 발달로 라브루스카-비니페라 논란은 강인한 미국종의 뿌리에 섬세한 유럽종을 접목한 것으로 거의 전 세계적으로 해결되었지만 미국 대륙에는 간혹 새로 개발한 비달(Vidal)과 세이발 블랑(Seyval Blanc)의 백포도와 비뇰(Vignoles), 바코노아(Baco Noir)나 샹부생(Chambourcin)의 적포도가 와인의 생산에 쓰이고 있답니다.

미국에는 모든 50개 각 주에 적어도 몇 개 이상의 포도원들이 있습니다. 그중 캘리포니아의 2,000여 포도원에서 미국 전체 생산량의 90% 정도를 책임지고 있으며 워싱턴, 오리건, 뉴욕, 펜실베이니아 등지에서도 4,000만 리터 이상의 생산량을 공급한다고 합니다. 이로써 미국의 총 와인 생산량은 프랑스, 이탈리아, 스페인에 이어 세계에서 4번째로 많은 양의 생산량을 기록하고 있습니다.

북미 전역에 분산되어 있는 포도경작 및 와인지역은 기후와 지리적 조건에 따라 공식적으로 **미국와인지역 AVA(American Viticultural Area)**으로 와인생산지로 분류합니다. 이는 **미국주류및담배관세청(TTB; Alcohol and Tobacco Tax and Trade Bureau)**에 의하여 인증받을 수 있는 생산지표시제도이며 1980년 그 첫 AVA가 미주리 주의 오거스타 와인지역이 Augusta AVA로 공인되어 주와 카운티 이름이 생산자로 표시될 수 있게 되었답니다. 옆의 월터한젤(Walter Hansel) 포도원의 **피노노아** 와인은 러시안리버밸리AVA에서 생산되었으며 이 포도원은 캘리포니아 주의 산타로사에 위치한 가족기업임을 보여줍니다.

이 시스템의 규정에 의하면 표시된 **'AVA를 명시하려면 포도의 85% 이상이 이 AVA에서 생산되어야'** 하고 **'주와 카운티를 표시하려면 75% 이상이 이 주와 카운티 생산품이어야'** 합니다. 이는 최소 규정일 뿐 캘리포니아주에서는 100%, 워싱턴주에서는 95%의 조건을 요구한답니다. '미국산(American or United State)'이란 표시는 대량의 와인이 미국 외로 수출되는 경우 이외에는 사용되지 않는 용어라고 합니다. 또한 포도종(Varietal)을 병에 명시하려면 한 품종이 75%를 넘어야 하며 오리건주에서는 이를 위해서 90%를 요구합니다. 생산연도(Vintage)를 표시하려면 95% 이상의 원액이 해당 연도 산이어야 한다고 명시되어 있습니다. 그 외에 알코올 농도는 부피퍼센트(v/v %)로 표시되고 항산화제 설파이트 포함(Contains Sulfite) 및 의사의 음주경고도 반드시 표시되어야 합니다.

앞부분에서 언급한 것처럼 지역마다 포도원이 분산되어 있으나 지역적 특성은 프랑스나 이탈리아만큼의 고유성을 찾기 힘들며 기후조건에 맞으면 전 세계 포도종이 골고루 분산되어 재배되고 있습니다. 50여 개 주의 250여 개의 AVA 생산지 중에서 여기서는 국제적으로 잘 알려져 있거나 어떤 특이한 점이 있는 와인생산지를 몇 군데 선별하여 소개합니다.

■ 캘리포니아의 와인

미국 와인의 90% 정도의 물량을 공급하는 캘리포니아는 그 규모만큼이나 유럽와인의 초기 미주 정착기의 스토리가 많이 있습니다. 이미 언급한 18세기 말에서 19세기 초까지 스페인 가톨릭의 수도사들과 프랑스 보르도의 와인전문가에 의하여 유럽산 포도종이 정착된 것이 그 시작이었고 19세기 중반 캘리포니아의 금광붐(Gold Rush)이 유럽식 와인문화의 확산에 큰 역할을 했던 것입니다. 원래 남쪽의 멕시코 쪽에서부터 북상하며 캘리포니아 전역이 그 바탕이 되었고 1857년에 소노마(Sonoma) 카운티에 부에나 비스타(Buena Vista) 포도원이 헝가리의 기업가 아고스톤 하라스티(Agoston Haraszthy)에 의하여 설립되었습니다. 또한 1859년에 패쳇(John Patchett)이 나파(Napa) 카운티에 첫 상업적 포도원을 건립한 것이 현재 미국와인의 시작입니다.

그런데 19세기 중·후반경의 필록세라는 막 일어서는 포도원에는 재앙이었지만 어찌 보면 전화위복이었다고 할 수 있습니다. 이 벌레의 재앙은 유럽과 특히 프랑스에도 동시에 재앙이었으니 미국의 대응은 미국산(*Labrusca*)의 뿌리(Rootstock)에 유럽산(*Vinifera*) **포도순(Scion)**을 접목하는 것으로 해결책을 찾으며 20세기로 들어서면서 오히려 포도원의 수가 800여 개로 폭발적으로 증가하는 결과를 가져왔습니다. 1918년 이후에 와인업계는 미국의 금주령으로 또 한 번의 위기를 맞습니다. 몇몇 포도원은 식용 포도나 포도주스로 전환하면서 살아남았으며 또 몇몇 포도원은 가톨릭교회의 미사용 포도주 제조로 명맥을 이어 나갔지만 금주령이 해제되는 1933년에 남아 있는 포도원은 140개에 불과했다는 것입니다.

이 침체기에서 일어서는 데에는 시간이 좀 걸렸습니다. 1960년경에는 한동안 단 와인이나 포트와인 스타일이 잠깐 유행하다가 **로버트 몬다비(Robert Mondavi)**와 같은 와인사업가들이 여럿 등장하여 새로운 바람을 일으키기 시작했습니다. 또한 다음 절에서 소개할 1976년의 '**파리의 심판(The Judgement of Paris)**'은 미국 와인의 위상을 한 등급 높이는 데 중요한 시점이 되었습니다. 이를 계기로 미국의 와인은 성수기를 맞이하였으나 호사다마라고 2010년의 기록에 의하면 캘리포니아의 와인매출은 오히려 감소하기 시작했다는 것입니다. 자세히 분석해 보니 와인소비가 줄어든 것이 아니며 병당 5~10달러짜리 와인의 매출은 증가하는 반면 20달러 이상의 고급 와인의 매출은 줄어드는 것이었습니다. 인터넷과 스마트폰 등에 의하여 와인의 지식이 온 사회에 골고루 공유—특히 과잉 생산과 가격거품에 대한 진실—되면서 나타나는 역설이 아닐까 합니다만…

"미국에는 모든 것이 다 있다!"
America has everything!

미국에 처음 가서 유심히 관찰하는 사람들이 하는 말입니다. 캘리포니아의 기후와 지리적 요건이 바로 그렇습니다. 전체적으로는 캘리포니아, 아니 미국 서부는 유럽과 비슷한 구석이 별로 없이 건조한 지역인데도 불구하고 지역적으로는 지중해성 기후와 대륙성 토양이 모두 존재합니다. 문제는 물이 부족하다는 것인데 미국의 서부에, 아니 다른 어떤 곳이든 간에 자리를 잡고 정착하기 전에 관개작업(Irrigation)을 철저히 해 놓는다는 것이지요. 미국의 라스베이거스(Las Vegas)도 순 사막도시임을 바로 알 수 있으며 서부의 모든 도시들이 이미 포도농업이 들어서기 전부터 삶을 위하여 물길을 다 만들어 놓았기에 방법은 다르지만 어떤 종류의 포도를 가져오더라도 그 포도를 위한 자연조건, 즉 테로아는 얼마든지 만들어 쓴다는 것이 전형적인 미국의 운영방법인 것입니다. 어떤 통계를 보면 와인 1갤런을 생산하기 위해 지역에 따라 243~471갤런의 물을 사용한다는 것입니다.

❶ Sonoma County Wine

가장 오래된 포도원은 소노마카운티에 설립되었습니다. 18개의 AVA 지역에 12개의 주요 포도원 중 켄달 잭슨(Kendall Jackson) 포도원은 15달러 이상의 고가와인에 집중합니다.

❷ Napa Valley AVA

이 AVA는 프랑스의 보르도 AOC에 해당하는 미국의 생산자 지역이며 이미 19세기에 설립되었으나 이름을 만들어 간 것은 1960년대부터입니다. 1858년 존 팻쳇의 첫 상업용 포도원에 이어 1861년 찰스 크럭의 첫 번째 포도원이 세인트헬레나에 설립되었습니다. 베린저(Beringer) 포도원은 할리우드 유명배우-클라크 게이블, 캐롤 롬바르드 등의 유명배우-를 동원히여 홍보했으며, 1939년 금문교 국제박람회를 개최하기노 합니다. 나파밸리의 주요 와인사업가는 로버트 몬다비(Robert Mondavi)로 1965년에 오크빌(Oakville) 포도원을 출발로 독립적인 운영을 시작했습니다. 1976년에 개최되었던 '파리의 심판'이 나파밸리를 일약 명품와인가로 등극하게 하였으며 1983년에는 **필록세라**에 저항성 있는 접목용 뿌리 AxR1을 개발하여 보급한 주체가 바로 나파밸리였습니다. AxR1란 Amaron과 Rupestris(*Vitis Rupestris*)의 후손 1세대란 뜻을 내포합니다. 1990년 이후에는 포도나무의 75% 정도가 이 뿌리로 교체되었으며 현재 나파밸리의 450여 포도원에 적용한다고 합니다. 현재에는 매미충과의 Glassy-winged sharpshooter라는 벌레가 일으키는 피어스병(Pierce's disease)이 포도농부들의 고민거리라 합니다.

❸ Robert Mondavi(1913-2008)

몬다비는 이탈리아 이민가족 출신으로 1966년 이후 나파밸리의 주 포도원을 육성하였고 1968 Fumé Blanc 포도를 센 와인으로 개발했지만, 사실 이 포도종은 소비뇽 블랑의 미국형으로 오크통을 적용하여 풍미를 만들어 낸다고 합니다. Fumé 이란 말에 그을린 오크향을 포함했다는 뜻이겠지요. 1979년에는 몬다비우드브릿지 포도원을 설립하여 와인의 고급화를 시도하였고 또한 프랑스 뽀약의 무통로칠드가와 협력사업으로 Opus One 포도원을 설립하여 유럽, 남아메리카 및 오스트레일리아로의 확장을 시도하였습니다. 이러한 고급화의 결과로 1997년 유럽시음회에서는 몬다비의 샤도네이 와인이 1등을 수상하기도 하였습니다. 2004년에는 동생과의 협력으로 고급형 카버네소비뇽 와인 'Ancora Una Volta'를 내놓기도 하였으며 2005년에는 나파밸리의 경매에서 오크 한 통에 $400,000(4억=3백만 원/병)에 낙찰되었으며 이 판매대금은 전액을 자선기금으로 기증되었다고 하네요. 그는 이러한 자선행사를 계속되며 2001년에는 캘리포니아대학 데이비스 캠퍼스 소재 와인학과(UC Davis, Department of Enology)에 1억 달러를 기증하였고 그 결과가 현재 'Robert and Margrit Mondavi Center for the Performing Arts'의 형태로 보존되어 있습니다.

미국 캘리포니아대학교 데이비스의 몬다비 센터

● 자료: basykes의 "Mondavi Center UC Davis"

❹ Sutter Home Winery

이 포도원은 19세기 말 스위스계 이민자가 설립한 포도원이며 1948년 뉴욕 출신 존 트린케로(John Trinchero) 가족이 새로이 인수하였고, Box 와인 등 저렴한 와인 위주, 가족경영 방식으로 운영되어 왔습니다. 1972년부터는 등급을 높이고자 주스만으로 발효한 제품을 생산하였는데, 당시 사용한 포도는 원래 이탈리아의 적포도종 Primitivo이지만 제품등록 및 승인단계에서 새 이름 White Zinfandel을 사용한 이후로 미국에서는 Primitivo 대신 Zinfandel이란 이름으로 불리어 왔습니다. 이탈리아에서는 주로 적포도주로 발효되지만, 미국에서는 주로 White Zinfnadel, 즉 로제(Rosé) 와인으로 더 많이 알려져 있지요. 그 연유인즉 1975년에 원활한 발효가 일어나지 않고 단맛이 많이 잔존하여 단맛과 핑크빛이 잘 어우러진 와인이 되었답니다. 1987년 이후에는 오히려 이 포도원의 명성을 잘 살려 준 고급 와인으로 인정받았고 "역사상 가장 많은 사람을 식탁으로 불러 준 와인"으로 평가되며 미국 사람들이 가장 좋아하는 Rosé Wine이 된 것입니다. 요즈음엔 그 외, White Merlot 등 같은 스타일의 변종 로제도 발견됩니다.

■ 뉴욕주의 와인

캘리포니아와 워싱턴주에 이어 미국에서 세 번째로 많은 와인을 생산하는 곳이 뉴욕주입니다. 대부분의 포도원들이 유럽종 포도 비티스 비니페라를 선호하는 데 비하여 유독 뉴욕주 와인의 83%는 비티스 라브루스카, 그중에서 대부분이 콩코드 포도가 사용되는 특징이 있습니다. 뉴욕주 와인역사에는 17세기 **헛슨계곡**(Hudson Valley)에서 시작하며 브라더후드(Brotherhood) 포도원은 1839년 이후 지금까지 180여 년간 지속적으로 와인을 만들어 온 포도원입니다. 또한 뉴욕주의 **핑거레이크**(Fingerlake) 지역에는 북미주에서 가장 오래된 성찬용 포도주를 제조하는 포도원, 오네다(O-Neh-Da) 포도원이 있습니다.

포도종에 관한 우여곡절은 이 지역에서도 한 가지 에피소드를 남기고 있습니다. 우크라이나의 이민자 **콘스탄틴 프랑크** 박사는 1951년 코넬대학교의 농업시험소에 건물관리인으로 취직하게 되었습니다. 그는 사실 와인전문가이며 영어를 제외한 6개국 언어를 능숙하게 구사하는 박사였지만 그에게 적합한 일자리는 구할 수 없기에 관리인으로 취직하게 된 것이지요. 사실 그의 와인전문가 경력은 주변에서도 인정하는 것이었기에 그 자리로 붙들어 놓은 것이었습니다. 그가 농업연구소에서 여가시간에 와인전문가와의 토론에서 항상 역설했던 것은 '뉴욕주에서 제대로 된 와인을 못 만드는 것은 잘못된 포도의 선택에 근거가 있다'며 비티스 비니페라가 정답이라는 주장이었습니다. 유럽의 300년 넘은 경험을 말해 줌에도 불구하고 그의 언어장벽 때문인지 뉴욕주의 전문가들은 그의 말을 들으려 하지 않았으며 그의 말을 이해하는 사람은 다른 곳에 있었던 것입니다. 프랭크 박사는 나중에 프랑스의 샴페인 전문가 샤를 푸르니에(Charles Fournier)의 골드씰(Gold Seal) 포도원에서 그의 지식과 경험을 살려 유럽의 포도종을 이용한 와인을 만들기에 전념합니다. 그렇다고는 해도 뉴욕주에서 비티스 비니페라의 비중은 10%에 못 미친다고 합니다.

뉴욕주에는 주로 미국의 개량종 Catawba, Delaware, Niagara, Elvira, Ives, Isabella 등이 재배되며 또한 프랑스 개량종으로 Aurore, Baco noir, De Chaunac, Seyval blanc, Cayuga, Vidal, Vignoles 등이 주로 사용됩니다. 물론 모든 포도원에 유럽 고유종들도 찾아볼 수 있습니다.

■ 캐나다의 아이스 와인

캐나다의 와인생산은 주로 동쪽 해안 및 오대호 근처인 온타리오 (Ontario)주와 서쪽 대서양의 브리티시컬럼비아(British Columbia) 지역에 집중되어 있으며 그중 70%가량이 온타리오 오대호 근처에서 유래합니다. 캐나다의 기후에 적합한 와인은 역시 백포도주, 그중에서도 특별히 아이스 와인(Ice Wine)이 캐나다의 특산 와인으로 인식됩니다. 초창기에 유럽의 포도종이 잘 적응하지 못하였고 미국의 자생종도 결국에는 예의 그 foxy한 맛에 한동안은 포트와인이나 쉐리와인 스타일의 단맛으로 유지하다가 1970년대 독일 출신의 와인사업자가 개발한 것입니다. 추운 기후에 늦어진 추수로 포도가 얼어 버려 당도가 높아진 상황에서 생산된 포도주가 후일에는 이 지역의 효자상품이 된 것이지요.

1984에는 나이아가라 지역의 이니스킬린 (Inniskillin) 포도원은 포도나무에서 충분히 얼린 포도로 발효한 와인을 시장에 출시하며 이름을 독일식 Eiswein으로 명명하였습니다. 포도를 영하의 온도에서 충분히 얼린 후 당도가 35브릭스(Brix)가 된 후에 수확하여 포도주 발효과정에 들어가게 됩니다. 1989년에 이니스킬린은 Vidal 와인으로 보르도의 와인엑스포(Vinexpo)에서 그랑프리(Grand Prix d'Honneur)를 수상함으로써 유럽의 와인세계에 동등하게 입성하게 된 것입니다. 2007년에는 벨기에 브뤼셀의 몽드선발(Monde Selection)에서도 금상을 수상함으로써 프랑스 소테른과 헝가리 토카이급에 해당하는 세계의 와인으로 인정받고 있습니다.

■ 파리의 심판(The Judgement of Paris)

　1976년의 '**파리의 심판(The Judgement of Paris)**'은 영국의 와인상 스티븐 스퍼리어(Steven Spurrier)가 캘리포니아 포도원 몇 곳을 프랑스 파리에 초청하여 보르도와 부르고니에의 시음가들과 와인 시음회를 기획했던 행사에서 일어났던 일이었습니다. 그는 프랑스의 유명 포도원과 날로 명성을 쌓아 가는 미국의 포도원의 최상위 제품을 한자리에서 비교함으로써 그 우열을 가려 보고자 하는 호기심으로 기획했으며 프랑스의 유명 포도원과 미국의 부상하는 포도원에서 최고 등급의 와인을 출품받아 눈을 가리고 시음해 보는(Blind Tasting) 행사였습니다.

　시음용 와인은 적포도주로는 미국산 나파밸리의 6개 포도원에서 카버네소비뇽을, 보르도산에서는 그랑크뤼의 최상급 포도원 4곳을 선정했고 백포도주는 미국산으로 나파밸리의 6개 포도원과 프랑스의 부르고니에의 최상급인 그랑크뤼의 샤도네이 포도주를 택했으며 시음와인은 모두 1969~1973년의 빈티지를 사용했다고 합니다.

Red Wine base on Cabernet Sauvignon

California	Vintage	Bordeaux	Vintage
Stag's Leap Wine Cellars	1973	Château Mouton-Rothschild	1970
Ridge Vineyards Monte Bello	1971	Château MontRosé	1970
Heitz Wine Cellars Martha's Vineyard	1970	Château Haut-Brion	1970
Clos Du Val Winery	1972	Château Leoville Las Cases	1971
Mayacamas Vineyards	1971		
Freemark Abbey Winery	1969		

White Wine based on Chardonnay

California	Vintage	Bourgogne	Vintage
Château Montelena	1973	Meursault Charmes Roulot	1973
Chalone Vineyard	1974	Beaune Clos des Mouches Joseph Drouhin	1973
Spring Mountain Vineyard	1973	Batard-Montrachet Ramonet-Prudhon	1973
Freemark Abbey Winery	1972	Puligny-Montrachet Les Pucelles Domaine Leflaive	1972
Veedercrest Vineyards	1972		
David Bruce Winery	1973		

심사위원으로는 프랑스의 와인 관련 연구소 및 유명 레스토랑의 커네쉐어 9명과 와인교육기관의 미국인 1명 그리고 기획자인 스퍼리어가 참가했으며 각 심사위원은 총점 20점 중 각 시음와인에게 순전히 자기 자신만의 취향에 의한 평가점수를 배정하는 방법으로 진행되었다고 합니다. 시음결과의 취합은 각 포도원이 제출한 와인에 대한 프랑스인 심사위원 9인의 점수를 산술평균하였다고 하며 이 평가점수에 미국인 심사위원과 영국인 스퍼리어의 점수는 고려하지 않았다고 합니다.

결과는 어땠을까요?

원래 스퍼리어는 미국와인이 상승기류를 타고 있다는 것은 알고 있었지만, 철벽의 프랑스와인은 만만치 않다고 생각했습니다. 결과는 예상을 뒤엎고 적포도주와 백포도주 모두에서 캘리포니아 와인이 프랑스 와인을 압도하며 10개 포도원 중 각각 최상의 점수를 얻어 1위를 차지함으로써 세계를 놀라게 한 것입니다.

그 후 유럽과 미국의 여러 기관에서 같은 와인들에 대하여 비슷한 시음평가를 내놓았는데, 물론 순위에 많은 차이가 있었으며 이 평가 자체에 대한 비평도 만만치 않습니다. 우선 시음가 개개인의 평가가 사실적 진지함은 차치하고라도 얼마나 객관적이며 일정 시간이나마 다른 개체에 유효할까 하는 문제에 이의가 많았던 것이 사실입니다. 우선 20점 평가체계의 항목별 중립성도 검토의 대상이어야 할 것이며 그나마 객관성을 좀 높이려면 평가가 좀 더 통계적으로 뒷받침되어야 할 것으로 보입니다.

각각 최고로 평가된 1973년 빈티지의 미국의 Stag's Leap Wine Cellars의 카버네소비뇽과 Château Montelena의 샤도네이 모두 $150 남짓한 데 비하여 2~3위를 차지한 프랑스의 그랑크뤼급 와인들이 $500 이상을 호가하는 것을 보면 프랑스 와인이 이름값 혹은 가격거품이 좀 있는 것으로 보입니다만…

- 자료: Nagarazoku의 "Stag's Leap Wine Cellars Cabernet Sauvignon CASK 23 1997"
- 자료: Ayako의 "1973 Judgement of Paris Château Montelena"

오늘의 와인, 오늘의 안주
파리의 심판 재현

- Rauzan-Gassies Margaux - Bordeaux Blend
- Clos Du Val - Cabernet Sauvignon
- 안주제안: 양송이와 까망베르 치즈

1976년 파리의 결투를 여기서도 한번 재현해 볼까요. 우선 보르도의 대표 와인으로 Margaux이 로잔갸시스를 골랐지만 보르도의 다른 무게감 있는 와인을 골라도 좋을 것입니다. 캘리포니아의 상대는 당시 참여했던 Clos Du Val Winery의 카버네소비뇽도 어렵지 않게 찾을 수 있습니다.

제25장
오스트레일리아의 와인

오스트레일리아산 와인의 가장 두드러진 특징은 '일관성(Consistency)' 이라고 그 나라 사람들 스스로 주장하고 있습니다. 그 말은 모든 와인 한 병 한 병이 와인이 갖추어야 할 최소한의 품질을 보장하도록 만들어진다는 것입니다. 그 배경에는 짧은 역사를 대신할 과학이 뒷받침하고 있습니다. 즉, 이 나라에는 **영연방과학산업연구원(CSIRO; Commonwealth Scientific Industrial Research Organization)**과 **오스트레일리아와인연구소(AWRI; Australian Wine Research Institute)**와 같은 국제적으로 인정받는 조직이 있다는 것이지요.

사실 이 나라의 자연조건은 그리 녹록한 것이 아니었지요. 나라 전체는 미국과 비슷한 넓이를 가지고 있지만 서북부 대부분의 지역은 고온의 사막성 지역이고 그나마 기후대가 온대성에 가까운 남동부 해변 지역도 토양과 기온은 유럽과 유사한 곳을 찾을 수 있지만 물 문제는 미국 서부와 같이 관개수로를 만들지 않고는 농업이 불가능한 곳이었답니다.

● 자료: https://lh3.googleusercontent.com/proxy/_q-7cydWHXeWZdSttbDkhOBmiiux9SzdvNsisYCmGYPMdm7ZqM7svwN-4v21jy5dRBdoRpA1epxWJWnY0p46hHr_kiRWSPFZaToRBe5AhxcnhAu7OA)

지도에서 보듯이 오스트레일리아의 6개 주 중에서 와인지역으로 표시된 곳은 뉴사우스웨일스주와 빅토리아주, 그리고 사우스오스트레일리아주와 웨스턴오스트레일리아주의 남서부 지역에 주로 밀집되어 있습니다. 사실 사람 살기 좋은 곳에 있을 수밖에 없지요. 그 결과로 최근 21세기에 들어서며 와인산업은 오스트레일리아의 국가경제에 중요한 축으로 자리 잡고 있습니다.

초창기에는 주지사 아서필립(Arthur Phillip)에 의하여 1788년경 유럽산 포도종을 도입하였으니 유럽과는 전혀 다른 자연환경으로 와인제조에는 실패하였으며 1820년대에 와서야 농부 그레고리 블랙스랜드(Gregory Blaxland)에 의해 수출까지 가능하게 발전했으며 1830년에는 **헌터 밸리(Hunter Valley)** 포도원을 설립하였습니다. 제임스 버스비(James Busby)는 1833년에 프랑스와 스페인의 전통적 포도종을 도입하고 1844년에는 아델레이드 힐(Adelaide Hill) 포도원의 와인을 빅토리아 여왕에게 진상하기까지 하였답니다.

■ 펜폴드 농장

영국인 의사 **크리스토퍼 펜폴드**(Christopher Penfold)는 오스트레일리아로 이주하여 1844년에 아델레이드(Adelaide)에서 와인을 생산하기 시작했습니다. 이때 펜폴드는 자신의 빈혈증 환자의 치료를 위하여 쉐리 스타일의 알코올강화와인으로 시작하였으나 후일에는 다른 유럽의 포도종들을 모두 와인 생산에 사용하였습니다. 펜폴드의 사후 부인 메리펜폴드의 경영으로 1873년, 1878년, 1882년 그리고 1889년의 비엔나, 파리 및 보르도의 와인박람회에 생산품을 출품하여 좋은 평가를 받아 왔습니다. 그러나 이 지역도 당시 **필록세라**의 침공으로 고전을 하던 유럽의 포도원들과 같은 고통을 받아 왔습니다.

힘든 시간을 겪어 온 펜폴드가 20세기에 들어서서도 와인산업을 지속하여 1912년경에는 아델레이드는 물론 뉴사우스웨일스의 많은 포도원들의 경영권을 취득하게 되었습니다. **펜폴드농장**(Penfolds Grange)으로 이름을 바꾼 1950년대에는 당시 경영자 맥스 슈버트(Max Schubert)는 여러 차례의 보르도 기술교육을 습득하여 와인의 품질개선을 시도하였고 특히 빈티지와인의 생산에 많은 정성을 들였습니다. 그 결과 2004년의 와인 경매 시에 1951년산 빈티지와인 한 병에 $50,000에 낙찰되기도 하였습니다. 그 후 1971년 빈티지와인은 파리 와인올림픽에서 금상을 받았고 1990년 빈티지와인은 1995년도 와인스펙테이터(Wine Spectator)사의 평가에서 올해의 와인 1등으로 선정되기도 하여, 이제 펜폴드는 오스트레일리아의 1등급 와인명가로 이름을 만들어 놓았습니다.

포도종의 도입 시기는 미주지역과 거의 유사하며 유럽의 주요 포도종을 모두 수용한 상황입니다. 즉, Shiraz, Pinot Noir, Sauvignon Blanc,

Cabernet Sauvignon, Merlot, Chardonnay, Sémillon, Riesling 등 Vitis vinifera종을 모두 만날 수 있습니다. 프랑스의 Syrah는 여기서는 Shiraz로 불리지만 요즈음은 다른 나라에서도 Shiraz를 사용하는 곳도 있으며, 사실 이 쉬라는 오스트레일리아의 주력 포도종으로 자리 잡은 상태입니다. 우린 그냥 쉬라로 부르면 되지만 오스트레일리아에서는 한동안 Shiraz를 Hermitage로 부르기도 하여 과거 한 시기의 오스트레일리아 와인 중 에르미타주로 표기된 것도 있습니다. 그러나 유럽이 오스트레일리아의 존재를 진지하게 인식한 이후로는 '대체 제3국의 와인에 프랑스 지역 이름을 쓰는 것은 부적절하다'며 사용정지를 요청했다 합니다. 유럽이 지역적 테로아를 중요시하기에 단일포도원 경작 포도만을 사용하는 스타일이지만 여기서는 여러 포도원의 포도를 수합하여 품질을 엄격히 평가한 후 수용하는 스타일이라 합니다.

펜폴드의 품격은 1975년 이후 와인명장들, 돈 디터(Don Ditter, 1975), 존 듀발(John Duval, 1986), 피터 가고(Peter Gago, 2002)로 이어지며 '1980년대의 대표 빈티지'라는 호평과 영국국제주류경연에서 1989년의 최고 와인이라는 평가를 받았으며 와인평가잡지 〈Wine Spectator〉와 〈Wine Advocate〉는 매년의 와인품평에서 펜폴드를 유심히 관찰하고 있습니다. 영국의 와인평론가 **휴 존슨(Hugh Johnson)**은 '펜폴드는 남반구 유일의 일등급 포도원'이라 하고 미국의 와인평론가 로버트파커(Robert Parker)도 '펜폴드의 와인은 보르도 최고를 대체할 만한 귀한 품격을 가진 와인'이라 평하기도 했습니다. 결국에는 펜폴드농장은 오스트레일리아 국보급 유산(South Australian National Trust)으로 등록되기도 했습니다.

■ 빈번호(BIN Number)

펜폴드명가의 실적이라 할 수 있는 것 하나가 있습니다. 빈티지와인에 집중한 것인데 1951년산(1951v로 표시)이 $50,000이면 우리 돈으로 4,300만 원에 달합니다. 이 특별한 와인을 와인라벨에 표시하는 방법으로 도입한 것이 빈번호(BIN; Batch Identification Number)이며 당시 **포도의 조합**과 발효조건 등을 명시하여 고유번호를 붙여 놓은 것이지만 그 숫자 자체가 품질이나 가격의 높고 낮음을 직접적으로 표시하는 것은 아닙니다. 즉, 맨 처음의 1951v에는 BIN 1, 1952v에는 BIN 4, 1964v는 BIN 95가 몇몇 중요한 빈티지로 수집가들의 수집대상이 되고 있습니다. 특별한 빈티지를 만든 빈번호를 소개하자면 BIN 389는 1989년 이후로 사우스오스트레일리아 지역에서 카버네소비뇽과 쉬라즈 포도로 블렌딩한 것이며 아래 〈와인서처(Wine Searcher)〉 잡지의 정보를 보면 거의 매년 같은 BIN 번호의 와인을 제시하고 있습니다. 물론 매년 자연조건에 따라 와인의 품질도 다를 수밖에 없고 그에 따라 와인의 시장평가와 가격도 다를 수밖에 없습니다. 이를테면 이 BIN 389 2011년산은 7만여 원(한국환산가격)인 데 반해, 2012년산은 11만 원이 넘는 것으로 파악됩니다. 그 외에 이 잡지에는 와인의 스타일과 음식과의 조화뿐 아니라 특별히 2015~2044년(drinking window)에 마시기를 권고하고 있습니다. 그 외에도 와인에 대한 평가 및 시장가격 동향까지도 파악할 수 있게 되어 있으니 정보화 시대에는 좋은 와인 찾아가며 마시기도 어렵지 않지요.

■ 오스트레일리아의 와인분류 – Langton's Classification

와인에 대한 소개가 지금까지 최고 등급 이야기만 인용했지만 오스트레일리아의 전체적 와인의 스펙트럼을 살펴보고자 합니다. 이 분류는 1990년도 발행된 랭턴의 〈빈티지와인가이드(Langton's Vintage Wine Price Guide)〉에서 시작된 것입니다. 이를 바탕으로 1991년 포도원에 대한 첫 번째 분류가 랭튼의 등급와인분류 I(Langton's Classification of Distinguished Australian Wine I)이 공표되었습니다. 이 분류는 세 가지 등급으로 특급(Exceptional), 우량(Outstanding), 우수(Excellent)로 나뉘는데 1991년의 분류에는 34개의 포도원이 등재되었으며 특급에는 펜폴드 와인이 유일한 와인이었다 합니다. 그 후 5년마다 새로운 분류가 와인시장에 공표되며 2014년도에 6번째 분류가 나와 있습니다. 이는 프랑스 보르도 또는 부르고뉴에의 그랑크뤼 분류의 형태보다 단순한 형태를 보이지만 품질등급을 차별화를 명확히 하고 있습니다.

● 출처: 위키피디아, Langton's Classification of Australian Wine

Langton's Classification of Australian Wine VI

❶ Exceptional: 21 wines

Penfolds(Penfolds Bin 95 Grange Shiraz), Bass Phillip, Brokenwood, Chris Ringland, Clarendon Hills, Clonakilla, Cullen Wines, Giaconda Estate, Grosset Wines, Henschke, Jim Barry, Leeuwin Estate, Moss Wood, Mount Mary Vineyard, Rockford, Seppeltsfield, Torbreck, Wendouree, Wynns Coonawarra Estate

❷ Outstanding: 53 wines

Balnaves, Bannockburn, Barossa Valley Estate, Bass Phillip, Best's, Bindi, Cape Mentelle, Chambers Roséwood Vineyards, Crawford River, d'Arenberg, Dalwhinnie, De Bortoli Wines, Domaine A, Glaetzer Wines, Grant Burge, Greenock Creek, Grosset Wines, Henschke, Houghton Wines, Jasper Hill, Kaesler, Katnook Estate, Kay Brothers Amery, Main Ridge Estate, McWilliam's, Mount Mary Vineyard, Noon Winery, Paringa Estate, Penfolds, Peter Lehmann, Pierro Margaret River Vineyards, Rockford, Seppelt, Tahbilk, Tyrrell's, Vasse Felix, Wendouree, Wolf Blass, Woodlands, Wynns Coonawarra Estate, Yalumba

❸ Excellent: 65 wines

Best's, Bowen Estate, By Farr, Castagna, Charles Melton Wines, Coldstream Hills, Coriole, Craiglee, d'Arenberg, Dalwhinnie, Elderton Wines, Fox Creek, Freycinet Vineyards, Giaconda Estate, Grosset Wines, Hardys, Henschke, Howard Park Wines, John Duval Wines, Kalleske, Katnook Estate, Kilikanoon, Lake's Folly, Langmeil, Leeuwin Estate, Leo Buring, Lindeman's, Majella, McWilliam's, Mount Langi Ghiran, Mount Mary Vineyard, Noon Winery, Paringa Estate, Parker Coonawarra Estate, Penfolds, Petaluma, Pewsey Vale, Primo Estate, Rolf Binder Veritas, Sally's Paddock, Salvaterre, Seppeltsfield, St Hallett, St Hugo, Tim Adams, Torbreck, Turkey Flat, Tyrrell's, Vasse Felix

오늘의 와인, 오늘의 안주
오스트레일리아의 와인

- Penfolds Koonunga Hill Shiraz 2018
- Penfolds BIN 138 Shiraz Grenache Mataro 2018
- 안주제안: **캐슈넛**과 로케포르 치즈

오스트레일리아는 프랑스의 포도종 쉬라를 거의 자신들의 포도로 만들다시피 했습니다. 이름까지 Syrah가 아니고 Shiraz로 바꿔 부르며 자신들의 문화로 만들어 버렸습니다. 와인 명가 펜폴즈는 더 나아가서 잘 만들어지는 와인의 품격을 와인의 이름에 기록하고 여러 세대에 걸쳐 전달하려고 애쓰고 있습니다.

제26장
뉴질랜드의 와인

뉴질랜드가 와인을 시작한 것은 19세기 중반이었습니다. 우선 영국령이었던 시절 제임스 버스비(James Busby)는 뉴질랜드 북섬의 와이탕기(Waitangi)의 포도원에서 자신의 군인들을 위하여 와인을 만들었다는 것입니다. 버스비는 오스트레일리아 아델라이드힐의 바로 그 버스비입니다.

1851년에는 프랑스의 마리아 수도회 선교사들이 포도원을 설립하고 성찬식을 위한 미사주를 만들기 시작했습니다. 그 포도원이 **호크 베이(Hawke's Bay)**의 **미션 이스테이트(Mission Estate) 포도원**으로 뉴질랜드에서 가장 오래된 포도원이지요. 윌리엄 비탬(William Henry Beetham)은 1881년경 **피노노아**와 에르미타쥐(Hermitage, Syrah)를 처음으로 뉴질랜드에 들여온 사람으로 인식됩니다.

20세기 초반경에는 영국인계 뉴질랜드인들의 주력 산업은 주로 목축 기반 산업이었기에 와인산업은 별 관심을 끌지 못했습니다. 1970년대에 들어서면서 영국이 유럽의 경제권에 눈을 돌리며 뉴질랜드의 농업구조에 변화가 필요함을 인식하였고 목축업의 많은 유휴지를 활용하며 물에 대한 수요가 적은 포도경작이 좋은 대안임을 알게 되었습니다. 또한 해외경험이 많은 젊은 층은 맥주와 위스키보다는 부드러운 와인으로 취향이 바뀌어 가며 와인부흥의 분위기가 만들어져 갔습니다.

1979년에는 남섬의 말보로(Marlborough) 지역 브랑콧(Brancott) 포도원의 **페노드 리카드(Pernod Ricard)**가 소비뇽 블랑을 빈티지와인으로 처음 출시하였는데 이때의 소비뇽 블랑은 그 지역만의 강렬한 특성을 보여준다고 평가되었습니다. 이러한 연유로 오스트레일리아의 주종 포도종이 쉬라즈인 데 비하여 뉴질랜드의 주 포도종은 소비뇽 블랑으로 굳어졌으며 이 말보로 지역은 현재 뉴질랜드의 포도주의 절반 이상을 생산하고 있습니다. 소비뇽 블랑 이외에도 유럽의 주 포도종인 Müller-Thurgau, Pinot Noir, Riesling, Pinotage, Merlot, Chardonnay, Cabernet Sauvignon 등이 여러 곳의 포도원에서 재배되고 있습니다.

뉴질랜드의 와인지역

● 자료: Mick Stephenson (mixpix) based on original by Plamen Georgiev의 "New zealand wine map"

뉴질랜드의 기후에 잘 맞는 소비뇽 블랑 중 남섬의 말보로 지역의 **클라우디 베이(Cloudy Bay)** 포도원의 소비뇽 블랑은 1985년의 국제평가회에서 여러 평가자들에 의해 '세계 최고의 소비뇽 블랑'이라는 찬사를 받음으로써 뉴질랜드도 와인국가로서의 등극하게 되었습니다.

2017년에는 뉴질랜드에도 유럽의 IGP, 미국의 AVA와 같은 자체의 인증제도 GI(Geographical Indication)가 도입되었고 바로 18개의 와인지역이 GI 자격으로 뉴질랜드 지적재산으로 등록되어 있습니다. 이러한 발전은 21세기에 들어서서는 더욱더 두드러져서 2018년도의 와인생산은 2000년도의 5배가 넘게 폭발적으로 증가하였습니다. 이 클라우디 베이 포도원은 신세계 소비뇽 블랑의 대명사가 되었습니다. 이 소비뇽 블랑 포도주는 LVMH사가 일정 지분을 소유하며 그 LVMH의 75개 브랜드 중의 하나가 되었지요. 뉴질랜드 정부는 **피노노아**, 샤도네이, 카버네/메를로, 쉬라즈에 대해서도 이러한 명성을 재현하기 위한 시도를 지원하고 있습니다. 어떤 와인평론가는 새로 만들어진 피노노아에 대하여 "이 와인은 자체의 독특한 스타일을 키워 가고 있으며 진한 색깔, 순수한 과일향이 스며든 강한 알코올향에 각 지역마다의 개성도 포함하고 있다. 이는 흡사 부르고뉴의 복합적인 질감과 Pinosity(피노노아다움, 피노노아의 품격)를 만나는 느낌까지 주며 오래 저장하여 빈티지와인으로 만들 충분한 가치가 있다"라고 평가하기도 합니다.

LVMH(Louis Vuitton Moët Hennessy)

    LVMH사는 1987년 France에서 설립된 회사로 'World leader in high quality products'를 관리 운영하는 지주회사이며 다음의 주요 LVMH 목록의 와인 부분에 클라우디베이를 비롯하여 샤토쉐발블랑, 샤토디켐, 모엣샹동, 동페리뇽 등 한 이름값을 하는 명품와인들을 확인할 수 있습니다.

LVMH의 관리 명품

❶ Fashion and leather goods

Berluti, Céline, Deus Ex Machina, Christian Dior, Emilio Pucci, Fendi, Fenty, Givenchy, JW Anderson, Kenzo, Loewe, Loro Piana, Louis Vuitton, Marc Jacobs, Moynat, icholas Kirkwood, Patou, Pink Shirtmaker, Rimowa, R. M. Williams, Stella McCartney

❷ Watches and jewellery

Bulgari, Chaumet, Fred, Hublot, Repossi, TAG Heuer, Tiffany&Co., Zenith

❸ Wines and spirits

Ao Yun, Ardbeg, Belvedere, Bodega Numanthia, Cape Mentelle, Chandon, Château Cheval Blanc, Château d'Yquem, Cheval des Andes, Clos des Lambrays, Cloudy Bay, Dom Pérignon, Glenmorangie, Hennessy, Krug, Mercier, Moët&Chandon, Newton Vineyard, Ruinart, Terrazas de los Andes, Veuve Clicquot, Volcan de mi Tierra, Woodinville

오늘의 와인, 오늘의 안주
뉴질랜드와 칠레의 소비뇽 블랑

- Chile Lapostelle Grand Selection – Sauvignon Blanc
- New Zealand Martinborough – Sauvignon Blanc
- 안주제안: 마카다미아와 백김치

소비뇽 블랑의 부케는 매우 독특합니다. 날카롭게 갈아 놓은 칼에서 나는 금속성 향과 유사하게 비릿한 향이 식품에서 나오리라는 기대를 깨 버리기에 충분하지요. 여기서 칠레산과 뉴질랜드산의 차이를 직접 한번 시음해 보지요. 두 와인은 모두 스크류캡으로 마감되어 있으며 꼭 코르크가 아니어도 잘 보관됨을 볼 수 있습니다. 안주는 아주 맵고 짜지 않다면 잘 발효 숙성된 김치는 어떨까요.

제27장
남아프리카공화국의 와인

    우리가 **희망봉**(Cape of Good Hope)이라 부르는 이곳은 남아프리카 공화국(남아공)의 남쪽 끝부분의 대서양 해변에 위치한 곳입니다. 15세기부터 이곳은 신대륙으로 가는 경로이기에 여러 유럽인들이 우선적으로 방문하게 되는 곳입니다. 사실 포도가 이 지역에 처음 도착한 것은 1652년 네덜란드의 동인도회사(Dutch East India Company)의 의사 얀 판 리벡(Jan van Riebecck)이 희망봉(Cape Town)을 통과하는 무역선의 선원들의 괴혈병 치료를 목적으로 포도를 심은 시점이었습니다. 첫 번째 포도가 수확된 것은 1659년이었으며 1685년에는 희망봉 외곽의 콘스탄시아(Constantia)에 남아공의 첫 포도원이 건립되었긴 하지만 21세기에 임박할 때까지 남아공은 과수원이나 사료용 알팔파 등의 농산물 이외의 식물에 관심을 두기 어려웠습니다. 그것은 남아공의 인종차별정책(Apartheid)으로 인하여 국제사회의 외면을 받고 와인과 같은 소비재에 눈을 돌릴 여유가 없었던 것입니다.

1990년대 이후 인종차별이 철폐된 이후, 원래부터 백인 중심의 사회이었기에 와인에 대한 관심이 급격히 회복되고 국제적으로 와인생산기술이 빠르게 도입되었던 것입니다. 이러한 분위기를 탄 것은 프랑스, 스페인 등의 와인생산자(Flying Winemaker)들이 부지런히 자신들에게 익숙한 포도종, 쉬라, 카버네소비뇽, 샤도네이과 **피노타쥐** 등을 도입하면서 현지의 농부들도 관심을 보인 것입니다. 그러나 1990년대 초기만 해도 수확된 포도의 30% 정도만 와인으로 만들어지고 나머지는 주로 증류주 또는 식용으로 소비되었으며 2003년 이후에 들어서서야 생산량의 증가와 함께 70% 정도의 포도가 포도주로 만들어지게 되었습니다.

　남아공의 자연조건은 대서양과 인도양에 걸친 지역으로 지중해성 기후를 보이며 풍부한 일조량과 건조한 기후, 또한 냉해 없는 봄철에 11~4월까지는 포도의 생육에 아주 좋은 환경을 제공합니다. 와인지역은 남아공의 남서쪽 희망봉 쪽에 집중되어 있고 주요 와인지역은 Constantia, Stellen-bosch, Paarl과 Breede River Valley이며 최근에는 남동쪽의 인도양 해안에도 포도원이 증가하고 있다고 합니다. 남아공에서는 1873년도에 **WO(Wine of Origin)** 프로그램이 제정되어 프랑스의 AOC와 같이 와인지역의 공식적인 정확한 지정과 라벨표시하는 방법들이 명시되고 있습니다. 와인스타일은 밭에서는 당도와 자연적 풍미를 높여 강렬한 향이 스미게 하며 발효 시에는 가능한 한 부드러우면서도 강한 특성이 만들어지도록 노력한다고 합니다.

　초기에는 많은 양의 알코올강화와인이 만들어졌으며 방법은 포르투갈과 같이 발효 중간단계에서 포도증류주로서 18~22도가 되도록 알코올을 강화하며 남아공의 포트와인은 포르투갈의 그것과 구분하여 이름을 명시합니다. 포도종은 쉬라, 카버네소비뇽, 샤도네이, 피노타쥐 이외에도

틴타바로카(Tinta Barroca), **투리가나시오날**(Touriga Nacional) 등의 포르투갈의 고유종을 쓰기도 하며 종류도 포르투갈의 포트와인과 같은 스타일을 모두 만들고 있습니다.

- Cape White port:
  백포도로서 최소 6개월 오크통에서 숙성
- Cape Ruby port:
  여러 종의 발효원액 블렌드 후 6개월 이상 숙성
- Cape Tawny port:
  블렌드 후 Tawny Color가 되도록 충분히 길게 보관
- Cape Late Bottled Vintage(LBV) port:
  단일 빈티지 2년 이상 숙성 블렌딩 이후 1~4년,
  총 3~6년 오크통 숙성 후 병입
- Cape Vintage port:
  "Vintage Port" 라벨에 빈티지 연도 표시
- Cape Vintage Reserve port:
  'Exceptional Quality'를 공인받은 후 표기

제28장
칠레의 와인

　유럽 다음으로 가장 중요한 와인생산지는 남아메리카입니다. 유럽 이외의 지역에 가장 먼저 포도나무를 도입한 곳은 1531년 지금의 **페루**이며 스페인의 정복자 **프란체스코 아게레(Francisco Aguirre)**는 1554년경 당시 페루지역의 포도원에서 얻은 '**흑포도(Common Black Grape)**'를 얻어다가 경작하기 시작했는데, 이 포도가 사실은 칠레에서 21세기까지 널리 확산된 **파이스(Pais)**이며 낭시 예수회 신부들은 이 포도로 만든 포도주를 성찬식에 사용했다고 합니다. 파이스의 정체는 분명하지 않지만 일설에 의하면 대서양의 카나리아 군도에서만 자라는 **팔로미노네그로(Palomino Negro)** 또는 리스탄 프리토(Listan Prieto)라고 합니다. 이 포도종은 스페인의 라만차 지역에서 재배되었지만, 어느 순간 스페인에서는 자취를 감추었고 카나리아제도와 신세계의 정복 초기에 성찬용 포도주로 사용되었다 합니다. 유전자 분석에 의하면 이 포도도 역시 비티스 비니페라이지만 유럽산 카버네소비뇽과 말벡 등 우수한 품종이 수없이 많은 마당에 굳이 이 포도를 부활시킬 필요는 없었을 것이지요.

17~18세기경의 스페인 정복 시기에는 스페인의 정책으로 스페인산 수입포도와 자체생산포도의 과잉으로 **피스코(Pisco)**나 아구아르디엔테(Aguardiente) 같은 포도주 증류주 또는 유사한 독주로 소비되는 시기였습니다.

   스페인과의 연결고리가 있음에도 칠레의 전체적인 와인의 역사에는 항상 프랑스 보르도의 와인전문가들의 영향을 받아 왔습니다. 19세기 중반까지 칠레의 포도원 소유주들은 프랑스와의 교류로 카버네소비뇽, 메를로, 말벡, 소비뇽 블랑, 세미용 등의 포도종이 **필록세라**의 침공 이전에 칠레에 심어졌답니다. 당시 거상 실베스터 에라주리즈(Silvestre Errazuriz)는 프랑스의 와인전문가를 영입하여 보르도 스타일의 포도주를 정착시켰고, 독일의 리슬링포도를 들여와 새로운 시도를 하는 등 도전적인 운영을 펼쳤다고 합니다.

   당시 필록세라 때문에 프랑스의 포도원들이 고전하는 가운데 포도주 전문가들은 남아메리카에 와서 그들의 경험과 기술을 시험하기도 했습니다. 유럽과는 사뭇 다른 환경으로 동쪽으로는 안데스산맥이, 서쪽에는 태평양, 북쪽에는 아타카마 사막 그리고 남쪽으로는 극지의 불모지가 타 세계에부터 유리된 환경을 만들었고, 따라서 필록세라로부터 자유로운 조건이 되었으며, 포도나무는 가지 하나 꺾어다 땅에 꽂으면 포도가 열리는 나무로 변신하는 편안한 곳이었지요.

   그 덕택에 칠레는 기후는 지중해와 유사하고 한낮에는 일정한 양의 햇볕이 보장되고 태평양 해변의 깨끗한 공기 등이 19세기 유럽산 포도나무의 도입에 유리하게 작용하여 현재에는 풍부한 풍미의 좋은 와인을 비교적 경제적 가격으로 공급해 주는 역할을 하고 있습니다. 더욱이 적과 백을 가릴 것 없이 세계의 거의 모든 포도종을 소화하는 건장한 포도원들이 기다란 칠레 전역에 확산되고 있습니다. 카버네소비뇽, 메를로, 카르미네르 등이 칠레의 주종을 형성하고 보다 경제적인 쉬라, **피노노아**, 말벡, 소비뇽 블랑, 샤도네이도 발견할 수 있고 비오니에와 게뷔르쯔트라미너 등도 물론 보입니다. 또한 부패균과 곰팡이도 이웃의 아르헨티나보다도 적게 발견된다고 합니다.

1851년경에 에라주리즈는 오차가비아(Ochagavia) 포도원을 설립하고 그의 후손 막스밀리아노 에라주리즈(Maximiliano Errazuriz)는 1870년에 프랑스의 포도들을 이용하여 **비냐 에라주리즈(Vina Errazuriz) 포도원**을 설립하게 됩니다.

20세기의 칠레는 정치와 경제계의 불안정성으로 와인산업이 커나가지를 못했습니다. 1980년대 이전의 와인의 품질은 별로 외부에 내세울 것이 없었고 주로 국내 소비에 치중했었습니다. 그 이후 칠레의 우수한 자연환경이 투자를 이끌고 수출이 서서히 증가하면서 21세기 들어서면서 프랑스, 이탈리아 및 미국에 이어 세계 4번째의 와인 수출국이 되었지요.

◾ 와인지역

칠레는 아주 긴 나라이며 북쪽에서 남쪽 끝까지가 약 7,000km가 넘는 나라이며 와인지역은 기후가 온화한 수도 산티아고(Santiago de Chile) 주변에 집중되어 있으며 칠레 정부는 2018년에 와인지역을 새로이 지정하였습니다.

● 자료: CHL orthographic

❶ 코킴보지역(Coquimbo Region)

산티아고에서 북쪽으로 500여 km 떨어진 곳으로 세 곳의 포도원으로 구성
- 엘퀴(Elqui): 식용 포도, 피스코, 일반 와인 생산 지역
- 리마리(Limari): 16세기 설립, 소비뇽 블랑, 샤도네이, 쉬라, 피노노아
- 초아파(Choapa): 피스코, 식용 포도, 쉬라, 카버네소비뇽

❷ 아콩카구아 지역(Aconcagua Region)

- 산티아고에서 북서쪽 200여 km에 떨어진 해변 지역
- 아콩카구아: 비냐 에라주리즈와 몬다비 합작와인 세냐(Sena) 생산
- 카사블랑카: 80년대 시작, 소비뇽 블랑, 샤도네이, 피노노아
- 산안토니오(San Antonio): 소비뇽 블랑, 샤도네이, 피노노아

❸ 센트럴밸리 지역(Central Valley Region)

- 안데스산의 서쪽 산자락의 주요 와인지역. 이 지역 일부는 칼륨과 질소성분을 관개 작업 시 보충
- 알토마이포(Alto Maipo): 안데스산 지역, 높은 일교차. 거칠고 척박한 토양으로 카버네소비뇽은 거칠지만 높은 품격
- 센트럴마이포: 카버네소비뇽 위주, 마이포강 유역 층적토. 건조하기 쉬운 토양으로 뿌리에 소량씩 관개수 주입
- 태평양 마이포: 태평양의 해안성 기후와 층적토 구조. 소비뇽 블랑과 같은 백포도로 다양한 시도
- 카차푸알(Cachapoal)밸리: 라펠(Rapel)강과 호수, 지중해성 기후. 카버네소비뇽, 카르미네르, 말벡 등이 주종
- 알려진 포도원: Altair, Casas del Toqui, Clos des Fous, Los Boldos, Misiones de Rengo, San José de Apalta, Terraustral, Torreón de Paredes, Vik, Viña La Rosa, Viña Tipaume

❹ 콜차구아(Colchagua)밸리: 칠레의 핵심 와인지역

- 안데스산에서 태평양에 이르는 기후지역
- 묵직한 특성의 카버네소비뇽, 말벡, 카르미네르, 쉬라
- 쿠리코(Curico)밸리: 카버네소비뇽, 소비뇽 블랑
- 19세기 중반부터 형성, 현대적 와인은 1970년대 이후

❺ 마울레(Maule)밸리: 칠레의 가장 넓고 오래된 와인지역

1990년대 이후 최신 기술 도입, 품질의 도약에 집중

❻ 남부지역(South Region)

- 많은 강수량, 낮은 평균기온
- 독일 쪽과 유사한 일조량
- 칠레의 파이스포도로 박스(Box)와인, 통(Jug)와인
- 주로 품질보다 양에 주력하는 와인
- Muscat of Alexandria, Carignan, Chardonnay, Sauvignon blanc, Crispy한 백포도주 위주

서두에서 언급한 것처럼 칠레는 동서남북으로 유리되어 있어서 필록세라에 의한 걱정이 없는 대신 다른 몇 가지 기생충과 곰팡이의 제거에 집중할 수 있었습니다. 즉, 칠레와인이 미국산 뿌리에 의존하지 않는 순수성은 모든 전문가들도 인정하지만 칠레와인의 장점은 그 와인의 실제 맛보다는 가격경쟁력에 있다는 것은 누구나 인정하는 것이지요. 칠레의 와인산업의 행운은 유럽의 필록세라 재난기에 19세기 후반에 국제적 와인 전문가(Flying Winemaker)의 방문으로 신기술과 자본의 유입이었습니다. 그 혜택 하나가 20세기 초기에는 프랑스산과 미국산의 오크통이 칠

레산(Rauli Beech 나무) 오크통을 대체하여 품질을 향상한 것이었습니다. 자본의 유입이란 당시 유럽과 미국의 와인전문가들은 칠레의 가능성을 보고 칠레의 포도원들과 다음과 같이 국제적인 포도원을 설립하였던 것입니다.

- Seña wine: 로버트 몬다비와 비냐 에라주리즈의 합작
- Miguel Torres Chile: 1979 M Torres Curico 에 설립
- Château Lafite Rothschild와 Los Vascos의 국제협약
- Château Margaux와 Château Cos d'Estournel 협약
- Château Mouton Rothschild와 Conchay Toro와 협약

칠레에서도 와인의 등급을 차별화하는 것이 필요함을 인식하고 1995년에는 미국식을 따라서 다음과 같은 세부사항을 정비하였습니다. 즉, 포도종을 명시하려면 75% 이상이 같은 포도종이어야 하고 수출 시에는 85%이어야 합니다. 또한 빈티지와인임을 표방하기 위해서는 75% 이상이 해당 연도에 수확한 것이어야 하고 또한 수출되는 와인은 85% 이상임을 만족해야 하지요. 지역을 명시하려면 85% 이상이 그 지역의 소출이어야 하고 숙성(Aging)을 명시하려면 'especial'은 2년 이상, 'Reserva'는 4년 이상, 'Gran Vino'는 6년 이상을 숙성해야 명문화 자격이 주어지는 제도입니다. 수출용 와인에 대한 알코올 함량은 백포도주의 경우 12%는 채워야 하며 적포도주는 11.5%에 달해야 하는 규정이 있습니다.

이러한 시스템의 정비가 10여 년을 지속하면서 칠레의 와인업계는 국제적 명성을 자연적으로 획득하게 됩니다. 예를 들어 36명의 전문시음가가 평가하는 베를린의 2004년도 빈티지와인 평가회에서는 카버네 계열의 와인 중 비녜도 채드윅 2000(Viñedo Chadwick 2000)과 세냐(Sena 2001)가 나란히 1, 2등을 차지했습니다. 또한 2005년 베를

린 와인시음회에서는 최고 7개 와인 중 5개가 칠레산으로 이름을 날렸고 2006년 도쿄의 품평회에서는 최상위 5개 중 4개가 칠레산이었음이 칠레 와인의 현재 국제적 위상을 정확히 말해 주고 있습니다.

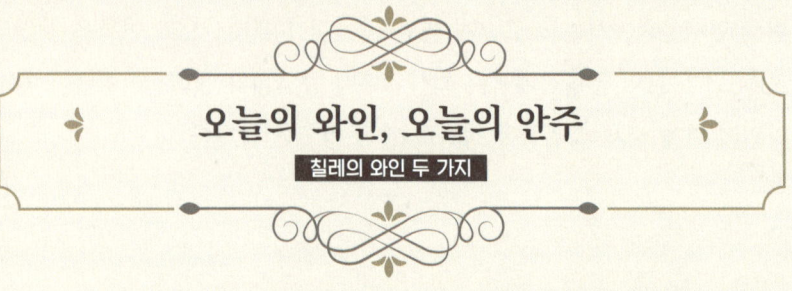

오늘의 와인, 오늘의 안주
칠레의 와인 두 가지

- Marques Casa Concha – Cabernet Sauvignon
- Escudo Rojo Rothschild – Cabernet Sauvignon
- 안주제안: 스위스 그뤼에르치즈와 독일산 **훈연치즈**

같은 나라, 즉 같은 자연환경을 가정할 수 있겠지요. 포도종도 같습니다. 칠레에서 최저가를 벗어나 한 등급 올라선 두 브랜드를 소개합니다. 물론 포도종은 같은 카버네소비뇽이며 한 나라의 두 제조사가 가지는 차이점을 보고자 합니다. 와인이 무게감 있는 만큼 동반 음식도 기름지고 묵직한 치즈를 곁들여 봅니다.

제29장
아르헨티나의 와인

아르헨티나에는 예수회 신부들에 의하여 1557년 북서부의 도시 **산티아고 델 에스테로(Santiago del Estero)**에 첫 포도원을 건립한 것이 시작이라 할 수 있습니다. 이 포도원 건립은 점차로 확대되어 1560~1590년 사이 멘도사(Mendoza)와 산 후안(San Juan)으로 확장되어 와인지역으로 정착되어 갑니다. 초창기의 아르헨티나는 곡식을 위한 농업용 관개수로 등 농업기술의 확충에 많은 노력이 필요했있으며 포도경작에는 여유가 없었지요.

정작 본격적인 포도의 도입은 19세기 중후반에 가서야 당시 대통령 등 관직에 있던 도밍고 사르미엔토(Domingo Sarmiento)는 프랑스의 농학자 **푸게(Miguel Aime Pouget)**로 하여금 프랑스의 포도나무를 들여오게 하였고 그때의 나뭇가지가 맨 처음 이 나라에 들어온 말벡으로 기록되었다 합니다. 산후안과 멘도사지역은 서부 안데스산맥 쪽이며 인구 밀집지역인 부에노스아이레스는 동쪽 해변이어서 와인산업의 발전은 1885년경 아르헨티나철도가 완공된 후에서야 빛을 보게 됩니다. 당시 멘도사 주지사인 **티부시오 베네가스**(Tiburcio Benegas)는 스스로 포도원 트라피체(El Trapiche)사를 운영하면서 와인산업이 성공하려면 적절한 크기의 시장이 필요함을 주장하였습니다. 19세기 말 20세기 초에는 유럽의 이민자의 대거 유입이 있었고 그중 **필록세라**의 재앙을 피해서 자신들의 기술과 포도나무를 가지고 이 나라로 넘어온 와인사업가(Flying Winemaker)도 많았던 것이지요. 20세기 중후반에 아르헨티나는 전반적으로 어려운 시기를 겪게 됩니다. 반복되는 독재정권의 집권과 포퓰리즘으로 한때 세계 8위의 경제규모는 순위권 밖으로 밀려나 있었지요. 와인산업도 이에 무관할 수 없지만, 최근에 들어서야 유럽 출신 포도주 사업가들과의 노력으로 1990년대에 들어서는 국제적 수준의 와인기술을 보유하며 국내용은 물론 수출물량이 크게 증가세를 보이고 있습니다.

자료: https://www.spaziopreverit/salabar/eno-europa/ima/argentina.jpg

아르헨티나의 포도경작지와 포도원들은 멘도사(Mendoza)지방을 중심으로 서쪽 안데스산 쪽에 밀집되어 있고 바로 칠레의 주 포도원지역인 산티아고의 안데스산맥 건너편에 있어 위도상으로 유사한 위치에 있습니다. 다만 칠레의 포도원들이 인구밀집지역에 가까운 반면 아르헨티나는 수도 부에노스아이레스로부터 멀리 떨어져 있습니다. 이 지역에는 간혹 **허리케인성** 고온건조한 바람(Zonda)이 개화기에 불어오면 수확량이 떨어지는 반면 포도가 익어가는 계절에는 이 고온건조성 바람이 각종 병충해와 곰팡이 성장을 억제하여 농약의 사용량을 줄여주어 유기농법을 표방하는 포도원이 많다고 합니다.

아르헨티나는 와인세계에서 유일하게 전 세계의 포도를 유린했던 필록세라에서 자유로운 나라입니다. 21세기에 들어서까지 안데스산이니 대서양이니 하는 장벽으로 국제적 교류가 없었던 것은 분명 아닐 것입니다. 실제로 필록세라 유충은 분명 발견되지만 유독 아르헨티나의 토양에서는 잘 견디지 못하고 포도나무 뿌리를 공격하더라도 그 피해가 크지 않으며 뿌리는 바로 회생하여 포도의 성장에 영향을 미치지 못한다고 합니다. 그럼에도 불구하고 몇몇 포도원에서는 다른 나라에서처럼 미국산 뿌리를 사다가 유럽종 포도순을 접목하는 방법을 써서 수확량 확대 및 품질의 개선을 기대한다고 합니다.

■ 와인지역

와인생산은 주로 북서쪽 안데스산 자락의 포도원에서 이루어집니다. 그중 멘도사(Mendoza)지역이 전체 생산량의 70%를 차지하고 북쪽의 산 후안(San Juan)과 라 리오하(La Rioja)가 나머지의 내부분을 담당합니다. 아르헨티나의 와인업계도 칠레와 같이 외국, 특히 프랑스와의 협력 사업을 통하여 와인을 생산하고 있으며 보르도 와인가의 이름 Barons de Rothschild를 와인병에서 자주 확인할 수 있습니다.

멘도사지역은 체레사(Cereza)나 **크리오야그란데(Criolla Grande)**와 같은 포도종을 경작하며, 국제 분위기를 위해서는 말벡, 카버네소비뇽, 템프라니요뿐 아니라 이탈리아의 산지오베제포도도 많이 수용된다고 합니다. 산후안과 라리오하지역엔 쉬라와 두체노아(Douce Noir)가 재배되며 이 지역은 식용 포도와 건포도가 많이 생산되며 특히 와인 증류주와 민간요법을 위한 베르무트(Vermouth; 각종 생약제 추출물이 첨가된 독주)의 생산도 유명합니다. 아르헨티나의 주요 와인지역은 안데스의 산자락의 해발 850~1500m의 고지대에 위치하여 산악지역의 높새바람이 포도의 경작에 긍정적으로 작용한다고 말합니다.

■ 와인산업

신세계의 와인산업이 21세기 들어 크게 성장한 흔적은 아르헨티나의 생산능력에서 확인됩니다. 즉, 총생산량은 세계 5위의 물량에 자국 내 소비는 8위에 이르며 국제적으로도 이름을 보이기 시작합니다. 1883년도에 설립된 와인기업 그루포페냐플로(Grupo Peñaflor)는 75개의 포도농가와 **트라피체(Trapiche)** 같은 포도원을 보유하고 있으며 세계 1위의 말벡 생산자, 그리고 세계 10대 와인생산자로 이름을 보이고 있습니다. 국제적으로는 **국제와인주류경연대회(IWSC; International Wine and Spirit Competition)** 에서 2004년과 2008년 '올해의 와인생산자'를 수상하였고, 미국의 잡지 〈Wine and Spirit〉과 〈Wine Spectator〉에 항상 이름을 올리는 명성을 가지고 있습니다. 그 외에 보데가스 에스메랄다(Bodegas Esmeralda) 사는 알라모스(Alamos) 포도원 등을 운영하며 중국의 거대한 시장을 겨냥하며 사업을 확장하고 있다고 합니다.

IWSC(International Wine and Spirit Competition, 국제와인주류경연대회)

독일계 와인학자인 안톤 마쎌(Anton Massel)이 국제와인주류경연대회를 만든 것은 1969년이었으며 매년 세계 90여 개국에서 출품을 받습니다. 물론 출품분야당 140파운드의 참가료와 아울러 3~4병의 제품을 제출해야 하며 행사는 11월 런던에서 개최됩니다. 출품된 제품은 심사위원 평가 후 **특별금상(Gold Outstanding)**, 금상(Gold), **특별은상(Silver Outstanding)**, 은상(Silver) 및 동상(Bronze)의 입상등급이 있으며 다른 종류의 상도 있다고 합니다.

평가는 심사위원으로 초대된 전 세계의 250여 전문가의 시음평가(Blind Tasting)와 토론에 의하여 결정됩니다. 경연대회장에는 30,000여 병을 보관하며 온도가 적절히 조절되는 시음장 등의 준비가 되어 있으며 모든 출품작은 1,500여 세부분야에 분류, 배정되고 평가는 6개월여의 시간이 소요된다고 합니다. 지방(Region)과 지역(Area), 포도종(Variety), 스타일(Style), 형태(Type), 생산연도(Vintage), 숙성연도(Age), 국내(National), 국제(International) 분야로 평가가 이루어집니다. 심사위원들은 와인전문가, 제조자, 증류기술자 또는 유통사업자 등으로 각자 해당 분야에서 심사를 진행하며 심사과정에 대한 사전지식을 교육받습니다.

심사 후 시상식과 연회(Banquet)가 런던의 조합홀(Guildhall)에서 개최되며 IWSC의 회장은 임기 1년으로 매년 전 세계 전문가 중에서 호선됩니다.

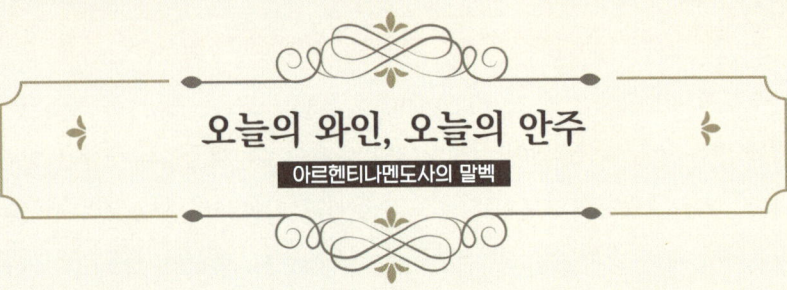

오늘의 와인, 오늘의 안주
아르헨티나멘도사의 말벡

- Trivento Malbec
- Trivento Cabernet Malbec
- 안주제안: 독일식 **햄**과 스페인식 **하몽**

아르헨티나의 주력 포도종은 역시 말벡이지요. 중간 등급의 트리벤토 말벡과 또 하나의 다른 변주곡으로 카버네소비뇽과 말벡의 블렌드 와인이 어떤 별다른 특성을 나타낼지 궁금해집니다.

제30장
동유럽과 중동지방의 와인

　현시대의 와인문화는 프랑스, 스페인, 이탈리아를 중심으로 하는 서유럽에 집중되어 있고, 지난 세기부터 전해져 온 신세계의 힘이 생산과 유통을 주도하고 있지만, 지난 1만 년여 동안 와인의 발생지에서부터 지금까지 동유럽을 포함한 지중해 인근의 국가들은 항상 와인과 같이해 왔음을 역사를 통하여 알고 있습니다. 1990년대 옛 소련과 동유럽이 해체되면서 한동안 잠자고 있던 동유럽의 와인이 서서히 그 모습을 드러내기 시작하였습니다. 지금까지 살펴본 서유럽과 신세계 이외에 와인의 역사와 전파경로에서 중요한 역할을 하거나 그 와인의 생산수량은 적어도 와인산업의 주류에서 벗어나지 않는 몇몇 나라들을 간단히 살펴보기로 합니다.

■ 체코와 슬로바키아

　체코의 와인지역은 남부의 오스트리아와 슬로바키아 접경의 모라비아(Moravia)지역에 밀집해 있어 체코 전체의 96%의 생산량을 점하고 있으며 사실 체코와인이란 말보다 모라비안 와인이란 말이 더 잘 알려진 말이기도 합니다. 이 지역은 독일의 비스바덴(Wiesbaden)과 비슷한 위도로 와인지역으로서는 최북단의 경계에 위치하고 있습니다. 포도종은 예로부터의 **프랑코브카**(Frankovka; Blaufränkisch) 등의 지역고유종이 있다고는 하지만 요즈음에는 국제 포도종인 **피노노아**, **피노그리**, 리슬링, 카버네소비뇽, 샤도네이, 소비뇽 블랑 등의 재배량이 점차 늘어난다고 하며, 와인의 등급 및 지역표시는 독일의 등급과 맥을 같이하는 것으로 보입니다. 이러한 현상은 체코와 오랫동안 같은 나라를 유지했던 슬로바키아도 유사합니다. 슬로바키아는 주로 남쪽의 헝가리 국경에서 주로 포도 경작과 와인생산이 이루어지지만, 이는 주로 국내소비 이외에는 큰 역할을 못 한다고 하며, 동쪽 **토카이** 지역의 토카이 와인이 헝가리의 토카이와 유사한 품질과 명성을 유지하는 정도입니다.

■ 옛 유고연방(Yugoslavia)

현재는 5~6개국으로 분리 독립했지만 한때(1918-1992)는 **유고연방**(Federal People's Republic of Yugoslavia)이라는 이름의 한 국가 형태를 가지고 있었습니다. 그 정치적 바탕에는 종교와 언어 등 문화적인 정체성이 문제였지만 와인에 관한 한 자연조건은 서로 유사할 수밖에 없었으며 그리스 로마 시절부터 내려오던 관습은 헝가리와 오스트리아와 크게 다르지 않았었습니다. 19세기 말 한때는 서유럽과 지역적으로 단절되어 프랑스인들이 **필록세라**의 재앙으로부터의 피난처가 되기도 했지만, 이곳도 20세기에는 별수 없이 같은 운명을 겪게 되었습니다. 그것도 사회주의 분위기의 유고연방시기에는 개개인의 작은 포도원보다는 대형의 포도원이 권장되었고 1990년경의 유고내전시기에는 포도원들도 수난을 겪을 수밖에 없었으며 이 상황은 유고내전이 종료되는 1992년경에 가서야 진정되었습니다.

21세기에 와서는 각각 분리 독립된 슬로베니아, **크로아티아**, 보스니아, 세르비아, 몬테네그로 등의 민족별로 기존 서유럽국가들의 최신 와인생산 시스템과 기법을 도입하고 와인인증제를 시행하면서 유럽 전체의 와인시스템에 동화되어 가는 것으로 보입니다. 이 지역, 특히 몬테네그로에는 서유럽주류 포도종 이외에 **브라나츠**(Vranac)라는 적포도가 고유종으로 재배되며 **프리미티보**로 잘못 알려져 있으나 유전자 분석으로는 이들의 변종으로 밝혀졌으며 특성은 묵직하고 진한 색감의 강한 와인을 만드는, 이 지역의 주 포도종이며 숙성하면 좋은 와인으로 발전하는 포도종이라 합니다. 그 진한 맛을 한국시장에서 찾아 즐길 수가 있을지 아니면 좀 더 시간을 기다려야 될지 확실치 않습니다.

■ 몰도바, 루마니아, 불가리아

흑해의 서쪽 연안 근처에 자리 잡은 **몰도바(Moldova)**는 화석 연구에 의하면 기원전 4~5000년 전에 와인을 만들었을 것이라는 흔적을 발견하게 됩니다. 이것은 흑해의 동쪽 해변에 자리한 조지아지역의 역사와 맥을 같이 하며 동유럽권에서는 가장 많은 와인생산량을 자랑하며 폴란드, 루마니아, 러시아와 미국에 많은 양을 수출하는 나라이기도 합니다. 포도종은 자연조건에 맞게 백포도가 70% 이상을, 적포도가 24%의 비중으로 재배되며 70% 이상이 서유럽식의 와인스타일로 제조한다고 합니다.

몰도바의 보기 드문 와인병

루마니아(Romania)도 역시 6000년 이상의 긴 와인의 역사를 가지고 있으며 주로 현지에서 자생하는 포도로 상당히 많은 포도주를 생산하고 있었으나 이곳 역시 필록세라의 침공을 피하지 못하여 많은 포도원이 문을 닫을 수밖에 없었다고 합니다. 20세기에 들어서서는 프랑스의 포도종과 필록세라 저항성 포도나무를 이용하여 나라 전체의 와인산업이 새로운 출발을 하게 됩니다. 이 나라에서 제시하는 포도 이름들은 동유럽 언어의 이름으로서 기존의 서유럽식 포도 이름과 일치하는 이름을 찾기가 쉽지 않습니다. 루마니아 여행 시 관광상품으로 드라큘라성(Castellum Dracula) 포도원이 제시하는 적포도주는 루마니아 고유종 **페테아스카네아그라(Fetească Neagră)**로 무게감 있는 레드와인으로 발효 후 바로 병입한 와인이라고 합니다. 아일랜드 작가 브램 스토커(Bram Stoker)의 창작물인 드라큘라 백작과 드라큘라 성의 무대와 분위기는 현재 루마니아의 중심지역인

트란실바니아(Transylvania)에서 가져왔지만 사실 소설의 내용은 루마니아의 역사와 직접적인 연관이 없으니 19세기 아일랜드인 소설가가 현재 루마니아의 와인산업을 문학적으로 그럴듯하게 홍보해 주고 있는 셈이지요.

불가리아(Bulgaria)는 루마니아와 다뉴브강을 경계로 하고 있으며 이 강의 양편으로 다뉴브평원을 이루고 있습니다. 이 평원은 길고 온화한 가을의 대륙성 기후를 보이며 서유럽의 모든 포도종을 경작합니다. 이 나라의 동쪽에는 **흑해** 지역으로 모두 경작지의 30%가 이 지역에 분산되어 있고 주로 백포도가 경작의 주종을 차지하고 있습니다. 불가리아를 남북으로 가르는 산맥이 발칸산맥인데 이 남쪽 지역에 **장미계곡(Rose Valley)** 와인지역이 자리하며 주요 백포도와 적포도를 경작하고 있습니다. 이 지역의 이름에 걸맞은 특이한 포도로 **미스켓(Misket Cherven)**이 있으며 핑크빛 껍질을 가지고 있습니다. 이 포도는 일명 Red Muscat라고 하며 푸른색 대신 분홍색 껍질을 가지고 있으며 Rosé와인으로 제품화되고 있습니다.

■ 러시아, 우크라이나, 터키

러시아 본토의 대부분은 와인에 선혀 적합하지 않으며 남쪽 조지아와의 접경지역의 **크라스노다**와 크림반도 일대가 주요 포도경작지입니다. 상당히 많은 경작지를 가지고 있지만 주로 2$ 미만의 저가 와인으로 이름이 나 있으며 80% 이상의 와인이 포도 농축액으로부터 값싸게 만들어지고 있습니다. 2010년대에 와서는 러시아 와인업계에서는 도수 높은 술로부터 탈피하여 보다 건강한 대안을 찾으려고 노력하는 중이라고 합니다.

러시아를 비롯한 흑해, 아조프해와 **카스피해** 주변에는 수천 년 전부터 자생하는 포도가 있었으며 포도농사와 고대 그리스와의 와인통상기록을 보면 흑해 연안은 세계에서 가장 오래된 와인지역임이 확실해집니다. 그러한 역사에도 불구하고 20세기 사회주의 체제의 러시아는 자유로운 와인생산이 이루어질 수 없었습니다.

옛날 소비에트연방이 해체된 1990년대 이후에 와서야 시장경제와 토지소유의 자유화에 따라 와인산업도 부흥의 계기를 맞게 됩니다. 최근 2018~2019년에는 몇몇 러시아 와인들이 미국의 〈와인아드보케이트(Wine Advocate)〉의 주목을 받으며 로버트 파커의 80~97점대의 평가를 받기도 했습니다.

사실 우크라이나지역으로 가면 와인의 역사는 과거 기원전으로 올라갈 수 있지만 서유럽에 필록세라 재앙을 포함하여 와인이 정착하고 역사를 쌓아 가는 동안에 동유럽은 사회주의 정치체계에서 순탄한 발전 단계를 밟지 못했지요. 이러한 고난은 구소련권에서는 1986년경 고르바초프(Mikhail Gorbachev) 시절의 금주령까지 이어집니다. 우크라이나도 21세기 들어서서야 와인의 생산과 수출에 의한 와인의 부활이 시작됩니다.

흑해의 남쪽 해안은 정확히 **터키**의 북쪽 경계선과 일치하며, 따라서 터키는 와인의 역사에서 남쪽 또는 지중해로 유럽의 포도가 전파되는 길목이라 볼 수 있습니다. **포도품종학(Ampelography)**에서 보면 터키는 600~1200여 종에 달하는 포도종 비티스 비니페라의 원산지로 인정되며 현재 상업적으로 활용되는 것은 60여 종이라고 합니다. 이 60여 종에는 유럽의 모든 포도종을 찾을 수 있습니다.

■ **레바논, 시리아, 요르단**

이 중동지역은 오랜 정치적 긴장상태가 항시 국제적인 뉴스의 초점이 되어 있어서 안정된 사회에서의 와인의 제조, 생산 및 유통에 대한 기대치는 매우 낮을 수밖에 없습니다. 사실은 기원전 2500년에서 200년 사이에 번성했던 **페니키아(Phoenicia)**는 바로 이 중동지역에서부터 지중해의 남쪽 해변을 따라 서쪽의 이베리아반도 남쪽까지 영향을 미쳤던 문화권이었고 이 지역이야말로 세계에서 가장 오래된 와인의 생산지역입니다. 현재에도 레바논에서는 사회적 긴장에도 불구하고 연간 8백만 병 이상의 와인을 생산하고 있습니다.

기원전 2500년경에 비티스 비니페라는 조지아의 남쪽의 코카서스와 메소포타미아를 거쳐 레바논의 가나안 지역에까지 정착한 것이며 레바논의 고대도시 비블로스(Byblos)는 와인을 이집트까지 수출하는 교역의 중심지였다는 것입니다. 레바논의 서쪽 연안의 **티레(Tyre)**와 시돈(Sidon)의 와인은 당시 지중해 지역에서 이름을 쌓아 갔으며 지중해로 수출되는 과정에서 가끔 해상사고로 유실되기도 했다고 합니다. 해양고고학자 로버트 발라드(Robert Ballard)의 발굴에 의하면 해양운행되던 기원전 750년경의 페니키아 상선에서 나온 와인은 발굴 당시에도 생생한 상태를 유지하고 있었다고 합니다. 2000년 이상을 품질을 유지할 수 있었던 것은 페니키아인들은 올리브오일과 소나무의 송진으로 이중으로 밀봉하여 산화를 방지했을 것으로 추정합니다.

페니키아인들과 그리스 로마의 디오니소스(Dionysus)와 박카스(Bacchus)의 종교적 의식은 모두 가나안 지방의 와인의식에서 유래합니다. 이러한 고대의 종교예식이 기독교계에도 영향을 주어 창세기(Genesis 14:18)에는 살렘(Salem)의 왕 멜키세덱(Melchizedek)은 '빵과 포도주를 내어 아브라

함을 하느님의 영으로 축복'을 내리는 사제의 역할을 하는 장면이 기록되어 있습니다.

레바논이 이슬람 종교계의 한 구성원이 되자 와인의 생산은 위축되었지만, 기독교인들이 일정수가 존재하는 동안에는 부분적으로 와인의 생산과 소비가 묵인되기도 합니다. 더욱이 1923~1943년 프랑스의 위임통치를 겪음으로써 와인에 관한 한 프랑스의 절대적 영향을 받았지요. 19세기 후반부터 설립된 포도원의 이름에 샤토(Château)를 사용한 것이 전형적인 예입니다. 예수회의 주도로 **샤토크사라(Château Ksara) 포도원**이 설립되었고, 20세기 초에는 Gaston Hochar가 **샤토무사르(Château Musar)**를 설립하여 가족기업으로 현재까지 유지해 오고 있습니다. 이들의 활동이 세계대전 전후를 통하여 프랑스의 와인 문화가 베이루트(Beirut)를 중심으로 확산된 계기를 만든 것입니다. 최근 1990년대 이후 21세기에 들어서서는 레바논에 50개 이상의 포도원이 활발히 와인을 생산하고 있으며 한국의 시장에서도 카버네소비뇽 기반의 **샤토무사르 와인**은 어렵지 않게 찾을 수 있습니다.

포도종은 프랑스의 영향을 곧바로 카버네소비뇽, 메를로, 신소, 카리냥과 그르나쉬 이외에 토착포도종으로 오바이데(Obaideh)나 메르와(Merwah) 등이 경작되고 있으며 생산량의 50% 이상이 프랑스, 영국과 미국으로 수출된다고 하며 미국의 와인 소매상에는 $50 남짓한 중동산 중급와인을 어렵지 않게 찾을 수 있습니다.

시리아(Syria)는 정치적 불안정성으로 **'세계에서 가장 위험한 와인'**을 생산하는 나라로 인식되지만 와인 자체는 요르단(Jordan)과 같이 프랑스의 포도종으로 레바논과 유사한 환경의 포도원들이 소수 활동하고 있습니다.

■ 알제리, 모로코, 튀니지

분명히 알제리의 와인이 세계의 와인시장에서 주목을 끌지는 않지만, 역사적으로는 중요한 의미가 있습니다. 기원전의 페니키아 시절에서 로마시대에 이르기까지 포도와 와인의 전파가 북부 아프리카를 거쳐 유럽으로 건너가는 길목에서 중요한 중개자의 역할을 했음을 짐작할 수 있지요.

19세기에 이르러서 유럽이 필록세라의 재앙에 시달리던 시절에는 프랑스와 유럽 전역으로 수출되었기도 하였다고 합니다. 그 후 프랑스로부터의 독립에 이르기까지 1950년대에는 알제리, 모로코와 **튀니지**를 포함하여 와인의 국제거래량은 전체 거래량의 60% 이상을 차지하였다고 합니다. 알제리와 모로코의 주요 포도종은 카리냥(Carignan)과 그르나쉬, 무브드르, 쉬라 등의 유럽의 주요 포도종을 모두 구비하고 있어 유럽의 와인 수입국에서는 자국산과 같이 블렌딩하기 좋은 원액을 구하기 쉬웠다고 합니다. 즉, 색감이 아주 진하고 알코올 함량도 높게 만들 수 있는 여러 종의 와인원액을 유럽국가에서는 자국산과 같이 블렌딩에 이용하기도 합니다.

■ 이스라엘(Israel)의 와인

이스라엘 역시 포도와 와인 이동경로의 한가운데 위치하기에 중요한 길목일 수밖에 없지만 이스라엘이라는 국가를 형성하기 시작한 것은 최근(1948년)이기에 이 지역의 와인의 역사를 이스라엘과 결부시키기는 어렵겠지요. 어느 곳에 기록이 되어 있을지 확실치 않지만 성경시대를 전후하여 이 지역에도 포도와 와인의 생산이 활발했으리라는 것은 쉽게 추정할 수 있으며 현시대에는 작은 가족 단위부터 기업형 포도원까지 100여 포도원에서 천만 병 이상의 와인을 생산하고 수출한다는 것입니다.

이스라엘의 현대적 와인산업은 프랑스 보르도의 **샤토라피트로칠드(Château Lafite Rothschild) 포도원**의 소유주인 로칠드(Edmond James de Rothschild) 남작에 의하여 일으켜 세워졌습니다. 오늘날에 이스라엘은 다섯 군데의 주요 와인지역을 포함하고 있습니다. **골란고원(Golan Height)**을 포함하는 갈릴리 지역은 특히 고원 지역의 특징으로 일교차가 매우 크고 서늘한 바람과 배수성이 좋은 토양이 포도경작에 좋은 것으로 평가되고 있습니다. 그 밖에 예루살렘을 감싸는 유데아(Judea) 언덕, 해변과 유데아 지역 사이의 심손(Shimson) 지역, 사막성 지역인 네게브(Negev) 지역은 선택적 관개방법으로 포도경작을 하며, 하이파의 남쪽에 위치한 지중해 연안의 샤론평원(Sharon Plain)은 이스라엘에서 가장 넓은 포도경작지를 포함하고 있습니다.

이스라엘 와인의 중요한 주제 한 가지는 **코셔(Kosher; 종교적 정결성)**함을 유지하고 있는가 하는 것입니다. 이 조건은 유대교의 율법에 따라 특정 성분을 포함해서는 안 된다는 관습인데 이를테면 육류 중 특정 동물(되새김하고 발굽이 갈라진 동물)은 코셔로 분류되고 그렇지 않으면 종교적으로 정결하지 않으니 취하지 말라는 것이지요. 이뿐만 아니라 코셔하기 위해서는 도축방법과 손질방법도 정결해야 하며 와인의 경우에는 포도의 경작에서부터 발효전처리 과정, 그리고 최종 병입과정까지 코셔 여부를 감독하는 감독관의 입회하에 처리과정을 거쳐야 코셔인증을 받을 수 있다고 합니다. 현재 이스라엘 포도주 생산량의 15% 정도만이 종교적 축성을 위해 만들어지는데 적어도 이 와인들은 코셔하다고 볼 수 있겠지요. 그러나 이 코셔함이 와인의 절대적 품질과 맛을 평가하지는 않습니다. 실제로 초창기, 즉 건국 이후 20여 년 정도 기간에는 이스라엘와인은 질보다는 양과 종교적 정결함에 치중하여 주로 단맛의 와인생산량이 많았습니다. 1960년대 말경에서야 카르멜(Carmel)포도원에서 알코올 농도가 높은 센(Dry) 와인을 만들기 시작했고 1990년대에 와서야 비로소 국제무대의 와인품평회에 명함을 내밀게 되었답니다. 그러한 경험들이 국내 와인생산의 붐을 일으키며 2000~2005년 사이에 **부티크포도원**(Boutique Winery: 소량의 우수와인을 손맛에 의존하여 만든다고 표방하는, 말하자면 수제포도원)이 70에서 140개 정도로 늘어났다는 것입니다. 오늘날 3대 대형 포도원, 카르멜, 바르칸(Barkan Wine Cellars), 그리고 골란(Golan)포도원 생산의 80%는 국내용이며, 주요 수출지는 미국이라고 합니다. 이스라엘의 와인산업은 특히 지중해의 동쪽지역에 붐을 일으키는 주역이 되고 있음이 분명합니다. 아래 **헤르몬와인**은 갈릴리 고원의 골란포도원(Golan Heights Winery) 제품으로 소비뇽 블랑, 비오니에, 무스캇그레인 및 게뷔르쯔트라미너포도를 블렌딩한 것으로 13.5%의 알코올농도 및 코셔인증을 받은 와인임이 기록되어 있습니다.

이스라엘 와인의 가치는 여러 평론가들에 의해서도 증명이 되고 있습니다. 이스라엘 자국의 평론가 다니엘 로고프(Daniel Rogov)는 150여 포도원의 2500여 가지 와인을 분류하고 순위(Rogov's Guide to Israeli Wines)를 정하고 있으며 미국의 로버트 파커는 2007년 14종의 와인에 대하여 90점 이상의 평가, 즉 '세계 정상급 와인'이란 평가를 내린 바 있습니다. 다른 한편으로는 이스라엘 와인업계가 안고 있는 고민도 있습니다. 이스라엘이 점유하고 있는 골란고원의 포도원들의 운영주체는 대부분 이스라엘 기업인데 토지의 소유주는 팔레스타인이므로 이곳에서 수확한 포도로 만든 포도주에 "Made in Israel"라고 표시할 것인가, 아니면 "Made in Israeli-occupied Syrian territories"라고 해야 옳은가 등 유럽인들 사이에서 이견들이 끝없이 되풀이되고 있습니다.

오늘의 와인, 오늘의 안주
프랑스와 레바논 와인

⭐ Château Musar – Cabernet Sauvignon
⭐ Kressmann Margaux – Cabernet Sauvignon 블렌드
⭐ 안주제안: 그뤼에르치즈와 이탈리아 살라미

최근 들어서는 와인도 한둘씩 시장에서 찾을 수 있습니다. 지금까지 접할 수 없었던 동유럽과 중동지역의 와인을 경험할 좋은 기회일 것이며 레바논의 와인을 생산 문화가 유사한 프랑스와인과 비교해 봅니다. 샤토무사르는 100% 카버네소비뇽으로 만들어졌고 마고와인은 카버네소비뇽, 프티베르도와 메를로의 블렌드 제품입니다.

제31장
조금 특별한 와인

정통 와인은 포도와 효모 이외에 첨가된 것이 가장 적은 생산물임을 언급하였지만 와인을 기본 성분으로 하고 과일이나 향신료를 첨가하여 특별한 사회적 모임을 목적으로 맛을 치장하여 만든 와인이 있으니 소개하기로 하겠습니다.

■ 샹그리아 와인(Sangria Wine)

샹그리아(Sangria) 와인은 18세기부터 스페인과 포르투갈에서 유래한 축제나 파티용 와인으로 현지의 고유포도종인 템프라니요 같은 적포도주에 향이 풍부한 과일을 조각내어 첨가하고 시럽이나 아주 단 독주, 이를테면 프랑스의 쿠앵트로(Cointreau) 등으로 센 맛을 만들어 낸 음료수입니다. 물론 샹그리아의 출신이 이러니 격식 갖춘 레스토랑보다는 축제장의 포장마차나 푸드트럭(chirin-guitos)에서 즉석으로 만들어 주는 화려한 음료수입니다. 여름 축제에 잘 어울릴 것이며 당연히 잘 냉장되어 시원한 상태로 마셔야 제격이겠지요.

자료: https://image.freepik.com/free-photo/cold-sangria-wine-glass-isolated-white_105609-600.jpg

과일은 오렌지, 레몬, 복숭아, 사과, 블루베리 등 취향에 따라 만들면 되겠지만 맑고 투명한 액을 위해서는 과육이 무른 것은 피해야겠지요. 샹그리아 와인을 만들기 위한 포도주는 최고급 비싼 와인일 필요는 없습니다. 원재료 와인의 맛과 향보다 첨가하는 과일과 첨가물이 샹그리아의 마시막 향과 맛을 주도하기 때문이지요.

물론 적포도뿐 아니라 샹그리아 블랑카(Sangria Blanca)는 가르나차블랑카(Garnacha Blanca)와 같은 청포도로 만들어 마시기도 하고 어린이들을 위하여 알코올을 빼고 단맛을 강화한 샹그리아 펀치(Ponche de Sangria)로 생일파티로 분위기를 만들어 주기도 합니다.

이렇게 자유롭게 만들어도 유럽연합의 2014년 규정에 의하면 상표 샹그리아는 스페인과 포르투갈에서만 사용하고 독일이나 스웨덴 등의 외국에서는 반드시 German Sangria나 Swedish Sangria라고 해야 한답니다.

그 외에 지켜야 할 것은,
와인으로 만들어야 하고
레몬즙 등 과일즙을 섞을 수 있고
탄산을 포함할 수 있고
알코올은 4.5~12% 한도로—어린이용은 알코올 빼고
다만, 색소는 넣어서는 안 된다는 규정이 있습니다.

■ 글뤼와인(Gluehwein, Mulled Wine, 뱅쇼-Vin Chaud)

샹그리아가 여름철 축제와인이라면 글뤼와인은 **겨울철의 축제와인**이라 할 수 있습니다. 우선 Gluehen이란 말은 이글거리는(Glowing) 불을 뜻하는 것이며 그 위에 얹은 와인냄비의 와인을 말하는 것이지요. 온도만 다르지 사실은 샹그리아와 비슷하게 과일과 계피, 정향과 회향 등의 향신료를 첨가하여 따끈하게 만든 것이지요.

자료: Mary Timm Allen의 "Cup of Joe", Pinterest

겨울철 파티라면 크리스마스 축제가 바로 그것이고 유럽에서 12월에 즐기는 크리스마스 쿠키와도 잘 어울리며 이어지는 해넘이 불꽃놀이에서도 즐겨 마시는 와인입니다. 물론 실내보다는 쌀쌀한 실외의 정원에서 머그잔 위로 춤추는 수증기를 불어가며 마실 때가 제맛이지요. 그 분위기에 맞게 새로 맞이하는 새해의 건강과 축복을 지인들에게 빌어 주며 한 해를 마무리할 때의 분위기에 딱입니다.

샹그리아는 적포도주와 백포도주가 모두 가능하지만 글뤼와인은 백포도주는 잘 안 어울리겠지요. 이때에도 아주 비싼 와인이 아닌 1만 원 정도의 서민용 와인이 격에 맞습니다.

■ 치즈퐁뒤(Cheese Fondue)

글뤼와인 이야기가 있다면 치즈퐁뒤를 지나칠 수가 없지요. 레드와인의 안주로 특히 잘 숙성된 스위스치즈가 제격임은 이미 말한 바 있지만, 글뤼와인이 따끈한 적포도주라면 그 안주도 어떤 방식으로든 좀 따뜻한 게 좋지 않을까요?

자료: Wikipedia

만드는 방법은 간단합니다. 치즈를 불에 녹이는 것입니다. 작은 냄비와 휴대용 가스레인지가 요즘엔 편리한 도구가 되지요. 사기로 된 냄비가 좋고 약한 불로 서서히 달구어 놓습니다. 적절한 치즈, 주로 스위스 그뤼에르(Gruyere)나 고다(Gouda)치즈를 적절한 크기로 잘라 냄비에 넣고 서서히 가열하면 녹기 시작합니다. 치즈가 고형분이므로 열만으로 완전한 액체가 되기 어려우므로 적절한 백포도주를 소량 첨가하여 아주 묽지도 아주 걸죽하지도 않게 하고 또 필요한 것은 식빵—프랑스식 바게트가 좋은데—을 작게 잘라 놓으면 준비가 완료됩니다.

불의 세기를 적절한 온도를 유지하도록 조절한 후, 빵 조각을 담가서 치즈가 코팅되도록 하여 먹으면 됩니다. 녹은 치즈의 온도가 중요한 이유는 짐작할 수 있지요. 점도가 높은 치즈가 너무 뜨거우면 혓바닥을 익힐 우려가 있으니 조심해야겠지요. 또한, 치즈가 대략 소모되면 냄비의 바닥에 눌어붙은 치즈를 긁어 먹는 고소한 맛은 치즈의 또 다른 맛을 우리에게 일깨워 줍니다.

1950년대 이후 이러한 퐁뒤가 여러 곳에 응용되기도 하며 초콜렛퐁뒤(Fondue au Chocolat)를 많이 만들어 먹기도 하고 소위 스위스식 샤브샤브를 Fondue Chinoise라 하기도 합니다.

치즈를 녹인다 하니 또 지나칠 수 없는 것은 라클렛(Raclette)인데 이것은 주연이 와인과 치즈가 아닌 치즈와 채소와 빵이므로 커네쉐어가 아닌 요리사에게 맡겨야 할 문제이니 이 주제는 독자의 탐험과 모험의 여지를 남기겠습니다.

제32장
한국의 와인

한국도 이제는 분명 와인의 제조와 문화를 논할 시점이 되었습니다. 사실 오스트레일리아나 칠레가 와인을 시작한 것이 16세기경 가톨릭 선교사들의 포도경작이었음을 감안하면 한국의 가톨릭이 19세기 말경부터 확산되었으므로 카톨릭 전례를 위한 와인의 전파도 그쯤에서 이루어졌을 것이라 예측할 수 있습니다. 그러나 그 이전의 기록은 1653년 제주도에 표류한 네덜란드 동인도회사의 **하멜(Hendrick Hamel)**에 의하여 적포도주를 소개한 것이 처음이었지만 그것도 포도의 정착과 와인의 확산으로 이어지지는 못했습니다. 그 후 독일의 상인 오페르트(Ernst Jakob Oppert)가 1866년 한국에 입항을 시도하였으며 이때에 적포도주, 샴페인 및 양주를 지참했었다고 합니다만 이것도 술문화의 도입과는 거리가 먼 사건이었습니다.

포도경작의 시초는 **1906년**에 들어서서 **뚝섬의 원예모범장과 수원의 권업모범장**에서 주로 미국 포도종을 시험재배 했다는 기록이 있습니다. 그 후 일제 강점기인 1918년에 **포항의 미츠와(三輪) 농장**이 설립되고 일본인들에 의하여 **프랑스산 포도**나무를 재배하기 시작하였다 합니다. 이때에 조선총독부 산하의 중앙시험소에서 **포도주**를 소량 만들기 시작하였고 경복궁이나 덕수궁에서 주로 외국인들을 위한 연회 때에 사용되었으며 **1920년대**에는 **독일인의 수도원**에서 천주교의 성찬예식을 위한 포도주도 만들었다고 합니다. 1930년대부터는 안양 인근에서 재래종 포도가 재배되었고 프랑스산 포도는 안성지역에서 재배되어 8월 말경에 수확하여 포도주로 만들어졌다고 하지만 그 양은 미미했던 것으로 보입니다. 당시 한국의 농민들도 한국의 야생포도(산머루 또는 산포도)를 그릇에 저장하면 며칠 후 신맛과 술맛을 볼 수 있어 쉽게 만들어 먹었다고 합니다. 한편 미츠와 포도원에서는 나름 제대로 된 포도주 '미츠와 올드 포도와인'을 만들었지만 공급은 수요를 훨씬 못 미치는 상황이었다고 합니다. 이 포도원은 해방 후에도 '**포도주와 뿌란듸**'라는 포항포도주 광고가 있었지만 한때는 허용되지 않은 첨가물이 발각되어 곤욕을 치르기도 했답니다.

1969년에 나온 '애플와인 파라다이스'는 당시에 서서히 등장하는 '경양식 레스토랑'의 분위기에 잘 맞추어진 사과주로서 알코올 도수 12도로 현재의 와인이 제시하는 새로운 분위기를 만들어 주어 독한 소주와 퀴퀴한 막걸리에서 벗어나 조금은 산뜻한 경험을 가져다주는 술이었지요. 그러나 이 술은 사과를 원료로 하였으며 담금주의 형태로 순수 발효주는 아니었습니다. 1974년엔 **해태주조**의 노블와인이 정말로 진짜 와인다운 와인의 품질을 내보였습니다.

사실 한국와인의 진짜 시작은 **1977년**으로 보아야 할 것입니다. '진짜'란 단어에 포함된 뜻은 **비티스 비니페라와 100% 발효**이며 이 두 단어가 가지는 원칙이 바로 와인의 본질이라 보는 것이지요. 1977년 **두산양조(OB)**가 독일의 고유포도종 **리슬링(Riesling)**을 이용하여 순수 발효만으로 만든 술이 **마주앙 모젤(Majuang Mosel)**입니다. 마주앙은 마주 앉아서 마신다 하여 지은 이름이고 모젤은 리슬링이 가장 많이 재배되는 독일의 라인강 지류인 모젤강 이름입니다. 이때부터는 한국에서도 적어도 리슬링포도는 많이 재배될 수 있었고 당시를 기억하는 애주가들은 마주앙의 리슬링 백포도주는 꽤 마실 만한 와인이라는 기억을 갖고 있습니다. 이 마주앙 모젤은 70년대와 80년대에는 미국의 워싱턴포스트의 '신비한 와인' 그리고 독일 가이젠하임(Geisenheim)대학의 '동양의 신비'라는 평가를 받기도 했습니다.

1988년도에는 마주앙은 경산지역으로 이전하여 카버네소비뇽, 샤도네이 및 리슬링을 재배하며 와인을 생산하고 있습니다. 그런데 주로 카톨릭의 성찬 전례용으로 리슬링 와인을 만드는 데에는 종교적 의미가 있기에 포도 수확 시와 포도주 효모접종 시 등 기회 있을 때마다 하느님의 축성절차를 거치게 됩니다. 이 전례용 와인의 맛과 멋은 따라서 세속석으로 평가할 필요는 없겠지요.

한국의 포도농가들은 주로 식용 포도(Table Grape)에 집중하며 포도주용(Wine Grape) 비티스 비니페라 포도는 잘 재배하지 않습니다. 재배에 영농기술적 어려움이 있는지는 확실치 않지만 분명 수익성은 식용 포도로 출하하는 것이 좋다고 합니다.

1970년대 이전부터 있었던 '진로와인'은 그 라벨정보를 보면 순수발효주는 아니며 포도원액과 주정의 혼합물로 도수를 10도로 블렌딩한 것이며 향도 한국산 식용 포도의 강렬한 과일향과 단맛을 가지고 있습니다만 발효와 숙성과정에서 만들어지는 탄닌감과 발현향(Bouquet)은 없습니다. 스페인산 적포도주 원액 16.7% 함유로 표시되어 있으므로 일부 발효주에 일부 주정을 포함한 것으로 추측할 수 있습니다. 여기에 어떤 애주가의 깔끔하면서 솔직한 정의를 언급해야겠습니다. 100% 발효주를 와인이라 하고 포도를 주정과 설탕에 담근 담금주를 포도주라고 한다는 것입니다. 그래서 '진로포도수'라 하면 이름과 내용이 오해 없이 일치합니다. 그런데 이 진로와인에 영어이름 House Wine을 붙여 놓고 또 그 옆에 **'한국형 와인'**이란 부제를 붙여 놓으면 혼란스러움은 그대로 노출되는군요. 우리는 다만 포도의 시중가격이 아주 싼 8월 중에 몇 박스 사다가 소주와 설탕과 함께 단지에 담가서 숙성시켜서 마시는 어머니표 한국형 단지포도주의 진한 소주맛과 단맛, 그리고 싱싱한 캠벨포도의 도발적인 향에 대한 추억을 떠올리며 간혹 한국의 매콤한 생선요리와 더불어 풍성한 만찬을 즐기는 행복을 맛보는 것도 나쁘진 않습니다.

최근에 한국에는 중부지역, 영동, 영천, 경산 등지가 포도의 경작지로서 적합하다고 하며 이 일대에 크고 작은 포도원들이 200여 곳이 있으며 그 가운데에는 지하숙성실과 오크통들을 갖춘 포도원도 많이 있습니다. 그중 영동지역에 1996년도 설립된 와인코리아(Wine Korea)가 비교적 큰 규모의 와인제조시설을 보유하고 있습니다. 이 포도원의 브랜드명은 샤토마니(Château Mani)이며 인근의 마니산 봉우리를 보고 명명하였다 합니다.

덕유산 자락 아래 덕유양조라는 포도원에서는 1995년도에 등록된 구천동 **산머루주**를 꾸준히 내놓고 있습니다. 머루의 포도종은 **비티스 코이니티아에**(Vitis coignetiae)로서 미국산 라브루스카하고는 또 다른 품종입니다. 알코올 농도는 16%인 것으로 보아서 순수한 발효주보다는 발효와 주정혼합을 통하여 블렌딩한 와인으로 보이며 머루의 진한 보라색의 색감은 아주 인상적이며 거의 불투명한 흑색에 가깝습니다. 이 샤토무주(Château Muju) 와인도 진한 단맛을 가지고 있습니다. 이 시점에서 '샤토'라는 말이 한국의 땅에서 완전히 '포도원'이란 의미로 정착되었음을 부언하고 넘어가야겠습니다. 사실 이 말이 프랑스에서 사용된 것은 역사적 의미가 있기에 유럽이든 신세계든 다른 나라에서는 빌려다 쓸 생각을 하지 않습니다. 맥락이 맞지 않으며 또한 어떤 의미론 고유성 또는 자존심의 문제이기도 하니까요.

국내 포도원에서 생산되는 와인들의 많은 수가 비니페라가 아닌 다른 포도종으로 만들어지고 있으며 주로 단맛을 많이 포함하고 있습니다. 그 정도의 단맛이 아니면 1~2년 숙성 시 맛이 'Foxy'해지는 문제를 가지고 있기 때문이며 한국산 포도주 애호가들은 그러려니 하고 마시고 있습니다. 그래서 한국의 포도주 중에는 유럽의 포도종에서 나오는 거칠지만 묵직하고 진한 맛을 가지는 와인이 만들어지지 못하는 것으로 보이며 오래 숙성되어 빈티지와인과 같은 명품와인을 기대하기는 어려울 것으로 판단됩니다. 여기에 포도와 포도주의 국내 생산단가가 칠레와 아르헨티나 와인의 수입가격보다 3~4배 비싸다면 같은 수준의 맛을 기대하는 것은 더더욱 어려울 것입니다.

이러한 이유로 롯데주조에서는 마주앙의 브랜드가치를 살리기 위하여 주문자 생산방식으로 포도경작부터 와인발효, 그리고 현지 포도원에서 병입까지 완료한 상태로 공급받은 '마주앙 메독', '마주앙 캘리포니아', '마주앙 모젤' 등의 상품을 계속 출시하고 있습니다. 물론 순수 국내산 와인가격보다 합리적인 가격으로, 즉 칠레와 아르헨티나의 평균 수준의 품질로, 접근하기가 훨씬 수월한 와인으로 시장에서 발견할 수 있습니다. 앞 쪽의 라벨을 보면 맨 위에 "세계에서 마주앙으로"라는 호기 있는 문구가 보이고 AOC 등급이며 **"마주앙의 품질보증하에 프랑스에서 생산된, 1977년 이후 한국에서 가장 많이 팔리는 와인"**이라는 설명을 읽을 수 있습니다. 실제로 이 OEM 마주앙의 가격과 품질은 같은 가격대의 프랑스와 신세계의 와인에 비하여 전혀 손색이 없으며 적절한 한국의 음식과 결합하면 품격 있는 식음문화를 즐길 수 있습니다.

오늘의 와인, 오늘의 안주
콩코드와인과 샤토마니

- Carlo Rossi – Sweet Concord
- Château Mani – Sweet Red Campbell Early
- 안주제안: 임실 구워 먹는 치즈와 백김치

한국형 단 와인의 단맛과 미국 콩코드 포도주의 단맛을 진지하게 비교해 봅니다. 한국의 샤토마니가 미국의 콩코드 계열의 포도라면 카를로로시 와인과의 비교가 적절해 보입니다. 지난번 우리의 발효식품 중 백김치에 대한 기억을 살려 보고 단 와인과 맞추어 봅니다. 또한 불에 살짝 구워 내는 치즈의 맛을 같이 비교합니다.

제3부
와인의 과학과 속설

제33장
와인의 주요성분

와인의 주성분은 물론 물이 84% 이상일 수밖에 없고 14% 정도의 알코올성분이 몸체가 되겠지만, 와인의 품질과 특성을 좌우하는 1% 남짓한 성분이 무엇이냐가 중요한 문제가 될 것입니다. 잘 알려진 대로 와인, 특히 적포도주의 붉은색은 과실 껍질의 안쪽 벽에 결합된 **안토시아닌**(Anthocyanin)이라고 하는 **폴리페놀**(Polyphenol)에서 나온 것입니다. 일반적으로 이런 유의 **플라보노이드(Flavonoids)**는 여러 식물군에서 발견되는 활성물질로 주로 보라색 계열의 과실, 이를테면 검은콩, 검은 쌀, 아로니아, 블루베리, 머루 등에 많이 함유되어 있습니다.

포도에 함유되어 있는 주요성분 중 안토시아닌은 **말비딘(Malvidin), 페오니딘(Peonidin), 페투니딘(Petunidin), 델피니딘(Delphinidin)**과 **시아니딘(Cyanidin)**의 포도당 결합체로서 분자의 형태는 그림으로 수록하였으며 최근 그리스의 학자, Kallithraka 팀[S. Kallithraka, L. Aliaj, D.P. Makris, P. Kefalas, *Int. J. Food Sci. Tech.* 44, 2385-2393

2009]이 분석한 데이터를 다음 표에 인용합니다. 수치는 포도 100g당 mg으로 표시되어 있습니다.

	Malvidin	Peonidin	Petunidin	Delphinidin	Cyanidin
Merlot	79.91	14.61	11.74	9.37	2.85
Syrah	103.45	16.01	10.48	6.26	1.48
Cabernet Sauvignon	106.88	11.78	10.57	9.96	1.44
Agiorgitiko	97.64	11.28	5.98	3.97	0.97
Xinomavro	23.86	3.06	1.47	0.55	0.17
Mandilaria	78.88	7.7	5.94	3.24	0.7

이 연구에서 사용한 포도는 국제적으로 가장 많이 재배되는 메를로, 쉬라, 카버네소비뇽 등의 국제종, 그리고 그리스 지역에서 재배되는 지역 고유의 포도종 세 종류인데 안토시아닌 함량은 국제종이 확실히 높으며 지역종은 모든 성분에서 국제종에 비하여 평균 50% 이하를 밑도는 것으로 조사되었습니다. 그리스 학자들의 연구목적은 이 안토시아닌이 지닌 생체 효능의 검증인데 이들은 이것을 각각 **항산화성(Antioxidant Activity), 환원력(Reducing Power)** 및 **항래디컬(Radical Scavenging activity)** 능력을 측정함으로써 보여주고 있으며, 이들 효능은 시료 중 안토시아닌의 함량에 비례하여 증가하는 것으로 발표하고 있습니다.

이처럼 실험실적 효능이 증명되었음에도 불구하고 **안토시아닌이 사람의 생리학과 질병에 구체적인 치료효과가 있다는 결정적인 증거는 아직 없습니다.** 또한 많은 식물의 잎과 열매에서 안토시아닌이 풍부하게 검출되며 이들은 대부분 강력하고 다양한 색소를 가지고 있지만 식용색소나 첨가제로 사용되지는 않고 있습니다. 최종적으로 명시적인 검증이 되지 않았다는 것이지요. 그럼에도 불구하고 이러한 안토시아닌 성분들은 건강에 좋다는 여러 가지 천연물에 많이 함유되어 있음을 상기하면 와인이 적어도 건강에 해가 될 수는 없다고 볼 수 있겠지요.

● 자료: pixabay

기왕에 언급이 되었으니 색깔과 물질의 구조에 대한 사소한 이야기 한 두 가지 하고 넘어가지요. 화학자의 지식을 좀 빌려오자면 물질의 색깔은 물질의 분자구조와 밀접한 관계가 있습니다.

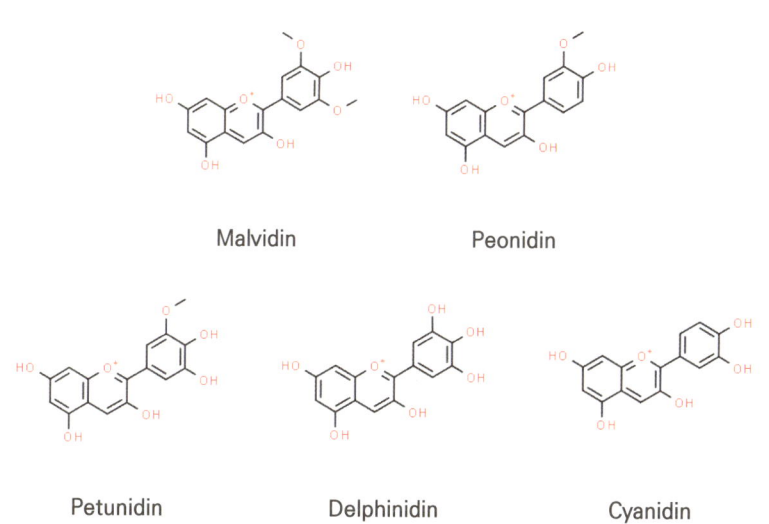

이런 구조를 가진 화합물들을 폴리페놀(페놀성 OH기를 여러 개 가진 화합물)이라고 하며, 이 OH기는 생체 내 수용체 단백질과 아주 긴밀한 상호작용을 하는 것으로 알려져 있습니다. 이 화합물들은 위의 몇 가지

제라늄류에서 보듯이 보라~빨강 계열의 색을 띠고 있습니다. 이 색깔을 본질적으로 이해하는 것은 고수준의 양자화학(Quantum Chemistry)적 지식을 요하는 것이므로 여기서는 깊은 물리적 이론 대신 그 현상만을 언급하고자 합니다. 보통 적색 포도의 검붉은 색깔은 보라색과 붉은색의 혼합색입니다. 발효를 마친 젊은 와인은 대부분 이 색소뿐 아니라 젖산과 구연산 등 유기산을 포함하고 있어 pH=4 정도의 산성을 띠고 있으며 이 정도의 산성에서는 진한 보라색조를 띠게 됩니다. 시간이 지나 오랜 숙성 과정에 들어가면, 발효로 생성되는 알코올과 여러 가지 유기산들이 반응하여 에스테르라는 방향물질을 만들어 냅니다. 실제로 이 에스테르는 원래 포도에는 없던 물질로서 발현하는 향, 즉 부케(Bouquet)를 형성하는 중요한 원천이 되지요. 그 결과로 와인 속의 유기산 농도는 줄어들며 액성이 산성에서 멀어집니다. 즉, pH가 올라가면 위의 안토시아닌들은 붉은 색조를 띠는 구조로 변하게 됩니다. 오래 숙성된 와인일수록 색깔이 보라색에서 멀어지며 붉은색으로 변하는 것은 바로 이러한 느린 변화에 기인하는 것입니다. 그리하여 와인전문가, 커네쉐어들은 와인잔을 기울이고 돌려가며 색깔을 평가하여 와인의 숙성기간(Vintage)을 대략 가늠하기도 합니다.

젊은 와인의 진한 보라색조

숙성되어 가는 오렌지색조

제34장
프렌치 패러독스(French Paradox)

와인에 연관된 **프랑스인의 역설**이란 프랑스인의 식습관과 혈관질환 발생비율이 다른 서구 지역의 역학적 통계치와 다르다는 것을 역설로 해석한 데서 유래한 말입니다. 이를 유심히 관찰하기 시작한 것은 1980년대 후반부터인데, 프랑스인의 고지방 및 고콜레스테롤 식습관에 비하여 매우 낮은 심혈관계질환(CHD; Coronary Heart Desease)의 발병률을 이해하기 어려웠던 것입니다. 당시에 알려진 바로는 **프랑스인은 동물성 포화지방을 많이 섭취함에도 일인당 포화지방 소비가 낮은 국가의 국민에 비하여 CHD 발병률이 상대적으로 낮은 현상**을 관찰했던 것입니다.

이 프렌치 패러독스라는 용어는 OIV(International Organisation of Vine and Wine)의 1986년 소식지 〈The Letter〉에서 처음 사용되었으며, 1991년에는 프랑스 보르도 대학교의 와인학자 Serge Renaud가 이 현상의 배경을 자세히 연구하여 과학적인 데이터로 보여주었고 이를 미국의 CBS TV에서 한 시간 분량의 다큐멘터리로 방영하면서 와인학계에 회자된 것입니다.

Renaud가 요약한 이 프랑스인들의 고지방식과 낮은 심혈관질환의 엇갈린 관계는 유엔식량농업기구(FAO)의 데이터로 뒷받침되었으며 2002년 데이터에 의하면 프랑스인은 하루에 108g의, 미국인은 72g의 동물성지방을 섭취한다고 합니다. 또한 프랑스인은 미국인에 비하여 4배 많은 버터를 섭취하며 60% 많은 치즈를 먹고 돼지고기는 세 배 많이 섭취합니다. 한편 1999년 영국심장재단의 데이터를 인용하면서 인구 10만 명당 프랑스인 83명이, 미국인은 115명이 심장질환으로 사망하는 것으로 보고하고 있습니다. 1991년의 이 보고서는 지중해 연안 국가들의 요리에는 오메가-3와 항산화제가 많이 포함되어 있고, 이 지역 사람들은 적당량의 적포도주를 즐기며, 심혈관 질환이 적은 것은 저밀도 콜레스테롤(LDL)보다 고밀도 콜레스테롤(HDL) 함량이 높은 음식을 섭취함에 기인한다고 결론짓고 있습니다.

이 현상에 대한 반론도 제기되고 있습니다. 1999년 Malcolm Law와 Nicholas Wald는 British Medical Journal에 1994년의 데이터를 인용하며 이 프렌치 패러독스가 사실은 **통계적 오류**라고 지적하고 있습니다. 첫째로 프랑스의 심혈관질환 통계는 영국에 비하여 과소평가되었다는 것이고 둘째로는 측정의 시간차(time lag)를 무시한 결과였다는 것입니다. 즉, 과거의 낮은 허혈성 사망률을 현시대의 높은 동물성지방 섭취 및 콜레스테롤 수치와 연관시킬 수 없다는 것입니다. 실제로 프랑스 보건의료원의 보고는 프랑스의 비만율이 1997년의 8.5%에서 2009년 14.5%로 급속히 증가함을 보여주고 있으며, 이 사실을 현재의 높은 동물성지방 섭취율과 연관시킬 수 있을 것입니다.

그럼에도 불구하고 1986년 CBS TV의 방영은 미국사회에 큰 인상을 남겼으며, 미국 내 레드와인 소비가 한 해 40% 성장한 계기가 되었으며 프랑스인의 식습관에 대한 관심이 높아지기 시작하였습니다. 아울러 '프랑스인은 날씬하게 산다'는 주장에 바탕을 둔 많은 책이 많이 출간되었으며, 아울러 와인상들에게는 이 프렌치 패러독스가 와인의 마케팅에 아주 적절히 활용할 근거를 제공했다고 볼 수 있습니다.

이러한 논의가 그저 시장에 돌아다니는 속설에 머무른 것은 아니었습니다. 이 패러독스는 과학자들의 호기심을 자극하기에 충분했음에도 실제로는 많은 학자들이 포화지방과 불포화지방의 균형 있는 섭취가 심혈관질환에 미치는 뚜렷한 효과를 찾아내지는 못했다고 합니다. 그러나 이들의 연구에서 **트랜스지방**의 소비는 확실히 심혈관질환과 연관이 있음을 부수적으로 밝혀냈다고 합니다.

일반적으로 올리브와 와인을 포함하는 남부 유럽의 지중해 연안 국가들의 식습관은 건강한 식습관으로 인식됩니다. 프랑스인은 지방의 80%를 식물성지방과 유제품으로부터 섭취하고 치즈와 발효유를 많이 소비하며 단백질원으로 생선을 많이 먹고 소식하는 습관, 탄산과 당의 섭취가 적은 점 등이 미국식 식습관에 비하여 건강한 식습관임을 대변해 줍니다. 물론, 언급한 안토시아닌, 그리고 그로부터 유도되는 Resveratrol 등의 폴리페놀이 중요한 항산화작용을 하는 것으로, 그래서 와인이 건강한 음료임을 말할 수 있습니다. 그러나 한 잔의 와인에 포함된 항산화제가 mg 단위라면 의미 있는 효과를 보일 만한 양을 섭취하려면 한 번에 레드와인 50병 정도는 마셔야 된다고 합니다.

건강 관련 지식에 대한 부분이니 한 가지 더 언급할 것은 한국의 모 제약회사에서 포도씨건조엑스(*Vitis vinifera* seed dried ext.)라는 유효성분 이름의 **혈관강화제**가 발매되고 있습니다. 이 의약품은 전문의약품에 속하며 정맥림프기능부전에 보조요법제로 처방되고 있습니다.

꼬리말

원래 계획했던 내용은 소박한 것이었습니다. 즉, 주변에서 만나게 되는 와인의 정체를 쉽게 파악할 수 있도록 안내하는 간단하고 보기 쉬운 책이었습니다. 대형 쇼핑몰이나 유명 백화점의 와인코너에서 만나게 되는 와인의 대부분은 프랑스, 이탈리아, 독일, 스페인, 포르투갈 등의 유럽국가와 북미, 남미, 오스트레일리아, 뉴질랜드로 대변되는 신세계 와인들인데, 와인의 역사를 정리하다 보니 세계는 생각보다 넓음을 알 수 있었습니다.

불과 30여 년 전만 해도 동유럽은 겨울 왕국처럼 닫혀 있었으며 그곳에서도 와인이 만들어지고 있다는 사실을 미처 인식하지 못했지만, 동유럽이 열리면서 와인의 생산지가 넓어진 것을 알게 되었지요. 넓어졌다고는 해도 사회주의 체제하에 있던 나라들의 와인 생산량과 유통 습관이 서유럽 쪽과는 많이 달라서 동유럽의 와인들은 최근에 들어서서야 한두 가지 시장에 보이는 정도에 불과합니다. 앞으로 동유럽 와인전문가들도 영업의 기술을 익혀가고 와인산업도 규모 있는 사업이 되어야 함을 알아간다면 한 20년 후쯤에는 한국에서도 숨어 있던 세계의 다양한 와인들을 맛볼 수 있겠지요.

각 나라별로 권고한 와인을 시음해 보셨다면 이제 어떤 종류의 포도 또는 지역의 특성을 파악하고 맛으로 기억하실 수 있으리라 생각합니다만, 맛과 경험이라는 것이 한두 번의 시음으로는 확실한 윤곽이 잡히지 않음도 느꼈으리라 생각합니다. 마음이 가는 와인이 한두 가지 있다면 반복하여 시음해 보며 순차적으로 범위를 넓혀가는 것이 와인의 맛과 멋을 한 차원 높게 즐기는 방법이 될 것입니다.

　와인의 가격은 이미 언급했지만 우리가 소주나 맥주처럼 마음 편하게 와인을 즐기려면 1~2만 원 정도의 와인이 그 대상이 될 것이며, 그 범위에 있는 와인은 이미 한국시장에 수도 없이 많이 있습니다. 이 수준의 가격이라면 와인이 보여야 할 최소한의 조건, 즉 적절한 색감과 최소한의 향, 그리고 거부감 없는 맛과 적절한 무게감을 가진 와인을 어렵지 않게 찾을 수 있다는 것입니다. 이 조건을 갖춘 와인 중에는 0.5~1만 원의 와인도 간혹 보입니다. 물론 3, 4, 5만 원… 으로 올라가면서 맛과 멋이 더 좋아짐은 두말할 나위가 없겠지요.

　한 가지 아쉬움으로 남는 것은 우리나라에도 포도의 경작과 와인의 제조에 남다른 열정과 애착을 가진 많은 와인 전문가들이 있음에도 불구하고 3만 원 이하의 한국산 와인을 일반 와인매장에서 찾기 어려우며, 한국산 상표가 붙어 있어도 대부분은 칠레, 미국, 또는 심지어 프랑스에서 주문자상표로 제조, 공급된 와인이 대부분이라는 사실입니다. 그것은 한국이 이제 농업과 점점 멀어져가는 최첨단 산업국가가 되어 3만 원 이하의 가격으로는 와인 생산이 어렵다는 것이 그 이유가 될 것이며, 현재로서는 어쩔 수 없이 유럽과 신세계의 값싼(?) 와인에서 맛과 멋을 찾아야겠습니다.

　'알아야 맛이 있고 먹어 봐야 멋을 안다'는 표제어에 걸맞은 교양서가 되었기를 바랍니다.

2021. 2. 28. 대전 학하리

참고자료

- How to taste, Jancis Robinson, Simon & Schuster, 2000
- Pocket wine book, Hugh Johnson, Mitchell Beazley, 2016
- The art and science of wine, James Halliday, Hugh Johnson, Firefly Book, 2007
- The world atlas of wine, Hugh Johnson, Jancis Robinson, 6th Ed. Mitchell Beazley, 2007
- Wine bible, Karen MacNeil, Workman Publishing Company, Inc, 2001

찾아보기

A

Abboccato	14-121
Aconcagua	28-218
Adega	18-153
Adelaide Hill	25-198
Aguardente	18-153
Aguardiente	28-216
Airen	17-142
Alamos	29-226
Albariño	17-142
Alcohol and Tobacco Tax and Trade Bureau	24-184
Alentejo	18-153
Alsace	14-110
American Viticultural Area(AVA)	24-184
Amontillado	17-144
Ampelography	30-234
Amphora	4-29
Anaerobic Fermentation	3-23
Ancora Una Volta	24-188
Andalusia	17-140
Anjou	14-109
Anthocyanin	33-259
Antinori	16-135
Antioxidant Activity	33-260
Anton Massel	29-227

AOC	8-54, 8-57, 9-62, 9-66, 9-67, 10-72, 13-100, 13-102, 13-103, 13-106, 14-109, 14-111, 14-113, 14-115, 14-116, 15-125, 16-130, 17-141, 19-162, 20-165, 22-174, 24-187, 27-212, 32-254
AOP	9-62, 9-66
Apartheid	27-211
Appellation d'origine Controlee	8-54, 9-62, 9-67
Arinto	18-153
Aroma	7-47, 10-74, 11-81
Aszú Eszencia	21-169, 21-170
Augusta AVA	24-184
Aurore	24-190
Auslese	9-66, 15-125, 20-165
Australian Wine Research Institute(AWRI)	25-197
AVA	24-184
AWRI	25-197
AxR1	24-187

B

Bacchus	4-31, 30-235
Baco Noir	24-183
Baga	18-153
Bairrada	18-153
Banquet	29-227
Barbaresco	16-130
Barolo	16-130
Barons de Rothschild	29-225
Barrique	7-48
Barsac	13-104

Batch Identification Number	25-201
Beaujolais	13-106
Beaujolais Nouveau	13-106
Beerenauslese	9-66, 15-125, 20-165
Beethoven	21-170
Beirut	30-236
BIN Number	25-201
Blanc de Blancs	14-120
Blanc de Noirs	14-120
Blaufränkisch	20-165, 30-230
blending	8-55, 11-85
Blind Tasting	24-192, 29-227
Bobal	17-142
Bodega	17-143
Bodegas Esmeralda	29-226
Body	8-59
Bordeaux	9-63, 13-101
Botrytis	21-168
Botrytis Cinerea	13-104
Bottling	11-85
Bouquet	7-47, 11-81, 32-252, 33-262
Bourgogne	9-65, 13-105
Boutique Winery	30-239
Bram Stoker	30-232
Branco	18-153
Brancott	26-206
British Columbia	24-191
Brix	2-19, 3-24
Bronze	29-227
Brotherhood	24-189
Brunello	16-136
Brut	14-121
Bulgaria	30-233
Bung Hole	17-149
Byblos	30-235

C

Cabernet Franc	13-102
Cabernet Sauvignon	1-12, 2-19, 8-55, 8-59, 9-68, 16-130, 24-192, 25-200, 26-206, 28-222, 30-241, 33-260
Campbell Early	32-255
Canaiolo	16-133
Cantabria	17-143
Cape Late Bottled Vintage(LBV) Port	27-213
Cape of Good Hope	27-211
Cape *** Port	27-213
Carbonation	14-119
Carbonic Maceration	14-112
Carignan	14-114, 28-219, 30-237
Carmenere	1-12
Casta	18-153
Castellum Dracula	30-232
Catalonia	17-139
Catawba	24-190
Caucasian	23-178
Caucasus	23-177
Cava	14-118
Cayuga	24-190
CBS TV	34-263
Central Valley Region	28-218
Cereza	29-225
Chablis	9-65, 13-106
Chambertin	9-65
Chambourcin	24-183

Champagne	3-24, 14-118	Climate	10-70, 18-151
Champenoise	14-118	Clos Du Val Winery	24-192, 24-195
Chaptalization	14-110	Cloudy Bay	26-207, 26-208
Chardonnay	1-13, 2-19, 3-27, 14-120, 15-125, 16-130, 24-193, 25-200, 26-206, 28-219	Colares	18-153
		Colchagua	9-68, 28-219
		Colheita	18-153, 18-155, 18-159
		Common Black Grape	28-215
Charles Fournier	24-190	Commonwealth Scientific Industrial Research Organization	25-197
Chasselas	19-161		
Château	8-53, 9-62, 12-92, 30-236, 30-241, 32-252		
		Conchay Toro	28-220
Château Cos d'Estournel	9-63, 28-220	Concord	1-13, 1-14, 1-15, 2-19, 24-182, 32-255
Château d'Yquem	9-63, 13-105, 26-208		
Château Haut-Brion	9-63, 13-102, 24-192	Condrieu	14-111
Château Ksara	30-236	Connaisseur	3-23, 8-55, 11-85
Château Lafite Rothschild	9-63, 28-220, 30-238	Constantia	27-211
		Copita	17-144
Château Larcis Ducasse	9-64, 13-104	Coquimbo Region	28-218
Château Mani	32-252	Cork	6-41
Château Margaux	28-220	Cork Taint	6-44, 11-88
Château Montelena	24-193, 24-194	Cornas	14-111
Château Mouton Rothschild	9-63, 28-220	Coronary Heart Desease	34-263
Château Muju	32-253	Cote d'Or	13-106
Château Musar	30-236	Cote de Beaune	13-106
Chateau Pape Clement	13-103, 14-113	Cote de Nuits	13-106
Château-Grillet	14-111	Coteaux d'Aix-en-Provence	14-115
Châteauneuf-du-Pape	14-111, 14-113, 14-117	Cote-Rotie	14-111
CHD	34-263	Cotes du Rhone	14-111
Chenin blanc	1-13	Cream Sherry	17-145
Chianti	1-12, 2-20, 8-56, 8-57, 11-89, 16-130, 16-133, 16-134, 16-137	Creamy texture	7-48
		Cremant de Limoux	14-115
		Crianza	17-142
Chianti classico	8-56, 8-57, 11-89, 16-130, 16-134, 16-137	Criolla Grande	29-225
		Crozes Hermitage	14-111
Chinon	14-109		
Christopher Penfold	25-199		

CSIRO	25-197
Cyanidin	33-259

D

DAC	20-165
Daniel Rogov	30-240
Dão	18-153
De Chaunac	24-190
Degorgement	14-119
Delaware	24-190
Delphinidin	33-259
Demi sec	14-121
Denominação de Origem Controlada	18-159
Denominació d'Origen Qualificada	17-141
Denominación de Origen Calificada	17-141
Denominación de Origen Protegida	17-141
Denominazione di Origine Controllata	16-130
Denominazione di Origine Controllata e Garantita	16-130
Department of Enology	2-18, 10-72, 24-188
Deutscher Landwein	9-67, 15-126, 20-165
Deutscher Tafelwein	15-126
Devil's Wine	14-119
Dijon	13-106
Dionysus	30-235
Districtus Austriae Controllatus	20-165
DO	17-141
DOC	9-67, 16-130
DOCa	9-67, 17-141
DOCG	9-67, 16-130
Dolce	14-121
Dom Pérignon	14-119, 14-121
Domingo Sarmiento	29-223
DOP	17-141
DOQ	17-141
Dordogne	13-101
Dornfelder	15-125
Douce Noir	29-225
Douro Vinhateiro	18-151
Drinking Window	25-201
Dry	3-25, 13-105, 14-121, 18-153, 23-179
Dulce	14-121, 17-150, 18-153
Dutch East India Company	27-211

E

Edmond James de Rothschild	30-238
Eiswein	15-125, 15-127, 20-165
Elbrus	23-177
Elvira	24-190
Enology	2-18, 10-72, 24-188
Enotria	16-129
Entre-Deux-Mers	13-101, 13-103
EO	22-174
Ernst Jakob Oppert	32-249
Erzeugerabfüllung	8-56, 12-92
Especial	28-220
Espumante	18-153
Estate Bottled	9-68, 12-92
Extra Brut	14-121

F

FAO	34-264
Federal People's Republic of Yugoslavia	30-231
Fendant	19-162
Fetească Neagră	30-232
Fingerlake	24-189
Flavonoids	33-259
Flor	17-145
Flying Winemaker	27-212, 29-224, 28-219
Foie Gras	13-105
Fondue au Chocolat	31-246
Fondue Chinoise	31-247
Fortified	17-140, 17-143, 23-179
Fox Grape	1-13
Foxy	24-182, 32-253
Fractional Aging	17-146
Francisco Aguirre	28-215
Frankovka	30-230
French Paradox	34-263
Fructose	2-18, 3-26
Furmint	21-168

G

Galicia	17-143
Gamay	1-12, 13-106
Garnacha	17-139, 17-142
Garnacha Blanca	31-244
Garonne	13-101
Garrafeira	18-153
Gaston Hochar	30-236
Geisenheim	15-124, 32-251
Genesis	30-235
Georgia, Gruziya, Georgien	4-29
Gewürztraminer	1-13, 14-110, 15-125
GI (Geographical Indication)	26-207
Gironde	13-101
Glucose	2-18
Gluehwein	31-245
Goethe	21-170
Golan Heights Winery	30-238
Gold	29-227
Gold Outstanding	29-227
Gold Rush	24-185
Gold Seal	24-190
Gorgonzola	9-68
Gran Reserva	17-142
Gran vino	28-220
Grand Cru	9-65, 13-107
Grand Cru Classes	8-54, 9-62, 9-64
Grape	1-11
Grauburgunder	15-125
Graves	9-63, 13-102
Gregory Blaxland	25-198
Grenache	1-12, 14-112
Grüner Veltliner	20-163
Grupo Peñaflor	29-226
Guildhall	29-227

H

Halbtrocken	14-121
Hansenula	3-24
Hárslevelű	21-168
Hautvillers	14-119
Hawke's Bay	26-205

HDL	34-264
Hendrick Hamel	32-249
Hermitage	14-111, 25-200, 26-205
HFCS	3-26
House Wine	32-252
Hudson Valley	24-189
Hugh Johnson	12-92, 25-200
Human makes quality	10-70
Hunter Valley	25-198

I

Ice Wine	2-19, 15-125, 24-191
IGP	14-116, 17-141
IGT	9-67, 16-130, 16-135
Ilha do Pico Vinhateira	18-151
Imbottigliato	8-56
INAO	13-100
Indicação de Proveniência Regulamentada	18-152
Indicación Geográfica Protegida	17-141
Indication Geographique Protegee	9-62, 14-116
Indicazione Geografica Tipica	9-67, 16-130
INDO	17-141
Inniskillin	24-191
Instituto Nacional de Denominaciones de Origen	17-141
International Organisation of Vine and Wine(OVI)	34-263
International Wine and Spirit Competition(IWSC)	29-226

IPR	18-152
Irrigation	24-186
Isabella	24-190
Israel	30-238
Ives	24-190
IWSC	29-226

J

James Busby	25-198, 26-205
Jamon	9-68
Jan van Riebeeck	27-211
Jancis Robinson	10-72
Jerez	17-140
Jordan	30-236
Junior DOC	16-136

K

Kabinett	8-56, 9-66, 15-125, 20-165
Kakheti	23-179
Kallithraka	33-259
Kendall Jackson	24-187
Kloekera	3-24
Kosher	30-238

L

La Mancha	17-143
La Rioja	29-225
Landwein	9-66, 15-126, 20-165
Langton's Vintage Wine Price Guide	25-203
Langton's Classification	25-202
Languedoc-Roussillion	14-114

LDL	34-264
Listan Prieto	28-215
Loire	14-109
Los Vascos	28-220
Louis Vuitton Moët Hennessy(LVMH)	26-208
Lugano	19-161
LVMH	26-208

M	
Maconnais	13-106
Majuang	3-27
Majuang Mosel	32-251
Malbec	1-12
Malmsey	18-157
Malvasia	16-133, 18-153, 18-157
Malvasia Fina	18-153
Malvidin	33-259
Manzanilla	17-144, 17-145
Margaux	9-63, 13-101, 24-195, 28-220, 30-241
Marlborough	26-206
Marsanne	1-13, 14 111
Marseille	14-115
Maule	28-219
Max Schubert	25-199
Maximiliano Errazuriz	28-215, 28-217
Médoc	9-63, 13-102
Melchizedek	30-235
Mendoza	29-223, 29-225
Merlot	1-12, 2-19, 4-36, 8-55, 15-125, 16-130, 18-159, 25-200, 26-206, 33-260
Merwah	30-236

Meursault	13-106, 24-193
Miguel Aime Pouget	29-223
Miguel Torres Chile	28-220
Mikhail Gorbachev	30-234
Mild	14-121
Milky flavor	7-48
Mis en bouteille au Château	8-55, 12-92
Mis en Bouteille au domaine	13-106
Misket Cherven	30-233
Mission Estate	26-205
Moldova	30-232
Monastrell	17-139, 17-142
Montalcino	8-57, 16-130, 16-136
Montepulciano	16-130, 16-136
Montilla	17-147
Montrachet	3-24, 9-65, 13-106
Moravia	30-230
Moscatel	17-145
Moscatel de Setúbal	18-153
Muscat	1-13, 14-110, 16-132, 22-175
Muscat Bianco, Blanc	1-13
Mosel	15-123
Müller-Thurgau	15-125
Mukuzani	23-179
Mulled Wine	31-245
Muscat of alexandria	1-13, 28-219
Muselet	14-119

N	
Nantes	14-109
Napa	24-185, 24-187

Navarra	17-143
Nebbiolo	16-130
Negev	30-238
Negra Mole	18-153
Niagara	24-190
Nicolas Feuillatte	14-121
Noble Rot	13-104
Nobly Rotten	21-169

O

Oak	7-48
Oak chip	7-48
Obaideh	30-236
Ochagavia	28-217
Oenotria	16-129
OIV	4-34, 34-263
OKP	22-174
Oloroso	17-145, 17-149
Ontario	24-191
OPAP	22-174
OPE	22-174
Opus One	24-188
Oxidative Aging	17-147, 18-155

P

Pais	28-215
Palomino	17-142, 17-145
Palomino Negro	28-215
Pauillac	13-102
Pedro Ximenez	17-142, 17-145
Penedes	17-139
Penfolds Grange	25-199, 25-203, 25-204

Peonidin	33-259
Pernod Ricard	26-206
Pessac-Leognan	13-101
Petit Verdot	8-59, 13-102
Petunidin	33-259
Phoenicia	30-235
phylloxera	5-37
phylloxera free	5-38
Pico Island	18-159
Piece	7-48
Piemonte	16-131
Pinot Blanc	14-110
Pinot Grigio	1-13
Pinot Gris	14-110
Pinot Noir	1-12, 2-19, 8-55, 10-75, 13-108, 14-120, 15-125, 25-199, 26-206
Pisco	28-216
Polyphenol	33-259
Pomerol	13-101
Ponche de Sangria	31-244
Prädikatswein	8-56
Premier Cru	9-65
Price	11-85, 25-202
Primitivo	1-12, 24-189
Priorat	17-139
Provence	14-115
Puttony	21-169

Q

QbA	9-66, 15-125
QmP	15-125
Qualitätswein bestimmter Anbaugebiet	9-66, 15-125

Qualitätswein mit Prädikat	9-66, 15-125
Qualitätswein	20-165
Quantum Chemistry	33-262
Quinta	18-153
Qvevri	4-29, 23-178

R	
Raclette	31-247
Radical scavenging activity	33-260
Raymond Bertrand de Goth	13-103
Reconquista	17-140
Red grape	1-12
Reducing power	33-259
Reductive Aging	17-147, 18-155
Regional	11-85, 18-152
Regional Wine	22-174
Remuage	14-119
Renaud	34-263
Reserva	8-57, 9-67, 17-142, 18-152, 28-220
Rezé	19-162
Rheingau	15-123
Rheinlandpfalz	15-123
Rhine	15-123
Rhone	4-35, 14-111
Ribera del Duero	17-139, 17-143
Ricasoli	16-133
Riesling	1-13, 3-27, 8-56, 14-110, 20-165, 25-200, 26-206, 32-250
Rioja	9-67, 17-139
Riserva	8-56

Robert and Margrit Mondavi Center for the Performing Arts	24-188
Robert Ballard	30-235
Robert Mondavi	24-186, 24-188
Robert Parker	10-73, 25-200
Rogov's Guide to Israeli Wines	30-239
Romanee	13-106
Romania	30-232
Rootstock	5-38
Rosé	14-119, 24-189
Rose Valley	30-233
Rosso Conero	16-136
Rosso di Montalcino	16-136
Rosso Piceno	16-136
Roussanne	14-111
RP Point	10-73

S	
Saccharomyces cerevisiae	3-24
Saint-Émilion	9-64
Saint-Joseph	14-111
Saint-Julien	13-102
Salem	30-235
San Juan	29-223
Sancerre	14-109
Sangiovese	1-12, 2-20, 8-56, 11-89, 16-130, 16-133
Sangria Blanca	31-244
Sangria Wine	31-243
Santiago del Estero	29-223
Saperavi	23-179
Saumur	14-109

Sauternes	13-101, 13-104, 21-171
Sauvignon blanc	1-13, 13-102, 13-104, 25-199, 26-209, 28-219
Schloss Johannisberg	15-124
Scion	24-185
Sec, Secco, Seco	14-121
Sekt	14-118
Semi Seco	14-121
Semillon	1-13, 13-104, 25-200
Seña Wine	28-218, 28-220
Seyval Blanc	24-183, 24-190
Sharon Plain	30-238
Sherry	17-143, 17-150
Shimson	30-238
Shiraz	1-12, 25-199
Sidon	30-235
Silvaner	15-125
Silver	29-227
Silver Outstanding	29-227
Silvestre Errazuriz	28-216
Sin Crianza	17-142
Sniff	11-81
Soil	10-70
Solaia	16-135
Sonoma	24-185, 24-187
Spätburgunder	15-125
Spätlese	9-66, 15-125, 20-165
Sparkling	14-118
Species	1-11
Sprout	5-38
Spumante	14-118, 16-132
St. Emillion	13-101, 13-104
Stag's Leap Wine Cellars	24-192, 24-194
St-Estephe	13-102
Steven Spurrier	24-192
St-Joseph	14-111
Sulfite, Sulphite	8-52
Sulfur Dioxide	8-52
Super Tuscan	16-135
Sutter Home Winery	24-189
Swirl	11-81
Sylvaner	14-110
Syrah	1-12, 14-112, 16-130, 25-200, 26-205
Syria	30-237
Szamorodni	21-168

T

Table grape	1-13, 4-33, 32-251
Table Wine	18-152, 22-174, 17-141
Tafelwein	9-67, 20-165
Taittinger	14-120, 14-121
Taste	11-83
TBA	9-66, 11-88
TCA	11-88
Tempranillo	1-12, 8-57, 9-68, 17-139
Terrain	10-69
Terroir	10-69
Terroir makes character	10-70
Texture	7-48, 11-83
The Judgement of Paris	24-186, 24-192
Tiburcio Benegas	29-224
Tignanello	16-135
Time Lag	34-264
Tinta Amarela	18-153
Tinta Barroca	27-213
Tinta Roriz	18-153

Tinto	18-153
TO	22-174
Toasting	7-48
Tokaj	21-168
Tokaj-Aszú	21-169
Toscana	16-132
Touriga Nacional	18-152, 27-213
Transylvania	30-233
Trapiche	29-224
Tribromoanisol(TBA)	11-88
Trichloroanisol(TCA)	11-88
Trier	15-123
Trocken	14-121, 15-125
Trockenbeerenauslese	9-66, 15-125, 15-127, 20-165
Trollinger	15-125
TTB	24-184
Tyre	30-235

U

UC Davis	10-72
UC Davis, Department of Enology	24-188
Judea	30-238
Umami	11-83
Úrágya 2000	21-168

V

Valais	19-161
Variete	11-85
VC(Vino de Calidad)	17-141
VdM(Vino de Mesa)	17-141
Venencia	17-149
Venenciador	17-149
Verdejo	17-142
Verdelho	18-157
Vermouth	29-226
Veuve Clicquot	14-121
Vidal	24-183
Vignoles	24-183
Vin Chaud	31-245
Vin de Pays	8-54, 9-62, 14-114
Vin de Table	9-62, 9-66, 9-67
Vin des Glacier	19-162
Vin Doux Naturels	14-115
Vina Errazuriz	28-216
Vinho de Mesa	18-152
Vinho do Porto	18-154
Vinho Regional	18-152
Vino da Tabola	16-134
Vino da Tavola	9-67
Vino de Mesa	9-67
Vino Joven	17-142
Vins de Pays	13-100
Vins de Table	13-100
Vintage	6-41, 8-54, 10-71, 11-85, 13-106, 18-153, 18-156, 24-184, 25-202, 27-213, 29-227, 33-262
Viognier	1-13, 14-111
Vitaceae(Family)	1-11
Vitales(Oder)	1-11
Vitis coignetiae	1-14, 32-252
Vitis labrusca	1-13, 5-38, 24-182
Vitis rupestris	24-187
Vitis vinifera	1-11, 5-37, 24-181, 25-200

Vitis vinifera seed dried ext.	34-265
Vitis(Genus)	1-11
VP(Vino de Pago)	17-141
Vranac	30-231

W	
Waitangi	26-205
Welch	1-12, 24-183
White Grape	1-13
White Merlot	24-189
White Zinfandel	24-189
Wiener Gemischter Satz	20-165
William Henry Beetham	26-205
Wine Advocate	25-200, 30-233
Wine and Spirit	29-226
Wine Grape	1-13, 4-33, 32-251
Wine Korea	32-252
Wine Spectator	10-75, 25-200, 29-226
Winery	8-51
Wines of Appellation by Tradition	22-174
Wines with Appellation of Controlled Origin	22-174
Wines with Appellation of Superior Quality	22-174
WO(Wine of Origin)	27-212

X	
Xeres	17-144
Xinomavro	22-175

Y	
Yugoslavia	30-231

Z	
Zinfandel	1-12, 24-189
Zonda	29-224

숫자	
100% 발효	32-250
100% 발효주	32-252
1인당 와인 소비량	4-35

ㄱ

가격	12-91
가격거품	12-93
가나안 지역	30-235
가당	9-62, 14-110, 14-112
가르나차	17-139
가르나차블랑카	31-244
가이젠하임	15-123, 32-251
가정형	6-44
갈리시아	17-143
감칠맛	11-83
갸론느	13-101
갸메이	13-106, 14-109, 19-161
게뷔르쯔트라미너	14-110, 28-217, 30-239
경산지역	32-251
고과당옥수수시럽	3-26
고급 와인	6-42, 8-57, 9-66, 12-91
고급화	12-93
고다치즈	2-20, 6-46, 10-77
고르곤졸라	9-68
고르바초프	30-234
고밀도 콜레스테롤	34-264
고유번호	25-201
고지방	34-263
고콜레스테롤	34-263
골드씰	24-190
골란고원	30-238
곰팡이(귀부)	13-104, 15-125, 17-145, 21-168
과당	2-18, 2-23, 3-26
관개수로	25-197, 30-238
관개작업	24-186
광채	11-80
괴혈병 치료	27-211
구르자니	23-179
구워 먹는 치즈	32-255
국가별 와인소비량	4-35
국립품질관리국	17-141
국제와인주류경연대회	29-225
권업모범장	32-249
귀부	13-104
귀부와인	13-105
그라브	13-101
그레고리 블랙스랜드	25-198
그루포페냐플로	29-226
그뤼너펠트리너	20-163
그뤼에르치즈	10-77, 12-95, 13-108, 16-137, 28-221, 30-241
그르나쉬	14-112
그르나쉬노아	14-112
그르나쉬블랑	14-112
그리스	4-29
그린올리브	5-39
글뤼와인	31-245
금광붐	24-185
금속성 향	26-209
금속향	7-48
금주령	24-183
기억해야 할 순간	14-121
기후	10-70
까망베르치즈	7-49

ㄴ

나바라	17-143
나파	24-185
남가주대학교 와인학과	10-72
남미	4-32

남부지역	28-219
남아프리카공화국	4-32
낭만의 순간	14-121
낭트	14-109
네게브	30-238
네그라몰레	18-153
네비올로	16-131
노블와인	32-250
농축주스	17-145
뉴질랜드	4-32

ㄷ

다뉴브강	30-233
다니엘 로고프	30-239
다옹	18-153
단 냄새	7-48
단맛	11-83
단 와인	3-25, 11-85
담금주	32-252
담백한 음식	11-87
당도	2-18, 3-25, 9-66, 11-85
대규모	12-92
대륙	4-32
대형화	12-93
덕유양조	32-252
델피니딘	33-259
도루 포트와인 산지	18-151
도르도니에	13-101
도밍고 사르미엔토	29-223
동물성 포화지방	34-263
동상	29-227
동양의 신비	32-251
동인도회사	27-211, 32-249

동페리뇽	14-119, 26-208
두산양조(OB)	32-250
두체노아	29-225
뒷맛	11-84
드라큘라 백작	30-232
드라큘라성	30-232
등급와인	9-66, 11-84
등급외와인	8-52
등급표시	9-61, 13-100
디오니소스	30-235
디종	13-106
떫은맛	8-59, 11-84

ㄹ

라 리오하	29-225
라만챠	17-143
라인가우	15-123
라인강	15-123
라클렛	31-247
랑게독-루시옹	14-114
러시아	30-233
레만호수	19-161
레바논	30-235
레이몽 베르트랑 드 고트	13-103, 14-113
레콩키스타	17-140
로마교황청	4-32, 14-113
로마네	13-106
로버트 몬다비	24-186
로버트 파커	10-73
로버트 발라드	30-235
로쏘코네로	16-136
로쏘피체노	16-136
로쏘 디 몬탈치노	16-136

로제	24-189		말바지아	16-133, 18-153
로제와인	14-109, 14-115		말바지아 피나	18-153
로케포르치즈	17-149, 21-171, 25-204		말벡	1-12, 11-85, 28-216
론강	14-111		말보로	26-206
루가노	19-161		말비딘	33-259
루마니아	30-232		맘지	18-157
루비포트	18-155		맛감각세포	11-83
루산느	14-111		맛과 멋	11-84
리베라 델 두에로	17-139		맛의 수용체	11-83
리스탄 프리토	28-215		맥스 슈버트	25-199
리슬링	1-13, 3-27, 15-123, 20-165, 28-216, 30-230, 32-250		머루	1-14
			머스캇	1-13, 14-109
			메독	9-62, 13-101
리오하	1-12, 8-57, 9-68, 17-139		메르와	30-236
			메를로	1-12, 6-46, 11-89, 13-101, 13-108, 19-161, 26-207, 28-216, 30-237, 30-241, 33-260
리외섹	21-171			
리카솔리	16-133			
			메소포타미아	4-30, 30-235

		ㅁ	멘도사	29-223
마고	13-101		멜키세덱	30-235
마니산	32-252		모나스트렐	14-115, 17-139, 17-142
마로산느	14-111		모라비안 와인	30-230
마르세이	14-115		모로코	30-237
마리아 수도회	26-205		모스카텔	17-145
마울레	28-219		모스카텔 데 세투발	18-153
마젤란	17-144		모스카토	16-132
마주앙	3-27, 8-56, 32-251		모슬렘	14-121
마주앙 메독	32-253		모엣샹동	26-207
마주앙 모젤	32-253		모젤	15-123
마주앙 캘리포니아	32-253		모젤강	10-71
마카다미아	26-209		모처럼 모인 가족	14-121
마코네	13-106		몬다비우드브릿지	24-187
막스밀리아노 에라주리스	28-217		몬탈치노	16-136
만자니야	17-145		몬테네그로	30-231

몬테스알파	9-68		반짝임	11-80
몬테풀치아노 다브루쪼	16-136		발레	19-161
몬티야	17-147		발현향	7-47, 11-81, 32-252
몰도바	30-232		발효연도	8-54
몽라쉐	13-106		발효조건	25-201
뫼르소	13-106		발효주	3-21
무게감	8-59, 11-84		발효중단	3-25
무브드르	14-112, 30-237		방향물질	33-262
무스카딘	14-112		배수	10-70, 30-238
무스캇	30-237		배양효모	3-24
무스캇블랑	1-13		백김치	14-121, 26-209, 32-255
무쿠자니	23-179		뱅 드 페이	14-116
무통로칠드	24-188		버터향	7-47
뮈슬레	14-119		베네딕트수도원	15-124
미국산오크	17-143		베넨시아	17-149
미국와인지역	24-184		베르데호	17-141
미션 이스테이트	26-205		베르델료	18-157
미스켓	30-233		베르무트	29-226
미주	4-32		베이루트	30-236
미츠와(三輪) 농장	32-249		병입	2-18, 3-27, 8-55
밀봉	6-41, 18-155		보니파체 8세 교황	14-113
			보데가스 에스메랄다	29-226
ㅂ			보라색	11-80, 32-253
			보라색조	33-262
바가	18-153		보르도	1-11, 6-46, 9-62, 11-85, 13-101, 34-263
바닐라향	7-48			
바롤로	16-131		보발	17-142
바르바레스코	16-131		보스니아	30-231
바르삭	9-62, 13-104		보졸레	13-106
바리크	7-48		복숭아향	7-47
바이라다	18-153		부르고니에	7-48, 9-65, 10-75, 13-105, 24-176
바코노아	24-183			
박카스	4-31, 30-235		부에노스아이레스	29-224
박하향	7-47		부케	33-262
			부티크포도원	30-239

부패코르크	6-44		산소	6-142, 7-49, 17-145
북반구	2-18		산지오베제	1-12, 8-57, 16-132, 16-135
분별숙성	17-146		산티아고 델 에스테로	29-223
불가리아	30-232		산화방지제	8-52
브라나츠	30-231		산화형 숙성	17-147, 18-155
브랑콧	26-206		살라미	11-88, 13-108, 16-134, 18-160, 30-241
브램 스토커	30-232		살렘	30-235
브루넬로	16-136		상쉐르	14-109
브리티시컬럼비아	24-190		새해맞이 축하	14-121
블라우프랭키쉬	20-165		색감의 강도	11-80
블랙올리브	17-150		색농도	11-80
블루치즈	9-68		생산연도	8-54, 9-62, 10-71, 11-85, 13-106, 14-116, 17-141, 24-184, 29-227
비강	11-82			
비냐 에라주리즈	28-217, 28-220			
비뇰	24-183		생줄리앙	13-102
비달	24-183		생테밀리옹	9-64, 13-104
비블로스	30-235		생테스테프	13-101
비오니에	1-13, 14-111, 28-217, 30-239		샤도네이	1-13, 3-27, 7-49, 13-105, 13-106, 14-118, 24-188, 24-192, 26-207, 27-212, 28-218, 30-230, 32-251
비티스 라브루스카	24-189			
비티스 비니페라	24-181, 24-190, 30-234, 32-250			
비티스 코이니비아에	32-262			
빈번호	25-201		샤론편원	30-238
빈티지와인가이드	25-202		샤를 푸르니에	24-190
빈티지포트	18-156		샤를마니에	15-123
빨간색 안주	11-86		샤브샤브	31-247
뿌리	5-37		샤블리	13-106
<u>쁘띠베르도</u>	<u>13-102</u>		샤슬라스	19-161
			샤토	30-236
			샤토라피트로췰드	30-238
ㅅ			샤토무사르 와인	30-236, 30-241
사페라비	23-179		샤토무주	32-253
산 후안	29-223		샤토뇌프뒤파프	14-113
산머루주	32-252		샤토디켐	26-208

샤토무사르	30-236, 30-241		숙성실	2-18
샴페인	14-118		순	5-38
샴페인코르크	6-42		순수발효주	32-251
상그리아	31-243		쉐리	17-143
상그리아 블랑카	31-244		쉬냉블랑	14-109
상그리아 펀치	31-244		쉬농	14-109
상베르탱	13-106		쉬라	1-12, 7-49, 8-52, 14-111, 14-117, 17-142, 25-200, 25-204, 27-212, 28-217, 28-219, 29-225, 30-237, 33-260
상부생	24-183			
상파니에	14-118			
상페노아	14-118			
석류즙	14-121			
성찬전례용	32-251		쉬라즈	1-12
세르비아	30-231		스크류캡	6-42
세미용	13-102		스테인레스통	7-48
세이발블랑	24-183		스트링치즈	3-27, 4-36, 14-122
섹트	14-118		스티븐 스퍼리어	24-192
센와인	3-25		스파클링	14-109, 14-118
센트럴밸리지역	28-218		스푸만테	14-118
소노마	24-187		슬라브오크통	16-136
소뮈르	14-109		슬라이스치즈	1-14, 1-20
소비뇽 블랑	13-102, 14-109, 17-142, 24-188, 26-206, 26-209, 28-216, 28-218, 30-239		슬로베니아	30-231
			시각적 평가	11-80
			시노 마브로	22-175
			시돈	30-235
소시지	1-15		시리아	30-235
소테른	9-62, 13-101, 13-104, 21-168, 21-171		시아니딘	33-259
			시음순서	11-85
솔라이아	16-135		시음평가	24-194, 29-227
솔레라	17-146, 17-150		식용 포도	1-13, 4-33, 24-185, 28-218, 29-226, 32-251
송진	30-235			
수능점수	10-75			
수제포도원	30-239		신맛	11-83
수퍼투스칸	16-135		신세계	4-32
숙성	17-146, 18-155		신소	30-236
숙성기간	11-80, 33-262		실바너	14-110

실베스터 에라주리즈	28-216
심손	30-238
심혈관계질환	34-263
쓴맛	11-83

ㅇ

아구아르디엔테	28-216
아델레이드	25-199
아델레이드 힐	25-198
아르헨티나	4-36, 5-39, 29-223
아린토	18-153
아몬드	16-134
아몬드향	7-47
아몬티야도	17-144
아비뇽	13-103
아비뇽유페	4-32, 14-113
아수 에센시아	21-170
아스티	16-131
아이렌	17-142
아이스 와인	24-191
아제르바이잔	23-177
아콩카구아	28-218
아타카마	28-216
아페니노	16-133
악마의 와인	14-119
안달루시아	17-140
안데스산맥	28-216, 29-223
안토시아닌	33-259
안톤 마쎌	29-227
안티노리	16-135
알라모스	29-226
알렌테호	18-153
알바리뇨	17-142

알자스	14-110
알제리	30-237
알코올	3-23, 11-85
알코올강화와인	14-115, 17-144, 18-158
알코올도수	3-25
알프스	10-70, 14-112, 16-130
암포라	4-29
앙주	14-109
앙트르되메르	13-103
애플와인 파라다이스	32-250
액상과당	3-26
액상프로방스	14-115
얀 판 리벡	27-211
양송이	15-127, 21-171, 24-195
양자화학	33-262
에담치즈	5-39
에르미타쥐	26-205
에멘탈러치즈	4-36
에스테르	33-262
에틸렌글리콜 스캔들	20-163
엘브루스	23-177
여우포도	1-13
영연방과학산업연구원	25-197
오감	11-79
오렌지색조	33-262
오바이데	30-236
오비예	14-119
오스트레일리아와인연구소	25-197
오이피클	3-27, 14-122, 18-160
오차가비아	28-217
오크나무	7-48
오크통	7-49, 11-81, 17-140, 17-146, 18-152

오크향	11-81, 24-188		유데아	30-238
오페르트	32-249		유럽공동체	9-62
오프너	6-42		유리병	6-41
온대지방	4-32		유엔식량농업기구	34-264
온타리오	24-191		은상	29-227
올로로소	17-145		음용온도	11-86
올리브	5-39, 11-89, 17-150		이니스킬린	24-191
올리브오일	30-235		이스라엘	30-238
외이팅기	26-205		이탈리아 살라미	11-89
와인병	4-30, 4-32, 12-92		인공적 관개수	10-70
와인스펙테이터	25-199		인조코르크	6-42
와인아드보케이트	30-234		인종차별정책	27-211
와인양조협회	8-54		일관성	25-197, 17-149
와인의 가격	8-51		일조량	10-71, 13-102, 18-156
와인의 점도	11-84			
와인의 품질	8-51			
와인의식	30-235		**ㅈ**	
와인 이름과 상표	8-52		자갈밭	10-70
와인제조사	8-52		자극감	11-84
와인코리아	32-252		자연산 효모	3-24
완전발효	3-25		자연향	7-47, 11-81
요르단	30-235		잔맛	11-84
요하니스베르크성	15-124		잔여당분	3-25
우크라이나	24-190, 30-233		장미계곡	30-233
원예모범장	32-249		장미향	7-47
웨이터용	6-43		저밀도 콜레스테롤	34-264
웰치	24-183		적도	1-12
윌리엄 비탬	26-205		접합코르크	6-42
유고내전	30-231		정맥림프기능부전	34-265
유고연방	30-231		제임스 버스비	25-198, 26-205
유기농법	29-225		조지아	4-30, 23-177
유기산	7-48, 11-81, 33-262		족보와인	6-41, 9-62
유네스코의 무형문화재	23-178		종교적 축성	30-239
유네스코 문화유산	18-151		주발효	3-22

주정혼합	32-253
중앙시험소	32-250
지롱드	13-101, 13-103
지린내	7-47
지역적차이	11-85
지중해	11-89, 13-101, 14-115, 16-130, 17-143
지중해성	24-186, 27-212, 28-218
지형	10-70, 19-161
진로와인	32-251
진로포도주	32-252
질감	7-48, 11-83, 18-157, 26-207
짠맛	11-83
찐판델	1-12

ㅊ

착즙	3-22
창세기	4-31, 30-235
청량감	11-87
청포도	3-21, 20-163, 31-244
체다치즈	2-20
체레사	29-225
초콜렛퐁뒤	31-247
축성절차	32-251
충남대 고다치즈	6-46, 10-77
측정의 시간차	34-264
치즈향	7-47

ㅋ

카르미네르	28-216
카르타고	18-151
카리냥	14-114, 30-236
카망베르치즈	8-59, 12-95
카바	14-118
카버네소비뇽	1-12, 1-15, 5-39, 6-46, 7-49, 7-50, 9-68, 11-89, 12-95, 13-101, 16-135, 17-142, 22-173, 24-188, 24-192, 24-194, 25-201, 27-212, 28-215, 28-219, 28-222, 29-225, 29-228, 30-230, 30-236, 30-241, 32-251, 32-260
카버네프랑	13-103, 14-109, 16-135
카스피해	23-177, 30-233
카케티	23-179
카탈로니아	17-139, 17-142
칸타브리아	17-143
캐슈넛	25-204
캘리포니아 호두	7-50
커네쉐어	11-85, 24-193, 31-247, 33-262
컬럼버스	17-140, 17-144
켄달 잭슨	24-187
코르크	6-41, 12-92
코르크오들	6-44, 11-88
코르크참나무	6-41
코셔	30-238
코셔인증	30-239
코카서스	23-177, 30-235
코카서스인	23-177
코킴보지역	28-218
코트누이	13-106
코트도르	13-106
코트본	13-106
코피타	17-144
콘스탄시아	27-211

찾아보기

콘스탄틴 프랑크	24-190
콜라레스	18-153
콜차구아	9-68, 28-219
콜헤이타 포트	18-155
콩코드	24-182
크라스노다	30-233
크로아티아	30-231
크리스토퍼 펜폴드	25-199
크리오야그란데	29-225
크림쉐리	17-149
클라우디 베이	26-207
클레망 5세 교황	13-103, 14-113
키안티	1-12, 2-20, 16-133
키안티클라시코	8-57, 11-89, 16-133

튀니지	30-237
트라피체	29-226
트란실바니아	30-233
트랜스지방	34-265
트리에	15-123
특별금상	29-227
특별은상	29-227
티냐넬로	16-135
티레	30-235
티부시오 베네가스	29-224
틴타로리즈	18-153
틴타바로카	27-213
틴타아마렐라	18-153

ㅌ

탄닌	7-49, 10-76, 11-84
탄산가스	3-26
탄산발효	14-113
태양열	10-70
터키	30-234
테로아	10-69, 10-75, 16-130
템프라니요	1-12, 8-57, 9-68, 17-139
토끼형	6-44
토니 포트	18-155
토스카나	11-89, 16-132
토양	10-70
토카이	21-167, 21-171, 30-230
토카이-아수	21-168
통계적 오류	34-264
투리가나시오날	18-152, 27-213
투명도	11-80

ㅍ

파리의 심판	24-192
파쇄	3-22
파이스	28-215
파커점수	10-75
팔로미노	17-142
팔로미노네그로	28-215
페네데스	17-139
페노드 리카드	26-206
페니키아	18-151, 30-235
페드로히메네스	17-145
페루	28-215
페삭-레오냥	13-101
페오니딘	33-259
페테아스카네아그라	30-232
페투니딘	33-259
펜폴드농장	25-199
평가표	11-84
포도당	2-18, 3-23

포도밭	2-17
포도 숙성정도	13-100
포도순	24-185
포도원	8-52
포도원 넓이	13-100
포도원료	12-92
포도의 조합	25-201
포도종	1-11, 11-85, 13-100
포도주	32-249
포도주와 뿌란듸	32-250
포도주 장인	3-23
포도증류주	17-143
포도품종학	30-234
포메롤	13-103
포이약	13-102
포트와인	18-151
폴리페놀	33-259
무게	29-223
푸르민트	21-168
푸토니	21-169
프란체스코 아게레	28-215
프랑스산 오크	7-49
프랑스인의 여섯	34-263
프랑코브카	30-230
프렌치 패러독스	34-263
프로방스	14-115
프리미티보	1-12, 30-231
프리오라트	17-139
플라보노이드	33-259
플로어	17-145
피노	17-145
피노그리	14-110, 30-230

피노노아	1-12, 7-49, 10-77, 13-99, 13-105, 13-108, 14-118, 19-161, 20-163, 24-184, 26-205, 26-207, 28-217, 30-230
피노므니에르	14-118
피노블랑	14-118
피노타쥐	27-212
피망	15-127
피몬테	16-132
피스	7-48
피스코	28-216
피쿠섬	18-151
필록세라	5-37, 14-114, 17-140, 18-157, 24-182, 24-187, 25-199, 28-216, 29-224, 30-231
필터	3-22
핑거레이크	24-189

ㅎ

하멜	32-249
하몽	9-68, 29-228
하쉴레벨뤼	21-168
하얀색 안주	11-86
학생부 평가	10-75
한국형 와인	32-252
할라피뇨	16-137
항래디컬	33-260
항산화성	33-260
해태주조	32-250
햄	14-117, 29-228
햇와인	11-80, 13-106
허리케인성	29-224
헌터 밸리	25-198

헛슨계곡	24-189
헤레스	17-140
헤르몬와인	30-239
혈관강화제	34-265
혐기성 발효	3-23
호두향	7-47
호크 베이	26-205
혼합도	11-85
화학성분	11-83
환원력	33-260
환원형 숙성	17-147, 18-155
효모	3-21, 3-24
후각적 평가	11-81
후발효	2-17, 3-22
훈연치즈	8-59, 28-222
훈제향	8-59
휘발성 향	11-82
휴 존슨	25-200
흑포도	28-215
흑해	23-177, 30-233
흡입	11-81
희망봉	27-211